2022年
中国教育观察

CHINA EDUCATION 2022
OBSERVATION AND REFLECTION

主 编 熊丙奇

副主编 杨 旻 黄胜利 陈昂昂

广西师范大学出版社
·桂林·

图书在版编目(CIP)数据

2022 年中国教育观察／熊丙奇主编;杨旻,黄胜利,陈昂昂
副主编. —桂林:广西师范大学出版社,2024.7
ISBN 978 - 7 - 5598 - 6945 - 6

Ⅰ. ①2… Ⅱ. ①熊… ②杨… ③黄… ④陈… Ⅲ. ①教育
工作-研究报告-中国-2022 Ⅳ. ①G52 - 53

中国国家版本馆 CIP 数据核字(2024)第 101250 号

2022 年中国教育观察
2022 NIAN ZHONGGUO JIAOYU GUANCHA

出 品 人:刘广汉
责任编辑:李 影
封面设计:李婷婷

广西师范大学出版社出版发行

(广西桂林市五里店路 9 号   邮政编码:541004)
(网址:http://www.bbtpress.com)

出版人:黄轩庄
全国新华书店经销
销售热线:021 - 65200318   021 - 31260822 - 898
山东韵杰文化科技有限公司印刷
(山东省淄博市桓台县桓台大道西首   邮政编码:256401)
开本:720 mm×1 000 mm   1/16
印张:19   字数:290 千
2024 年 7 月第 1 版   2024 年 7 月第 1 次印刷
定价:98.00 元

说　明

感谢乐施会（香港）北京办事处对本书的部分资助。内容并不代表乐施会（香港）北京办事处立场。本书研究活动的组织、协调由 21 世纪教育研究院负责。

本书涉及的大量统计和调查数据，由于来源不同、口径不同、调查时点不同，可能存在不一致的情况，请在引用时认真核对。

编委会

主编简介

  熊丙奇 21世纪教育研究院院长,主要代表作有《大学有问题》《体制迷墙》《天下无墙》《教育熊视:中国教育民间观察》《中国教育的100份诊断报告》《什么是好的教育——走进现代化的中国教育》《教育的挑战》《走出一个时代的教育困惑》《深度解读新高考》《步入大学》《大学生创业》《高中生职业生涯规划八讲》等20余种30余版次,为国内多家媒体专栏作者。

目 录
Contents

教育调查 Education Survey

总报告
General Report

中国教育现代化的新历程

储朝晖 [①]

摘　要：2022 年中国教育发生众多变化，并将继续面临不确定性。新冠疫情从各个方面深度雕刻着教育。2021 年启动的"双减"在减少了校外培训和作业的同时，在 2022 年出现了教师负担加重和自主性下降等多重效应，亟须探索可持续路径。受经济形势和相关政策的共同影响，教育领域出现局部经费与供给短缺的情况。高校专业设置、学生学业负担、学生心理与抑郁、教育均衡、县中衰落导致的教育生态等众多长年积累的问题出现新的表征。2022 年，《家庭教育促进法》、新《职业教育法》、新版义务教育课程方案与标准的实施，对教育发展发挥了导向作用。对义务教育民办学校的规范减轻了部分家庭的负担，也引发了局部优质教育资源废弃与短缺的问题。限制国际高中发展与教育国际化潮流和学生、家长意愿在一定程度上相违。为应对世界局势巨变，中国须与世界各国一起重新构想未来，确立教育的公共目的，增强教育的弹性，实现教育转型，用智慧创造真正和平、公正和可持续的未来。

关键词：教育；现代化；历程

　　2022 年，新冠疫情在更深层面影响着世界和人类社会生活，教育被深层重塑，学生不能正常上学，教师改为线上授课。中国教育在内部驱动与外部影响的共同作用下，发生着众多将留下深刻历史印记、显性或隐性的变化。这些变化有些是多年来变化的延续，有些则是由新的动因激发产生

---

① 储朝晖，21 世纪教育研究院学术委员，中国教育科学研究院研究员。

的效果，它们将会影响此后的教育发展。承前启后的 2022 年教育变化显现了中国教育现代化历程的当下演进，昭示了教育未来的发展。

一、2022年的教育应变

2022 年，与社会其他方面一样，教育发生了众多有计划的与未预料到的深刻变化。

（一）疫情深度雕刻教育

2022 年 9 月 3 日，在全国各地中小学开学之际，成都市教育局发布《关于全市中小学开展线上教学的通知》（成教函〔2022〕94 号），要求"根据当前疫情形势，经研究决定，全市中小学、幼儿园秋季学期暂缓返校，校外培训机构暂停线下培训活动"。这是新冠疫情发生第三年对区域教育影响的案例。

2022 年上半年，受疫情影响，上海大中小各类学校学生均未到校，北京等地的大学生未准许到校，中小学也间断停止到校。疫情对教育的影响远不止于师生是否到校，主要影响到学生和家长、教师、学校、教育行政部门的心理、情感、观念、态度。停止到校是一种谨慎的预防措施，当到校感染的风险极低而仍不开放到校的时候，当学生在教育上受到的伤害远大于公共卫生方面收益的时候，不平衡的天平便成为人群的分化机制，勇敢者变得更勇敢，怯懦者变得更怯懦；智慧者变得更智慧，愚昧者变得更愚昧；相信科学者变得更科学，沉迷于迷信者更迷信；先进者变得更先进，落后者变得更落后。良好的教育带来生活进步与幸福的各方面目标都会因疫情而难以实现或迟滞，教育如何应对疫情决定着所培养的学生如何应对未来生活。

疫情不仅改变了授课方式，还带来教育目标、教育功能、教育效率与效能的改变，教育支出的相对比例减少，教育公平问题加剧，家校关系与功能也因孩子在校与在家时间变化而改变。疫情防控更是改变了教育行政部门和学校的组织结构、功能、责任机制和压力状态。

疫情检验了不同孩子学习的自主性与自控能力状况，自主性强的孩子只在意是否在学习，他们在疫情中显示出优秀与杰出；依赖性高的孩子更在意学校什么时候开学，他们自身的被动性必然拉开自己与他人的差距。疫情使教师负担更重，增加了家校沟通、协助相关部门防控的工作量，迫使教师迅速掌握并熟练运用在线授课、批改评讲作业、成绩检测等技能。疫情还使一些师生和家长的心理变得不健康或亚健康。

简言之，新冠疫情已经对教育产生深远的影响，正在加深对教育的雕刻，并将延续、留存其中的一些影响。

（二）"双减"的多重效应

2021年5月21日，中央全面深化改革委员会第十九次会议审议通过《关于进一步减轻义务教育阶段学生作业负担和校外培训负担的意见》（以下简称"双减"《意见》）。6月15日，教育部校外教育培训监管司成立。7月24日，中办、国办印发"双减"《意见》，明确工作目标：学校教育教学质量和服务水平进一步提升，作业布置更加科学合理，学校课后服务基本满足需要，学生学习更好回归校园，对校外培训机构全面规范。此后，从中央到县级政府管理部门以及各地义务教育阶段学校都按"双减"《意见》要求开展了"双减"工作，新东方等多家教育培训头部企业从学科培训中退出，约700万教育培训机构员工转岗。2021年底教育部公布的"双减"成效显示："各地各校普遍（99%以上）制定了比较完善的作业管理办法，建立了作业公示制度，学校作业总量和时长调控基本达到了规定要求，在规定时间内完成书面作业的学生占比由'双减'前的46%提高到目前的90%以上……99.6%的学生家长反映，本学期教师没有再给家长布置作业或要求家长批改作业。"① "校外培训治理工作取得了明显进展，学科类培训大

---

① 教育部：《全面推进"双减"在学校落地见效！教育部新闻发布会详解"我为群众办实事"实践活动开展情况》，微言教育，2021-12-21。

幅压减，目前线下校外培训机构已压减 83.8%，线上校外培训机构已压减 84.1%。"① 某机构面向全国的调查显示："83.5% 的受访学生未参加校外学科培训，63.3% 的受访学生未参加非学科类培训。参加校外学科培训的受访学生中，31.5% 的学生家长认为孩子参加学科类培训班的数量减少了。"② 作为这些调查的信度检验，2022 年 3 月，北京某区出现新冠肺炎病例，在周日晚临时通知要求在周末参加校外培训的学生周一不能入校，结果五分之四的学生没到校，显示实际参与校外培训的比率与上述调查存在较大差距，校外培训显著减少是基本事实。

教育部 2022 年工作要点强调"继续把'双减'工作摆在突出位置、重中之重，巩固成果、健全机制、扫除盲点、提升水平、维护稳定、强化督导"③。2022 年各级政府均报告"双减"取得显著成效，校外培训总量和时长明显减少，校内课后服务明显增加，大多数学校对作业与考试加以控制。

"双减"实施也引发了一些问题："学生在校时间过长，教师负担过重，学校无力支付教师提供课后服务的报酬，课后服务难以可持续发展，某些家长和学生对于学科类培训依然有强烈需求，一些家长对当地减负政策有负面评价等，甚至在某些地区和学校出现了学生学业质量下降、教师职业吸引力下降等情况。"④ 这些问题主要表现在以下方面：

首先是教师负担加重和自主性下降。《中国教育报》在 2022 年"两会"前的热点话题调查表明，教师工资收入水平、教师"减负"、"双减"工作依次位列前三，对教师"减负"的关注度高于"双减"。⑤ 实地调查显示，"双减"《意见》实施后，义务教育学段一线教师在校时间延长 1—2 小时，

① 孙竞、郝孟佳：《教育部：线下学科类校外培训机构已压减 83.8%》，人民网，2021-12-21。
② 叶雨婷：《全国"双减"成效调查显示：超八成受访学生未参加校外学科培训》，《中国青年报》，2022-03-02。
③ 教育部：《教育部 2022 年工作要点》，中国政府网，2022-02-09。
④ 褚宏启：《以多元共治推进"双减"工作》，《中小学管理》，2022（4）。
⑤ 易鑫、董鲁皖龙：《读者最关注哪些教育热点》，《中国教育报》，2022-03-03，第 1 版。

须花费更多时间和精力从事与教学关系不大又不熟悉的工作，"早七晚六"成为常态，影响了教师休息、备课和业务进修。2022 年 3 月 2 日在京发布的全国"双减"成效调查报告显示，60.3% 的受访教师认为开展课后服务后工作量加大，70.9% 的受访教师呼吁减轻非教学负担。"双减"后的课后服务工作延长了教师的工作时间，增加了教师的工作量，对教师的工作和生活有一定影响，教师连续工作 9 个多小时，身体负担重，精神和情绪压力大；个别学生课后服务后不能被按时接走，教师打扫卫生、消毒完毕回家太晚，无法照顾自己的子女；专业师资缺乏，尤其是艺术类、科技类教师短缺，资金支持不足，以致不能聘请高端教师授课，在教学质量提升方面还有很大空间；下午时间，多数教师都忙于指导社团、辅导课业等，教师集体教研、学习的时间无法保证。教师自身的专业发展亟待提升，否则难以满足学生多样化的学习需求。

其次是各地在执行政策时存在"一刀切"现象。一些地方政府或一些领域在执行"双减"政策过程中显露出从此前已部分建立的现代治理向旧式管理退化的迹象，对学校和教师管理的行政力度加大，使得学校与教师自主性降低，客观上让一些教师做了更多无效付出，按单位时间计算，学校和教师的工作效率下降；决策前不进行必要的调查，未能结合当地实际，推进措施过于机械与刚性，不仅没有达成政策目标，反而带来了更多的问题。在一些地方，压减作业总量和时长变为不考虑学生的学业实际状况统一布置作业，直接任教的教师没有依据学生学习状况布置作业的权力，压减作业总量和时长却不能减轻学生负担与家长的焦虑；对部分未达到课程标准的学生的补课要求也被禁止，只能放任其不达标；许多学校课后服务资源有限，不能满足学生多样化需求，难以实现学足学好目标，还要求学生不能离校；农村学生由于延迟到天已黑的下午五点半放学，由原来能在天黑前回家不需要家长接送变为需要家长接送，增加了家长的负担，也增加了不安全因素；低龄学生在校时间过长导致过度疲劳，产生厌学情绪；等等。调查显示，学校整体教育质量与效能提升有限。

再是大多数地方仅部分执行"双减"《意见》，保障措施普遍不到位。全国大多数地方政府的财政状况难以做到增加经费，未能达到"双减"《意见》所提出的增加教师编制、提升支撑保障能力、发放教师课后服务津贴等要求，大多数学校未实行"双减"《意见》中提出的教师弹性工作制度，相应的激励没有到位。

更为艰难的是"双减"的深层问题凸显出来。显性校外培训大大减少了，产生过度培训的原因却未能根除，隐性的校外培训依然存在；刚性培训需求尚在，培训反倒成为特权，衍生新的教育公平问题，引发家长新的焦虑。学校工作时间延长了，内容范围更宽泛了，整体教育质量与效能提升有限，在一些资源不足的学校，其教育质量与效能还有所下滑，优质校与薄弱校进一步分化，区域教育质量差异进一步加大。

"双减"涉及的是多因多果相互诱导的复杂教育系统，一项举措引发多重效应本属正常，需要以问题导向的集成式研究对全部事实及其内在复杂关系和逻辑进行透彻分析。持续推进"双减"就不应只停留在减少作业和校外培训上，而是需要进入更为实质性的阶段，通过提质增效减轻师生负担。为此，需要确立人人平等的价值取向，丰富教育思想，形成良好教育生态，建立多元评价体系，简化学校管理，确保师生教学与学习自主，建立学校的效能提升机制。起步阶段以行政指令为主的"双减"，需要尽快转变为全国范围内的以基层学校的激活与专业提升为主要方式，以效能与质量提升为主题，与高质量教育体系相衔接的可持续改进。

（三）教育经费与供给出现短缺

2022年新冠疫情及各类经济发展状况对各地各级财政收支影响继续加剧，上海及周边区域出现政府财政收支难以平衡的状况，维持财政性教育经费增长的外部条件更加薄弱，部分地区教师工资减发、迟发。按照相关政策要求，一些民办学校和民办幼儿园退出或停办，出现区域内结构性供给总量减少、质量有所下降的现象。在一些中心城区，受人口减少和原有就近入学范围划定的影响，部分义务教育阶段的公立学校未能足额招到学生。

2022 年 1 月召开的全国教育工作会议明确提出"五个深刻认识和把握",第一条就是"要深刻认识和把握在中华民族伟大复兴历史进程中教育的先导地位,下好教育优先发展的先手棋";在 2022 年的七个方面工作中强调"健全 4% 落实机制"。在多年中央的《政府工作报告》中均以"公平"和"质量"为主题词之后,再次提"优先发展",这表明各级政府要采取比前几年更有力的措施保障教育经费及时足额到位。在民间教育投入受相关政策影响将会继续缩减的情况下,能不能确保教育经费总投入不出现下滑、确保不出现教师欠薪、确保对薄弱学校的投入足额支付成为社会关注的焦点。

依据新的教育经费状况,遵照 2022 年《政府工作报告》提出的"加强收支管理,严禁铺张浪费"要求,2022 年 8 月 11 日,财政部会同教育部印发了新修订的《中小学校财务制度》(以下简称《制度》),从 2022 年 9 月 1 日起正式实施。该《制度》与原《制度》相比着重从六个方面进行了修订:调整了适用范围,不再要求接受国家经常性资助的社会力量举办的中小学校执行本制度;明确党组织领导中小学校的财务管理工作;强化学校财务队伍建设,新增学校财务主管人员和财务、会计人员的岗位设置、职责权限以及任职条件等规定;对学校采取自主经营食堂、以委托方式经营食堂、以配餐或托餐等不同方式为学生供餐的实际情况,分类提出财务管理要求;明确课后服务等服务性收费的管理要求,增加中小学校不得擅自扩大收费范围、增加收费项目、提高收费标准的禁止性规定,加强对地方落实"双减"政策财务行为的指导;根据新的《事业单位财务规则》,对预算管理、资产管理、财务报告制度等内容做相应调整和细化。

《制度》重申了中小学校食堂应当坚持公益性和非营利性原则;义务教育阶段学校按照国家有关规定不得从事经营活动。

(四)多重积因生成新果

2022 年,众多长年积累的问题在新的内外部条件下显示出新的变化。

这些变化的发生源于早已播下了因，自然或不得不在当下产生了果。

2022 年，"公管专业被 83 所高校裁撤"的消息引发关注。其实这只是冰山一角，2022 年 2 月，全国本科高校共新增了备案、审批本科专业 1961 个，撤销专业 804 个。依据教育部公布的审批名单，从 2012 年到 2021 年，全国本科高校共撤销了 2964 个专业，新增审批或备案专业 22041 个专业[①]，且近几年撤销专业数不断上升。

这样大的变化不由得让人追问：一些专业在经过大幅增设后又面临大刀阔斧被撤掉的命运背后的原因是什么？其必要性如何？高校专业增裁由谁决定，因何决定？当不少人就读的专业很快就变为历史的时候，对个体和社会有什么样的影响？

1895 年中国开始兴办大学，当时与世界主流大学一样仅设有科系，没有专业。专业设置是在 1950 年学习苏联后引进的，同时引进了政府决定而非高校自身决定专业设置的计划式高校专业设置和撤销体制，它不同于基于规范的学分制和选课制的科系设置，对学生所学具有更大的强制性和更狭小范围的分割性。而根据教育部规定，现行高校本科专业设置和调整实行备案或审批制度，每年集中进行一次。

随着信息化程度的提升和学生难以适应高校专业设置的体制，高校设置专业的模式遇到的挑战越来越大。2012 年教育部重新修订了《普通高等学校本科专业设置管理规定》，逐渐下放了高校专业设置和调整审批权。近些年一些高校不再按专业招生，而是采用"大类招生"，这一举措减缓或减轻了问题，取得一定的成效。但造成此类问题的根源仍存在，并不断生成新的变数。

从长远看，仅靠不断新设或快速淘汰专业，仅在招生环节修补，不仅会造成高校自身的不稳定和资源浪费，还难以真正适应个体与社会对高等教育的诉求与需要，也难以真正提升办学品质与效能。计划上的专业调整

---

① 数据来源：教育部 2012—2021 年《普通高等学校本科专业目录》。

永远迟于社会的变化，每个个体依据自己的天性寻求社会人才需求的切合点远比政府部门制定专业规划更为精准。根本的应变之策在于改变高等教育专业设置的计划体制，允许一部分高校自主决定是否设置专业，自主设立开展规范的学分制与选课制，给高校发展更大的自主性，根据实施效果再由各校选择是继续采用专业设置，还是采用规范的学分制与选课制。

属于此类变化的还有学业负担、学生心理与抑郁、教育均衡、县中衰落导致的教育生态等问题。

二、新法规与政策落地实施

2022 年，与教育相关的多项法规政策实施，对教育发展发挥导向作用，同时也遇到新的问题。

(一)《家庭教育促进法》赋能家庭

2021 年 10 月 23 日，十三届全国人大常委会第三十一次会议表决通过《中华人民共和国家庭教育促进法》(以下简称《家促法》)，自 2022 年 1 月 1 日起施行。该法为中国历史上首部家庭教育方面的法律，明确未成年人父母或者其他监护人负责实施家庭教育。国家和社会为家庭教育提供指导、支持和服务。该法旨在矫正家庭教育中可能发生的不当行为，同时对能力与资源不足的未成年人父母或其他监护人赋能；对家庭责任、国家支持、社会协同和法律责任做出界定，明晰了学校和家庭在育人中的责权边界。该法为家庭教育的法治化、规范化、科学化创造了新的条件。法律规定，县级以上地方人民政府应当加强监督管理，减轻义务教育阶段学生作业负担和校外培训负担，畅通学校家庭沟通渠道，推进学校教育和家庭教育相互配合，明确提出家校社协同育人。未成年人父母或者其他监护人应当合理安排未成年人学习、休息、娱乐和体育锻炼的时间，避免加重未成年人学习负担，预防未成年人沉迷网络。

《家促法》的实施引发了社会各方面的关注，各级政府及相关部门、学校、家庭对家庭教育的重视程度显著增强。2022年6月，人力资源和社会保障部将"家庭教育指导师"等18个新职业向社会公示。多地依法对相关当事人发出家庭教育令，一些地方开展《家促法》实施情况督导试点。

《家促法》实施遇到的困难主要有：一是各级政府均未为家庭教育单列经费，也无专职机构和人员，执法主体不明确；二是严重缺乏专业人员，大学未设置家庭教育专业，专业人才来源、使用、评价体系均未能有效建立；三是《家促法》倡导的多方协同存在责权边界不明晰、主体责任不明确、家校社协同育人机制建立难度大的问题。

当下，政府和相关部门特别需要对家庭条件和资源不足的乡村、偏远地区的留守儿童等各类未成年人的家庭教育提供更多的帮助。

（二）新《职业教育法》平等定位职业教育与普通教育

2022年4月20日，十三届全国人大常委会第三十四次会议表决通过新修订的《中华人民共和国职业教育法》(以下简称《职业教育法》)，2022年5月1日起施行。这是该法自1996年颁布施行以来的首次大修，内容从五章四十条完善至八章六十九条。

新修订的《职业教育法》将职业教育定义为"包括职业学校教育和职业培训"的狭义职业教育，强调职业教育与普通教育属于平等的不同类型的教育，职业学校学生在升学、就业、职业发展等方面，与同层次普通学校学生享有平等机会。

提高质量与效能，解决学生不愿上职业学校、家长不想让孩子进职业学校、用人机构不想录用职业学校毕业生的现象，关键在于评价。新法第四十三条明确"职业学校、职业培训机构应当建立健全教育质量评价制度，吸纳行业组织、企业等参与评价，并及时公开相关信息，接受教育督导和社会监督"，要求政府及教育部门"会同有关部门、行业组织建立符合职业教育特点的质量评价体系，组织或者委托行业组织、企业和第三方专业机构，对职业学校的办学质量进行评估，并将评估结果及时公开"。

职业教育长期成为热点、难点，原因在于：一方面，中国经济社会发展和产业升级需要培养数以亿计的高素质技术技能人才；另一方面，社会上客观存在的等级和固有的等级观念使一些人将普通学历教育当作提升社会等级的捷径，看不起职业教育，学生和家长争相逃避职业教育，用人机构追逐高学历应聘者。社会各方面的发展需要高质量的职业教育，职业教育的规模虽然不断扩大（中国目前有1.13万所职业学校、3088万在校学生，高职的招生数占到高等教育的55%以上，职业教育规模世界最大），但质量不高、效能较低的局面短期内难以扭转。政府文件中反复强调职业教育的重要性，职业教育的投入却长期不足，政策也不到位，其被重视程度实际上总是低于普通教育。

随着智能化、技能型社会的到来，职业教育发展的空间更大，但其内容、方式、方法都是未知数，依然需要积极作为、不断探索。新修订的《职业教育法》仅是职业教育高质量发展的一个必要条件，不是充分条件。职业教育要想获得充分高质量的发展，就应避免陷入过度行政性的封闭管理体制中。职业教育在各类教育中与市场的关系最为紧密，职业教育要想发展得更好更健康，离不开与市场的融入。

新修订的《职业教育法》第四条明确提出，职业教育必须"坚持立德树人、德技并修，坚持产教融合、校企合作，坚持面向市场、促进就业，坚持面向实践、强化能力，坚持面向人人、因材施教"。但是在现实中，职业学校依赖行政体系维系生存，难以走向市场，难以获得良性发展。学校和企业在市场中依据不同逻辑组建和运行，是两种不同性质、组成、结构、诉求、身份、地位的存在，喊了几十年的产教融合、校企结合成效不佳。长此以往，职业学校会对政府产生过度依赖，容易失去自主发展的内生动力。

（三）新课程方案与标准单列劳动课

2022年4月，教育部印发《义务教育课程方案》并发布《义务教育劳动课程标准（2022年版）》，并于2022年秋季开始在全国施行。这是自

1922 年中国新学制建立后"课程标准"概念引进百年之际的一次修改，它在新的社会条件下延续了百年前"注重生活教育"的方向，强调课程与实际生活结合，注重通过真实情境中的深度学习来培养学生发现问题和解决问题的关键能力；强调素养导向，注重综合育人和实践育人，基于未来教育观的课程理念，基于核心素养观的课程目标，基于理解性教学观的课程内容，基于跨学科学习观的课程组织，基于表现性评价观的课程评价。

新课标将小学阶段的原品德与生活、品德与社会和初中阶段的原思想品德整合为"道德与法治"，九年一体化；改革艺术课程设置，一至七年级以音乐、美术为主线，融入舞蹈、戏剧、影视等内容，八至九年级分项选择开设；科学、综合实践活动开设起始年级提前至一年级；劳动、信息科技课时独立计算。在学习方式上强调充分发挥实践的育人功能，加强知行合一、学思结合，倡导"做中学""用中学""创中学"；在教学方式上，倡导从教走向学，引导学生学以致用，将学习由"解题"转变为"解决问题"；在评价上提出教、学、评一体化。其整体取向是加强品德、劳动、信息、艺术课程，调整了学习内容，明确了"道德与法治"课程的政治认同、道德修养、法治观念、健全人格、责任意识。

在新课标学习与落实过程中，一线教师反映"核心素养""任务群"等新概念较多且未能严格界定，直接影响有效实施。比如"核心素养"是人的还是学科的，课标中反复提到分科的语文、数学学科核心素养究竟是什么，在逻辑上与具体学生的素养究竟是什么关系等，概念存在内部不协同，引发了不少教师的困惑。

依据 2018 年将劳动教育列入教育方针"德智体美劳""五育"并举的要求，劳动课正式成为中小学的一门独立课程，这引发各方关注。新课标依据 2020 年印发的《中共中央 国务院关于全面加强新时代大中小学劳动教育的意见》的基本精神，以丰富开放的劳动项目为载体，重点是有目的、有计划地组织学生参加日常生活劳动、生产劳动和服务性劳动，让学生动手实践、出力流汗、接受锻炼、磨炼意志，培养学生正确的劳动价值观和良好的劳动品质。

根据义务教育课程方案要求，劳动课平均每周不少于 1 课时，用于活动策划、技能指导、练习实践、总结交流等。同时，这门课程注重评价内容多维、评价方法多样、评价主体多元。劳动教育在家庭、学校、社会中同时进行。评价劳动教育效果，最终要看学生是否真正养成尊重劳动、热爱劳动和尊重劳动者的劳动观。

（四）规范民办义务教育发展

根据中央深化教育改革的重点任务安排，2021 年 7 月 8 日，教育部、中央编办、国家发改委、民政部、财政部、人社部、自然资源部和住建部等八部委联合下发《关于规范公办学校举办或者参与举办民办义务教育学校的通知》，其中明确："公办学校与其他社会组织、个人合作举办的民办义务教育学校，符合'六独立'要求（即独立法人资格、校园校舍及设备、专任教师队伍、财会核算、招生、毕业证发放）的，可继续举办民办学校，但应在履行财务清算等程序，并对民办学校及相关单位、企业等使用公办学校校名或校名简称进行清理后，公办学校逐步退出；经协商一致且条件成熟的，也可转为公办学校。不符合'六独立'要求的，地方政府要限期整改；整改不到位的，可视情况将其转为公办学校或终止办学。"

2022 年各省市依据上述文件精神印发了相应的规范民办义务教育发展的文件并列入年度工作的重点。文件主要内容包括：强调"义务教育是国家事权"；"2022 年前要将市域内民办义务教育在校生规模占比控制在 5% 以内，确保义务教育学位主要由公办学校和政府购买学位方式提供"；根据《中华人民共和国民办教育促进法》第十九条之规定，不得设立实施义务教育的营利性民办学校；加强民办义务教育学校的收费、招生管理，收费执行当地政府确定的指导价；严格执行教育收费公示制度，主动接受社会监督。

这一政策实施中遇到的问题是，此前全国民办义务教育阶段在校学生总数平均占 15%，不少地区原有民办义务教育在校学生数超过 20%；而根据新政，一方面原有总量三分之二的民办义务教育阶段学校被要求停办或转型，另一方面基层政府需要短期大量增加公办教师编制，兴办公立义务教育学校。这造成一部分原有义务教育资源废弃的同时，摊薄了原有共有义务教育资源，使得整体上义务教育优质资源出现局部短缺和质量下降，也在一定程度上影响了民办教育政策的连贯性，一些地方原先发布的《民办中小学条例》废止，给民办教育举办方和基层政策执行者带来了困惑。

（五）限制国际高中发展

受出国留学需求的驱动，2000 年后公办学校国际部（班）、民办国际学校在缺少相关法规政策规范的状况下快速增长。2014 年，教育部针对审批监管不严、收费不透明、教学质量参差不齐等问题提出限办和改制要求。2021 年底，教育部相关司局发出《关于开展培训机构类"国际高中"详细情况摸排的函》，对此类机构的审批准入、从业人员、课程教材审核把关、收费等方面的监管政策进行了解。各地随即加强了相关管理，缩减国际高中教育范围，取消了多项与留学相关的考试。

国际学校因特色办学、多样化办学，不唯考试、不唯分数，强调学生培养的多样化、个性化，得到越来越多家长的认可，限制国际高中发展与教育国际化潮流和学生、家长意愿在一定程度上相违。

2021—2022 年教育法律修订取得明显成效。深化法治是社会发展的大方向，也是教育现代化的必然取向。教育法治建设要与整个社会的法治进程协同，关键在于维护每个教育当事人和法律主体的权利，将行政主体的行为置于法律规范框架之内。

三、推进教育现代化需要新的探索

教育现代化是教育与现代社会同步从传统迈向现代的过程，是教育"现代性"的实现和逐渐增多的过程，它不存在永久确定的目标，而是一个川流不息的过程，所以需要不断探索。

过去十年来，教育系统围绕培养什么人、怎样培养人、为谁培养人这一根本问题，全面贯彻党的教育方针，落实立德树人根本任务，培养德智体美劳全面发展的社会主义建设者和接班人，促进教育公平、提升教育质量，加快推进教育现代化。

教育优先发展机制得以完善。2012 年国家财政性教育经费首次实现占国内生产总值的比例达到 4%，成为落实《国家中长期教育改革和发展规划纲要（2010—2020 年）》（以下简称《规划纲要》）迈出的重大一步和迈向教育强国的里程碑事件。国家财政性教育经费投入占 GDP 比例连续十年保持在 4% 以上。2021 年共有各级各类教育专任教师 1844 万人，比 2012 年增长 26%，形成了以师范院校为主、综合大学共同参与的开放灵活的教师培养格局。

教育普及水平实现历史性跨越。2021 年，全国共有各级各类学校近 53 万所，在校生超 2.9 亿人。学前教育毛入园率达 88.1%，比十年前提高 23.6 个百分点；在实现全面普及的基础上，九年义务教育巩固率达到 95.4%，比十年前提高 3.6 个百分点；高中阶段教育毛入学率达 91.4%，比十年前提高 6.4 个百分点；高等教育毛入学率达 57.8%，比十年前提高 27.8 个百分点。各级教育普及程度达到或超过中高收入国家平均水平，其中学前教育、义务教育达到世界高收入国家平均水平，高等教育进入普及化阶段；劳动年龄人口平均受教育年限达 10.9 年；更好地保障了人民受教育的机会。

义务教育实现基本均衡。2012 年，国务院印发《关于深入推进义务教育均衡发展的意见》，将义务教育在县域内实现均衡发展状况列入对地方政府及主要负责人考核的内容，推进城乡义务教育尽快实现一体化发展。2021 年全国 2895 个县全部通过了国家义务教育基本均衡发展督导评估验收，乡村学校面貌有了根本改观，形成城乡义务教育均衡和一体化发展新局面，正在向优质均衡目标努力；持续实施重点高校招收农村和贫困地区学生专项计划，累计录取学生 95 万余人。

教育改革持续深化。国家推进"双减"后，教育生态正在重塑。2014年，《国务院关于深化考试招生制度改革的实施意见》印发，新一轮考试招生制度改革启动。全国已有 29 个省份分五批进行了高考综合改革，基本形成了分类考试、综合评价、多元录取的招生考试模式，健全了促进公平、科学选才、监督有力的体制机制。依法治教也更加有力。全国义务教育阶段教师平均工资收入水平不低于当地公务员的目标基本实现，服务全民终身学习的教育体系进一步完善。各地普遍建立了教学基本规程，加强教师培训，强化教研支撑，精准分析学情，注重因材施教，课堂教学质量稳步提升。

十多年前，《规划纲要》对教育现代化做出界定，"就是用现代先进教育思想和科学技术武装人们，使教育思想观念，教育内容、方法与手段以及校舍与设备，逐步提高到现代的世界先进水平，培养出适应参与国际经济竞争和综合国力竞争的新型劳动者和高素质人才的过程"，具体包括教育观念现代化、教育内容现代化、教育装备现代化、师资队伍现代化、教育管理现代化等。《规划纲要》中确定的各项数量发展目标在过去十年大都已提前超量实现，但推进政校分开、管办分离，落实和扩大学校办学自主权，形成"政事分开、权责明确、统筹协调、规范有序"的教育管理体制，建设"依法办学、自主管理、民主监督、社会参与"的现代学校制度等多项体制改革目标未能实现，显示教育现代化仍十分艰难。

2022年，世界局势发生巨变，教育与其他各方面一样面临着艰难的处境。为了应对巨变，联合国教科文组织于2021年11月10日面向全球发布《共同重新构想我们的未来：一种新的教育社会契约》报告，基于全球视角，强调教育的公共目的，探讨和展望面向未来的教育，其中特别强调要塑造真正和平、公正和可持续的未来，教育本身亟须转型，要以不同的方式思考学习以及学生、教师、知识和世界之间的关系。

无论世界局势如何发展，中国发生什么样的变化，积极参与人类教育之约都是中国教育人应持的基本态度。中国教育应坚持开放原则，学会从世界看中国，而不只是从中国看世界。与世界各国教育一样，中国教育同样亟须转型，要依据该报告的精神，切实解决好国内教育的公平、公正、普惠问题，回应关于重新构想"为何学、怎样学、学什么、哪儿学和何时学"的迫切需求；同时，通过教育消除该报告显示出的人类社会发展当下存在的价值分裂与行为孤立的隐忧，铸造人类持久和平；真正通过教育将我们与世界联系起来，为我们带来新的可能性，增强我们对话和行动的能力；充分领会教育作为一种社会契约的内涵，充分利用好这种社会成员间为了共享的利益而达成的默示协议，确保每个人终身接受优质教育的权利，并强化教育作为公共行动和共同利益的形式。

教育现代化最为关键的是人的现代化以及思想观念和制度的现代化。教育因应未来巨变，需要在坚持以人为本基本原则基础上，增强教育的应变性，提高教育当事人的智慧水平。

（一）增强教育弹性

必须明确，应变性就是弹性，增强弹性才能更好应变，增强弹性就是减少刚性。减少教育的刚性需要减少教育观念与思维的固化，尊重学生与教师的权利，尊重差异与选择，看重成长而非追逐考分，增强每个教育当事人的自觉性和自主性，消除在大量教育当事人身上已经形成的被动性。

增强弹性需要落实到体制机制上，解决管理与评价权力过于集中、标准过于单一的问题，减少"一刀切"的现象，减少行政部门过量发文的情况。正是评价过度的刚性造成千人一面、千校一面，既无法满足学生个性多样化的需求，又难以满足信息化社会对人的多样化需求。

增强弹性需要消除标准答案式训练和标准答案式思维。

（二）充分运用智慧

以更高的智慧应对各种挑战，才能减少教育中的平庸，提高教育效能。不能主观地在孩子的人生起点设计进入智慧殿堂的路径，因为其结果是将孩子折磨成一个毫无个性、缺乏创新、呆板的平庸者。

充分运用智慧需要改变"只想等风来却毫无作为"的态度，转变面对反智行为却毫无办法阻止的状态，也不能乐观地认为未来可期而将未来交给别人，而是要明察秋毫、防微杜渐、化险为夷，并且形成化解、减少和避免新增问题的可持续策略。

教育政策的制定与执行都需要充分运用智慧，实事求是。行政机构少发文就需要智慧，滥发文就属于不智慧。受管理与评价限制，短期内难以彻底消除平庸的教育和教育的平庸，但每个有智慧的人都可充分运用自己的智慧减少身边的平庸，尽可能不参与制造平庸的教育。

（三）穿越不确定性走向未来

教育的未来发展在思想观念、体制机制、方式方法、内容与资源等方面仍面临众多不确定性，教育的体制机制应对不确定性需要更有弹性，教育当事人应对不确定性要有更高的智慧，如此才能培养面对未来世界未知环境的未成年人。

面向未来，教育当事人需要引导学生看清人类文明前进的方向，善辨是非，具有远见卓识，乐于学习，乐于实干，掌握分析、判断问题的方法，培养在未来世界中拥有较强生存能力与创造幸福能力的人。

世界范围内的矛盾冲突收窄了教育思想空间，地方财政的困境增大了教育经费筹集的压力，失业率增高挤压了教育前行的空间。在一个拥有更多不确定性的时代，每个人尤其是每位教育当事人要在选择面前不迷失，不断提升自己的智慧觉醒程度，尽自己最大的努力。

在新的起点上进一步推进教育现代化必须从各地实际出发，充分发挥各地、各校的主动性、积极性、创造性，鼓励大胆探索，形成充满活力、富有效率、更加开放、有利于高质量发展的教育体制机制。

特别关注
Special Concern

从"教育产业化"到教育的 "非营利化"

杨东平 ①

摘　要： 在基础教育领域，"教育产业化"导致了"小升初"择校竞争、"名校办民校"、课外培训热等乱象。随着"双减"政策的出台，当教育的外部环境得以大致清理之后，问题便又回到了公办教育自身，需要通过改革激活公办学校；同时，要继续发展民办学校，增加学校系统的丰富性、多样性；要重新认识和构建市场和教育的关系，提升政府教育治理的水平。文章阐述了开展中小学办学体制改革的内涵，认为义务教育的最佳机制不是资本机制，也不应当是行政化的权力机制，而是非营利机制。教育新政对"公参民"办学的清理，就是践行公办学校非营利性的具体措施。应当通过全面的清理和规范，建立起"现代学校制度＋非营利机构"义务教育学校管理制度。

关键词： 教育产业化；教育非营利化；办学体制改革；民办教育

　　2021 年 7 月中旬以来，"双减"政策引致教育界的轰然地震。曾经体量巨大、风光无限的课外培训机构遭到全方位的整治。此番整治的动机，就是对实行多年的"教育产业化"或称"教育市场化"路线的矫治，使公办学校恢复其应有的公共性、公平性和公益性，使教育重新回归树人育人的基本宗旨。本文试对我国"教育产业化"的发展过程做一粗浅的梳理，并

---

① 杨东平，21 世纪教育研究院名誉理事长，国家教育咨询委员会委员。

提出可能的治理思路。

一、"教育市场化"释义

尽管"教育产业化"是家喻户晓的热词,却难以将其准确地译为英文。从字面直译,可译为"Education Industrialization"。但是,教育的"工业化"显然是不伦不类的。比较恰当的翻译是"Education Marketization",即教育市场化。这一理论术语本来是有明确内涵的,但用于中国的现实,也还是令人一头雾水。

在中国,大家约定俗成使用的是"教育产业化"的概念,但它从来不是严格的理论概念。学者试图将它学术化,称之为"单纯财政视角的教育改革",或是"经济主义路线"的教育改革,指在国家财政性教育经费严重不足的背景下,以增长和效率为主要追求,利用市场机制"经营"教育,利用市场手段扩大教育资源。20 世纪 90 年代初教育被定义为"第三产业",摆脱了上层建筑的羁绊,以北京大学"破墙开店"为象征,在全民经商的氛围中,教育被迅速"激活"了。"教育产业化"的具体政策包括:多渠道筹集办学经费,高校实行成本分担的高收费政策,部分公办学校"转制"为实行高收费的民办学校(即所谓的"名校办民校");公办大学开办民营的"独立学院"为母校"输血";大学实行"后勤社会化",开办服务公司、科技企业经营创收;等等。主管部门和各级学校的兴奋点在创收,关注的是产权、转制、上市等问题,经济话语占据了教育改革的主导地位。教育高收费的风气大开,酝酿出义务教育阶段炽烈的"择校热",乱收费、教育腐败等乱象屡禁不止。

90 年代以来关于教育产业化有过几次争论,早期主要围绕教育是否具有产业属性、民办教育的合法地位等问题展开。1999 年高校扩招,拉动了普通高中的大扩招,以教育消费拉动经济内需并带动相关产业发展的思路进入了决策层。2004 年之后关于"教育产业化"的争论有二:一是社会舆论对"充满铜臭味"的教育的声讨;二是"教育产业化是不是背了黑锅",

认为高收费、乱收费问题不是产业化所致，而是教育垄断的后果，主张更彻底的产业化、民营化。赞成教育产业化的多为经济学出身的学者，激烈的批判者主要是家长、学生和媒体。

此后，"教育产业化"如入无人之境，没有人再去争论了。在大城市，民办学校由边缘进入中心，由于享受考试招生、自主招生的自主权，升学率明显高于公办学校，成为家长追捧的"新宠"，公办学校沦为二流的"备胎"。基础教育学校的两极分化，引发学者对"教育的拉丁美洲化"的担忧。这一办学模式的进化，是名校与房地产和资本市场的结合，那些公私不分、两头通吃的超级中学成为地方经济的"摇钱树"。一些民办学校打包上市，成为名副其实的企业。"名校办民校"的新阶段，是名校形成多个主体、多种所有制（所谓的"公参民"学校）、多地办学的集团化办学模式，民校是名校在各地开办贴牌收费的分校。

此外，课外培训机构异军突起，在十年左右的时间里迅速成为体量超过公办学校的"另一个教育系统"。根据相关数据 ①，中国 K12 培训市场 2019 年的规模已超 8000 亿元，产生了若干个上市企业巨头。由于资本市场的加持，学科培训下延至 2 岁的幼儿，演变为无底线无伦理的烧钱竞赛。

这一切，在 2021 年 7 月，被突如其来地按下暂停键。这大致是对 20 年前开始的"教育产业化"路线的颠覆和"清算"。

"教育产业化"的理论基础，除了"教育具有产业属性"，就是"效率优先、兼顾公平"的发展观。

"效率优先、兼顾公平"这一在价格改革时提出的口号，不证自明地成为教育、医疗卫生等公共服务领域通行的准则。因而，20 世纪 90 年代末以来国内关于教育公平的讨论，最重要的主题就是教育的公平与效率之争，似乎离开效率，公平便无可讨论。既然公平只需兼顾，而兼顾在中国的语境中意味着可顾可不顾，教育公平并未获得独立的价值和地位便是顺理成

---

① 《2020 年中国 K12 教育培训行业市场现状及发展前景分析》，东方财富网，2020-12-30。

章的了。

因而，教育的"公平—效率"之争、"先发展还是先公平"之争，基本是中国式问题，在世界范围内除了中国，没有这样提问的。公平就是公平，教育公平是教育公共政策的基石。义务教育之所以实行免费、免试、就近入学的规则，就在于保障入学机会这一起点的公平。为了避免学校按家庭经济状况的分化，公共财政承担着私立教育的大部分费用，私立教育同时要为弱势家庭的学生提供资助，这是发达国家的基本事实。在政治哲学层面，人们普遍关注的是公平与自由的矛盾，自由主义的思想家担心政府对公平的重视有导致集权、侵害市场和个人自由的倾向。而在教育学本体的意义上，人们更多关注的是差异化的教育，即公平与优秀的矛盾。功能主义的教育家担心基于公平的考虑把低于学术标准的人吸纳进来，会降低教育质量，损害追求卓越的学术标准，从而伤害社会的整体利益。

效率优先的发展观，所谓"做大蛋糕"论，今天仍然是许多经济学者的思维定式。譬如对当下的"教育内卷"和择校竞争有一种流行的见解，认为"高房价和校外教育培训热，其实都源于供给不足"。解决之道不是抑制需求，而是增加供给。这种意见属于泛泛而谈。以供求关系论，我们就无法解释为何在教育资源更为短缺的 20 世纪 90 年代中期之前，义务教育阶段的教育竞争却并不激烈，高考也并没有影响到小学生、幼儿园学生的日常生活。同样，也无法解释在大致相同的教育文化传统中，日本、韩国以及中国台湾地区在义务教育阶段并没有"小升初"择校竞争。情况其实并不复杂，"小升初"和学区房的病因是"择校"，病灶是重点学校制度造成的学校差距过大。没有择校就没有学区房，这就是日、韩和中国台湾地区的现实。在学校均衡整体尚未实现的情况下，政策的作用也非常直接。在 2018 年以来的减负整治中，上海、北京、深圳采取"公民同招"、学区房"多校划片"等政策，高烧不退的学区房立马降温，说明"非不能也，实不为也"。

因而，真正应当关注的，是为什么《义务教育法》已经颁布 30 多年，它所规定的义务教育学校均衡发展的目标至今没有真正实现？这既有来自 20 世纪 50 年代建立的重点学校制度的强大惯性所形成的路径依赖因素，也由于效率优先这一深入人心的发展观。然而，发展是没有止境的，我们不妨提问："蛋糕"究竟做到多大才可以谈公平？中国已经成为世界第二大经济体了，还不能谈公平吗？这种"市场—效率"导向的公共政策，模糊了政府在义务教育供给中的决定性作用，将原本由政府用纳税人的钱提供的公共产品，变为需要公民花钱购买的服务，从而架空了弱势阶层享受公共服务的权利。

其实，几乎所有国家、地区在普及教育之初，都面临经济落后、资源不足的困境；不同的政策抉择，源自其背后的教育价值观。如同阿玛蒂亚·森（Amartya Sen）所言，社会财富的增长和增长财富的分配，是两个完全不同的过程，如果没有社会公平的制度安排，前者并不会自然地导向后者。今天，在教育资源不断扩大的情况下，"择校热"愈演愈烈，老百姓享受优质教育资源越来越困难的事实，使我们真切地认识到，这并不是公平与效率的纠缠，而是公平与不公平的冲突。

二、"教育产业化"的勃兴之路

对课外培训机构的强力整治，使得资本、市场化、商业化成为千夫所指的万恶之源。然而，很多人也许不清楚，"教育产业化"在早期主要是公办学校实施的，是经由政府/权力之手而形成它现在的面貌和品性的。

在基础教育领域，"教育产业化"导致的乱象，一是"小升初"择校竞争，二是"名校办民校"，三是课外培训热。1997 年之后，小学升初中取消考试，实行电脑派位，但现实中初中教育资源不均衡，学校差距过大，家长就各显神通，千方百计地择那些重点学校而入，"小升初"择校竞争愈演愈烈。它向下衍生为"幼升小"的择校竞争，衍生出"学区房"的竞争。

当时"小升初"择校的主要路径：一是"条子生""共建生""特长生"等，属于"拼爹"的性质；二是缴费生，属于"拼钱"的性质；三是凭借奥数成绩、学科竞赛等被点招的学生，属于"拼娃"的性质。

重点中学收取择校费，并由起初小规模的、私下的收费行为，逐渐发展为大规模的、名正言顺的高收费制度。究其根本，有两个政策源头：一是公办中小学"转制学校"的改革，一批公办学校（以初中为主）摇身一变为民办学校，实行高收费的"民营机制"，而学校的校园、物业、师资等仍然是公办的。这就是现在要清理的"公参民"学校，民间称之为"假民办"。二是国家规范示范性高中收费，规定高中招收择校生实行"三限"政策（限人数、限钱数、限分数）。例如北京市规定择校生不得超过招生数的10%，高中三年的收费不得高于3万元，录取分数不得低于录取线20分。但各地学校往往大幅度突破这一规定，并将收费政策沿用到小学、初中。许多普通学校也设置了各种"寻租"的条件和门槛，通常是设置一条录取分数线，低于分数线的实行分段收费，分数越低收费越高。教育高收费、乱收费的风气大开，使用金钱购买学位得以合法化、制度化，突破了入学机会上权利的平等以及"分数面前的平等"。享受"优质教育"逐渐成为家长经济资本和社会资本的竞争。公办大学举办"民营机制"的"独立学院"，可以说是中小学"改制学校"的高教版。

围绕名校的择校竞争，课外培训产业逐渐崛起。国外的研究通常将课外培训称为"影子教育"，即它是依傍公办学校的需求而生的。但在中国，情况有所不同。它起初是公办名校为了升学率竞争而内生的。从1989年开始，一些中学以奥数培训的名义在小学阶段选拔优秀生源，这成为日后泛滥成灾的小学生奥数热的源头。2004年，北京一些中学采取层层选拔淘汰、掐尖招生的名校发展模式，后逐渐蔓延至全国。

上述情况首先突破的是教育部要求示范性高中必须与初中脱钩的政策。为取消初中阶段的重点学校，1999 年教育部明确规定示范性高中必须与初中脱钩。然而，一些大学附中以开展初高衔接的"教学实验"名义要求保留初中，其实保留的是可以从小学考试选拔学生的特权。这一"成功经验"严重动摇了初高中分离政策的执行。外地重点高中采取的是迂回的方式，通过开办一所"民办学校"作为自己的生源基地掐尖招生，维系高升学率。

公办名校自己开办或与培训机构合作开办、实行掐尖招生的课外培训机构，称为"坑班"，只有在这所培训学校"占坑"，才有可能进入这所重点学校。为了增加名校命中率，有的家庭不惜上好几个"坑班"。甚至还出现了所谓的"坑中坑"，即为适应"坑班"高难度的教学而办的培训班。直到 2018 年，上述现象才在多次的整治—复活中归于沉寂。

重点中学之外，一些有政府背景的机构、教育的"内部人"，在政府的眼皮子底下公然违反国家政策，为应试教育推波助澜。小学生奥数热屡禁不止，成为一个利益巨大的产业。

20 世纪 80 年代，为改善办学条件和教师待遇，政府只给政策不给钱，让学校经营创收，自谋生路；90 年代，允许学校通过出卖学额（缴费生，择校费）获得发展经费，以及通过"名校办民校"的"改制"而营利；2000 年之后，名校与培训机构联手，资本市场加持，课外培训业爆发式增长，择校竞争、奥数热、学区房高烧不退。这是"教育产业化"的发展概貌。

"教育产业化"的初衷是基于发展主义、经济主义的思路，在财政能力不足的情况下快速发展教育；其迷误在于它并不是通过取消垄断和管制、扩大社会参与来增加供给，而是采取"宏观垄断，微观放开"的政策，通过"名校办民校""独立学院"这样的"假民办"为公办教育输血。教育资源短缺形成的巨大市场与陈旧落后的体制相接，出现了公开设租寻租、权学交易、钱学交易等制度性腐败，逐渐形成特殊利益集团，形成教育对产业化的路径依赖。其中最重要的利益机制和利益集团，就是占尽公办和民办的好处，将一己私利凌驾于公共利益之上的名校利益集团。①

三、开展中小学办学体制改革

当教育的外部环境得以大致清理之后，问题便又回到了公办教育自身。

"双减"所掀起的教育风暴，用霹雳手段禁堵减负，无疑是治标救急的猛药。改善教育生态，关键在于源头治理，既需要清理"教育产业化"漫漶的贻害，贯彻落实国家的各项法律和政策，避免义务教育被资本市场、房地产机构和培训机构绑架；也需要对"中国教育的下一步"有前瞻性的系统思维，避免政策的短视和碎片化，避免陷入"按下葫芦浮起瓢"的困境。一个重要的主题，是在学习化社会和多元利益格局的背景下，重新认识和构建市场和教育的关系，提升政府教育治理的水平。

在"后普及教育阶段"，公众"有学上"的目标已基本达成，下一步是如何实现"上好学"。国家提出的目标是"公平而有质量的教育"，但何为公平，何为教育质量，仍然需要凝聚共识。"上好学"有一个基本方面已获得极大认同，就是在规范性的统一教育之外，关注学生个性化、差异化的发展，满足公众选择性的教育需求。随着互联网和智能机器人时代、学习化社会以及少子化时代的到来，这一变革的重要性显而易见，是"中国教育下一步"的重要主题。因此，在新的形势下需要通过改革激活公办学校，需要继续发展民办学校，增加学校系统的丰富性、多样性，构建与学习化社会相适应的教育系统。

---

① 《钱理群：中国教育病症已不是观念问题，而是利益问题》，湃客：学人 scholar，2021-08-10。

（一）开展公办学校办学体制改革

有"PISA[①] 之父"之称的 OECD[②] 教育与技能司司长安德烈亚斯·施莱歇尔（Andreas Schleicher）的意见令人警醒，他认为未来教育发展的首要症结"不是公平和质量，也不是教育经费或资源的低效使用，而是学校系统组织方式的落后"[③]。这既是指形成于一二百年之前、被诟病为"教育工厂"的学校教学模式，也是指在科层化结构中教育官僚远离现场、自上而下的集权式管理模式。这一切都极不适应信息社会和学习化社会的现实。

我国小学和初中阶段激烈的升学竞争，其形成原因主要是义务教育学校差距过大。在推进义务教育学校均衡发展的过程中，由于一些制度性问题并未被触及，这一目标尚未真正实现。要从根本上解决问题，就应改变直至取消义务教育阶段"等级化的学校制度"，取消制造"名校"的制度安排。这就需要按照《教育法》《义务教育法》的规定，避免将义务教育学校分为三六九等区别对待，取消重点学校的招生特权以及人财物等各方面的特权，取消义务教育学校的部属、省属、市直、区重点等标签，实行属地化的统一管理。在此基础上，示范性高中"指标下放"、校长教师流动等政策才能真正收到促进义务教育学校均衡发展的实效。

此外，还要通过向地方和学校赋权，落实学校的办学自主权，增加教育活力，形成多样化的办学特色，满足不同的教育需求。

在西方国家的教育变革中，公立学校办学体制改革一直处于十分优先的地位。他们在义务教育阶段的供给充足，公立学校之间几乎没有竞争，导致学校平庸化和缺乏活力。政府激活公立学校的主要措施是通过权力下放，向社区和学校赋权，实行学校自治，提升教育质量。典型如美国特许

---

① PISA 全称为 The Program for International Student Assessment，即国际学生评估项目。

② OECD 全称为 Organization for Economic Co-operation and Development，即经济合作与发展组织。

③ （德）安德烈亚斯·施莱歇尔：《超越 PISA：如何建构 21 世纪学校体系》，上海：上海教育出版社，2018：2。

学校的改革，在不改变学校的公办性质、政府全额拨款的前提下，将学校委托给一个教育家团队，实行契约式的管理。至 2010 年 12 月，美国总计有 5453 所特许学校，在校生 173 万人。特许学校成为教育创新的活跃领域，著名的"第 56 号教室"、KIPP 学校、以项目式学习而闻名的高技术高中（HTH）等都是特许学校。英国、瑞典的"自由学校"以及中国台湾地区的"实验学校"，都借鉴了特许学校的改革模式。

欧洲国家已经做出的探索，体现了从两端同时推进，使公办学校与私立学校越来越接近的趋势：通过政府购买服务，更大程度地提高公共资源普惠覆盖面，让私立教育承担更多的社会责任；公办学校系统通过放权改革，实行校本管理、委托管理而焕发活力，同时借鉴私立教育的管理办法，在管理方面越来越像私立高中。[1] 例如丹麦推动每一所公立高中都成立理事会，由理事会来选举校长。

（二）民办教育价值的再认识

在民办教育快速发展了 20 多年、公办—民办格局发生逆转的新形势下，仍然需要重视民办教育在扩大资源方面的重要价值；同时，也需要对民办教育的核心价值和功能重新定位，确定相应的准则。

纵观世界，在基础教育阶段，民办教育大都不是作为公办教育的对立物而出现的，其功能和价值主要是满足多样化的教育需求。私立学校大都定位为非营利组织，提供的主要是基于移民、种族、宗教和文化差异的多样化教育，并获得大量政府资助。德国、法国等国的私立教育模式在欧陆具有普遍性。德国 14% 的中小学是私立学校，学生占比为 9.3%（2011—2012 年度），州政府提供最高超过 80% 的办学经费。德国的私立小学往往是教会学校、自由瓦尔多夫学校或寄宿学校等。初中、高中阶段的私立学校分为两类：一类是能替代公办学校实行义务教育的"替代性学校"，学校

---

[1] 马国川：《丹麦为什么会成为"成功国家"？——专访丹麦资深政治家贝特尔·哈尔德》，《财经》，2019（5）。

设立必须经过教育主管部门审批；另一类是能够开设公办学校不提供的职业领域课程的"补充性学校"，只需报备。法国约有 17% 的学生在私立学校就读，多为教会学校，其中 98% 的学生在与政府签署"协作合同"的"签约私校"就读。"签约私校"与公办学校基本一样，教师工资和运行经费由政府拨款，学校按照政府制定的教学大纲实施教学，部分教师属于国家公务员。美国的私立学校有两类：一类是高收费、追求卓越的"精英学校"；另一类是基于社区的教会学校，数量多，其学费高于公办学校而大大低于私立学校，办学条件、教师待遇等不占优，但重视品德教育，学校风气好，被视为平民的"私立学校"。

教育多样化的改革也涉及非学校化教育。其典型是自 20 世纪 70 年代以来，在美国、欧洲等许多国家和地区快速发展的"在家上学"（Homeschooling），已经成为美国增长速度最快、质量相当高的一种教育类型。目前，美国有 200 多万儿童在家接受教育，占在校生的 4%。[①]

增加教育的丰富性和选择性是世界范围内教育改革的共同主题，也是我国民办教育存在的理由。例如，在我国珠三角和中部农村地区存在大量为外来务工子女服务的寄宿制民办学校，在大城市边缘出现为白领阶层子女提供创新教育的"另类学校"，在大城市出现提供"精英教育"的高收费的私立学校，满足的正是这种差异化需求。此外，值得探索和重视的是为具有异禀的资优生以及为"问题学生"、智障儿童所提供的特殊类型的教育。

多年来我国发展民办教育的动机主要是拾遗补阙，弥补教育资源的不足，这在普及教育阶段自然十分重要，是重中之重。但这也造成了管理者的某种"政策盲区"和民办教育的某种"基因缺陷"：将发展民办教育视同招商引资，办教育如同办企业，重视规模效益和经济效益，热衷于圈钱圈地、兴建大规模的超级学校，缺乏对差异化办学、创新性教育的关注。

---

① 《美国在家上学学生人数持续增长》，美国教育新闻网，2016-09-08。

一二百年前欧洲工业化阶段出现的规模化的学校教育，往往被诟病为教育工厂，已经是亟须改变和淘汰的陈旧模式。"小班小校"是国外中小学的基本面貌，因为只有在"小班小校"，才能看见每一个学生，才有可能实行个性化、差异化的教学。这也是在"少子化时代"我国义务教育学校变革的基本方向。

今天，我们应当鼓励有理想的教育人、教师和家长着眼于满足差异化的教育需求，因地制宜地开办各种小规模的创新型学校和学习组织。要把创新创业的概念从经济领域扩大到教育领域，要像支持小微企业那样鼓励小微学校。应当看到，这种由有理想的教育人创办的、非资本逻辑的教育，才是教育创新的源泉。通过将家庭幼儿园、在家上学、小微学校合法化，促进教育自下而上发展，可以使教育重新成为全社会共同参与、共治共享的事业。

四、走向基础教育的非营利化

在"后普及教育时代"，民办教育的改革方向并不是取消民办学校，而是引导民办学校去适应和满足新的需求；同时，需要构建公办学校与民办学校共同发展的新的制度框架，突破民办学校和公办学校在应试教育单一轨道上竞争的发展范式限制。

在民办教育发展的过程中，人们认识到资本的逐利性存在降低教育性、忽视公平性的危险。按照教育新政，义务教育阶段的学校都被定义为非营利性的。民办学校实行非营利管理的政策很明确、很具体，而公办学校是由政府财政举办的，似乎天然就应当是非营利性的，但这其实是需要论证的。在现实生活中，关于公办学校能干什么、不能干什么，缺乏明确的规范和规则，营利和非营利的边界非常模糊，例如集团化办学、名校跨地区办学、举办国际部（国际学校）、在海外办学以及与资本市场和房地产业的利益勾兑等，其中存在大量经营性的活动和营利空间。另外，许多占用高额财政经费的重点学校，服务的主要是少数优势阶层的孩子，而普通学生和农民的孩子却需要支付高昂学费。这种高度行政化、等级化的公办学校制度，也偏离了教育的公平性和公正性。

另外一个问题是，为什么办学自主权要与所有制捆绑，只有高收费的民办学校或实行"民营机制"才能获得？按照现代政府治理的理念和法治精神，学校开办者的身份、经费来源与办学权具有不同属性，应当分离，办学自主权是公办和民办学校都应该拥有的，无须用钱赎买。

这启示我们，义务教育的最佳机制不是资本机制，也不应当是行政化的权力机制，而是非营利机制。这可能是一个历史性的契机，使我们可以做出新的抉择：淡化所有制思维，按非营利组织的规范管理所有义务教育学校。"现代学校制度＋非营利机构的管理"或许可以成为一种普适的制度，由此构建起公办、民办学校一视同仁、共同发展的制度框架。这样，既可以超越基于所有制性质的公办—民办的两分法，也超越了"自由"的民办学校和"不自由"的公办学校的办学权属的两分法。在面向未来的新赛道上，将不再是公办学校与民办学校的竞争，而是创新学校与传统学校的竞争。

非营利组织通常被称为"第三部门"，以区别于政府（第一部门）和企业（第二部门）。它最突出的特征是由使命感、责任感驱动，为实现特定社会目标而存在，不以获取利润为目的，具有公共性、公益性、自治性等。非营利组织严格依照章程开展工作，其工作经费往往来自公、私部门的捐赠，享受国家规定的免税或税收优惠政策，经营结余也不得分红。无论是公办学校还是民办学校，如何真正实行非营利模式的管理，是落实教育新政时需要学习的新课题。教育新政对"公参民"办学的清理，就是践行公办学校非营利性的具体措施。应当通过全面清理和规范，建立起"现代学校制度＋非营利机构"这种新的义务教育学校管理制度。

关于新时代教育强国建设战略的思考

张家勇 [①]

摘　要：教育强国建设战略既要与教育系统外部的各项事业战略部署相呼应，也要与教育系统自身前期发展规划相衔接。教育强国建设应瞄准社会主义现代化国家新征程的战略需求，结合教育自身发展逻辑、功能定位和根本任务，以强弱项、补短板、抓重点、攻热点、破难点、扬优势为主攻方向，重点提高职业教育质量，完善区域教育创新发展布局，助力中华传统文化复兴，加快乡村教育振兴，服务军民融合发展战略，开创教育对外开放新格局。

关键词：教育发展战略；职业教育；区域教育；乡村教育振兴

一、新时代教育强国建设的历史方位

2021 年 3 月，十三届全国人大四次会议表决通过《中华人民共和国国民经济和社会发展第十四个五年规划和 2035 年远景目标纲要》（以下简称《纲要》），提出建设教育强国等 13 个"强国"，建设美丽中国等 9 个"中国"，实施乡村振兴战略等 26 个"战略"，实施中华优秀传统文化传承发展工程等 40 个"工程"，开展乡村建设行动等 33 个"行动"，实施科学家交

---

① 张家勇，中国教育科学研究院研究员，教育体制机制改革研究所副所长。

流计划等 11 个"计划"。可以说，这些战略、工程、行动、计划等的贯彻落实都离不开教育，有些甚至直接指向教育，为我们思考教育强国建设战略提供了上位依据。在教育部分，《纲要》明确提出建设高质量教育体系的总目标，部署推进基本公共教育均等化、增强职业技术教育适应性、提高高等教育质量、建设高素质专业化教师队伍、深化教育改革等五项重点任务，每项重点任务都有细化举措。此后，《国家"十四五"期间人才发展规划》《国家"十四五"时期哲学社会科学发展规划》《"十四五"数字经济发展规划》《"十四五"公共服务发展规划》《"十四五"国民健康规划》《"十四五"文化发展规划》等各项事业规划陆续出台。这些规划有的是关于经济社会全面发展的总体规划，有的是侧重经济、政治、法治、科技、文化、民生、民族、宗教、社会、健康、能源、公共服务、生态文明、国家安全、党的建设等方面中某一方面的专项规划，对新时代教育改革发展提出新要求新课题新期待，为我们谋划"十四五"教育改革发展重大战略与工程指明了重点与方向。

党的十九大报告指出，我国社会主要矛盾已经转化为人民日益增长的美好生活需要和不平衡不充分的发展之间的矛盾。这个判断对于我们准确把握教育发展的阶段性特征，找准新时代教育改革的总目标、总任务、战略步骤、外部条件、政治保证等基本问题具有重要指导意义。党的二十大报告重申建设教育强国的战略目标，创造性地将教育、科技和人才三者统筹部署，强调三者均为全面建设社会主义现代化国家的基础性、战略性支撑。科技创新源自人才，人才成长依靠教育，教育才是现代化强国建设的"原始动力"。

改革开放以来，教育从服务经济发展、服务文化建设、服务社会建设走向教育与科技、人才三位一体，在"五位一体"总体布局和"四个全面"战略布局中的历史方位更加清晰，教育发展的独立性、自主性和特殊性得到更多尊重，教育的人才培养、科学研究的核心职能得到更多彰显。教育强国建设是社会主义现代化强国建设的奠基工程，教育现代化必须走在新征程的第一方阵。

二、党的十九大以来重大教育政策综述

党的十九大以来，党中央、国务院围绕建设高质量教育体系这个统领性目标，全面部署各级各类教育改革与发展，出台系列重要政策文件，推动教育高质量发展走向新阶段，很多政策目标既立足当下又面向未来5—15年，是我们思考教育强国建设战略的重要依据、主要线索和方向指引。

党的十九大以来，教育改革与发展中长期规划文件主要有以下两个：2019年2月，中共中央、国务院印发《中国教育现代化2035》，提出中国教育现代化的战略背景、总体思路、战略任务、实施路径、保障措施等，并提出要在2035年总体实现教育现代化，迈入教育强国行列，推动我国成为学习大国、人力资源强国和人才强国，建成服务全民终身学习的现代教育体系。同月，中共中央办公厅、国务院办公厅印发《加快推进教育现代化实施方案（2018—2022年）》，提出推进教育现代化的十项重点任务，涵盖基础教育、职业教育、高等教育、教师队伍建设、中西部教育、区域教育、教育国际化、考试招生、民办教育、终身学习等重点领域。以这两个文件为基础，结合在此前后出台的系列重磅政策文件，各级各类教育的改革逻辑和发展思路基本清晰。

在基础教育方面，国家围绕学前教育普惠、义务教育均衡和普通高中多样化发展，分别做出重要部署。2018年11月，中共中央、国务院印发《关于学前教育深化改革规范发展的若干意见》，提出2035年全面普及学前三年教育，建成覆盖城乡、布局合理的学前教育公共服务体系，形成完善的学前教育管理体制、办园体制和政策保障体系。

2019年6月，中共中央、国务院印发《关于深化教育教学改革全面提高义务教育质量的意见》，提出树立科学的教育质量观，构建德智体美劳全面培养的教育体系，健全立德树人落实机制，教育引导学生爱党爱国爱人民爱社会主义，办好每所学校、教好每名学生，让学生成为生活和学习的主人等改革任务。2021年7月，中共中央办公厅、国务院办公厅印发《关于进一步减轻义务教育阶段学生作业负担和校外培训负担的意见》，要求学生过重作业负担和校外培训负担、家庭教育支出和家长相应精力负担 1 年内有效减轻、3 年内成效显著。教育部等部门发布 20 多份配套文件，围绕校外培训内容、时间、审批、从业人员、收费管理、作业管理等提出具体监管措施。伴随义务教育优质均衡的深入推进、减轻学生负担的持续发力，家长择校焦虑、学区房热、低龄学生近视等问题开始缓解。

2019 年 6 月，国务院办公厅印发《关于新时代推进普通高中育人方式改革的指导意见》，要求深化育人关键环节和重点领域改革，坚决扭转片面应试教育倾向，切实提高育人水平。到 2022 年德智体美劳全面培养体系进一步完善，立德树人落实机制进一步健全，普通高中新课程新教材全面实施，适应学生全面而有个性发展的教育教学改革深入推进，选课走班教学管理机制基本完善，科学的教育评价和考试招生制度基本建立，师资和办学条件得到有效保障，普通高中多样化有特色发展的格局基本形成。打破唯分数论，打通多样化成才通道，科学选才、促进公平，为学生健康成长、为学校科学育人营造更好的外部环境。

在职业教育方面，国家重点部署了"双高计划"、产教融合、校企合作、"1＋X"试点、职教本科等改革举措，提出建设技能型社会的战略目标。2019 年 1 月 24 日，国务院印发《国家职业教育改革实施方案》，提出到 2022 年建设 50 所高水平高等职业学校和 150 个骨干专业（群），培育数以万计的产教融合型企业，推动建设 300 个产教融合实训基地。2019 年 3 月 29 日，教育部、财政部印发《关于实施中国特色高水平高职学校和专业建设计划的意见》。该意见提出，每 5 年一周期，每年投入 20 余亿元，建设高水平学校和专业群，重点布局在现代农业、先进制造业、现代服务业、战略性新兴产业等技术技能人才紧缺领域。2021 年 10 月，中共中央办公厅、国务院办公厅印发《关于推动现代职业教育高质量发展的意见》，提出到 2025 年职业教育类型特色更加鲜明，现代职业教育体系基本建成，技能型社会建设全面推进，职业本科教育招生规模不低于高等职业教育招生规模的 10%；还提出到 2035 年职业教育整体水平进入世界前列，技能型社会基本建成。这些政策推动职业教育改革走上快车道，让职业教育走进大发展大改革的黄金期。

在高等教育方面，以建设高等教育强国为目标，以提高高等教育质量为靶心，以"四个面向"（面向世界科技前沿、面向经济主战场、面向国家重大需求、面向人民生命健康）为指引，重点部署"四新"（新工科、新医科、新农科、新文科）、"六卓越一拔尖"计划 2.0、"双万计划"、现代产业学院、公共卫生学院、未来技术学院等改革任务。2018 年 10 月，教育部印发《关于加快建设高水平本科教育全面提高人才培养能力的意见》，提出实施一流专业建设"双万计划"，到 2035 年形成中国特色、世界一流的高水平本科教育，为建设高等教育强国、加快实现教育现代化提供有力支撑。2019 年 4 月，教育部办公厅发布《关于实施一流本科专业建设"双万计划"的通知》，计划 2019—2021 年建设 10000 个左右国家级一流本科专业点和10000 个左右省级一流本科专业点。2019 年 9 月 29 日，教育部印发《关于深化本科教育教学改革全面提高人才培养质量的意见》，要求以新工科、新医科、新农科、新文科建设引领带动高校专业结构调整优化和内涵提升。2020 年 5 月，教育部办公厅印发《未来技术学院建设指南（试行）》，决定培育建设一批未来技术学院，推进新工科建设，推动高校体制机制创新，做好未来科技创新领军人才的前瞻性和战略性培养。2021 年 12 月，教育部办公厅等四部门发布《关于开展高水平公共卫生学院建设的通知》，提出建设一批高水平公共卫生学院，深入推进新医科建设，推动医学教育改革创新。2020 年 7 月，教育部办公厅等印发《现代产业学院建设指南（试行）》，决定建设若干与地方政府、行业企业等多主体共建共管共享的现代产业学院，加快建设发展新工科，发挥企业重要教育主体作用，完善人才培养协同机制，培养高素质应用型、复合型、创新型人才。这些政策引领高等教育高质量发展，大学人才自主培养质量显著提升，科技自立自强支撑作用更加彰显。

此外，党中央、国务院还在教师队伍建设、教育评价改革、"双一流"高校二期建设、教育数字化战略行动等方面做出全面部署。例如，2018 年1 月，中共中央、国务院印发《关于全面深化新时代教师队伍建设改革的意见》，提出到 2035 年教师综合素质、专业化水平和创新能力大幅提升，培养造就数以百万计的骨干教师、数以十万计的卓越教师、数以万计的教育家型教师，实现教师队伍治理体系和治理能力现代化。2020 年 10 月，中共中央、国务院印发《深化新时代教育评价改革总体方案》，提出未来 5 至10 年的改革目标：各级党委和政府科学履行职责水平明显提高，各级各类学校立德树人落实机制更加完善，引导教师潜心育人的评价制度更加健全，促进学生全面发展的评价办法更加多元，社会选人用人方式更加科学。

三、新时代教育强国建设战略选择的建议

新时代教育强国建设战略选择的总体思路是，瞄准国家中长期重大发展战略，结合教育自身发展逻辑、功能定位和根本任务，以促进公平和提高质量为战略主题，以加快推进教育现代化为发展主线，以构建服务全民终身学习的高质量教育体系为总体目标，为建设富强、民主、文明、和谐、美丽的社会主义现代化强国提供基础性、战略性支撑。具体而言，教育强国建设战略选择应做好教育系统内外政策呼应与衔接，以强弱项、补短板、抓重点、攻热点、破难点、扬优势为主攻方向，重点提高职业教育质量，完善区域教育创新发展布局，助力中华传统文化复兴，加快乡村教育振兴，服务军民融合发展战略，开创教育对外开放新格局。

（一）持续筑牢职业教育质量生命线

当前，职业教育处于大发展大改革的重大机遇期，但是还存在一些薄弱环节和突出问题：部分中职学校办学条件有待达标升级，中考普职分流阻力不减，职业院校整体办学水平偏低，职业教育类型特色仍不够突出，职业教育社会适应性有待加强等。必须聚焦职业教育质量这条生命线，改革职业院校办学体制，增强职业教育适应性和美誉度，适应数字中国、健康中国、制造强国等建设需求，服务国家职业技能提升行动、重点群体专项培训计划、高素质农民培育计划、就业优先战略等战略部署。

1. 优化职业教育办学体制

让企业进入职业教育主战场，真正成为重要办学主体，实质性举办或参与举办职业教育，加快完成由政府举办为主向政府统筹管理、社会多元办学的格局转变。健全行业协会职能，让行业引领性、战略性企业到高校建立产业学院、企业学院，在财政、金融、税收、土地、信用等方面给予大力支持。职业培训经费直接拨付给企业，企业招工后组织培训，企业主导培训课程设计。

2. 提高继续教育质量

统筹使用就业补助资金、失业保险基金、职业技能提升行动专账资金、职业培训补贴、企业职工教育经费等资金，重点开展转岗培训、专业技术职称培训和老年教育。发挥职业院校的继续教育法定职能，优化课程设计，不设入学门槛，让辍学孩子回得来、留得住。专业技术职称培训要和职业资格结合起来，提高课程设计针对性。老年教育要及时跟进老龄化社会的深入发展，重点是让老年人适应数字化现代生活。转岗培训应同就业者素养结合起来，跟上科技进步步伐。要建设城市全民学习中心，实现党建、公民教育、公民素养培育等综合功能。

3. 服务全民终身学习

职业教育是面向人人、贯穿每个人一生的教育，必然始终走在全民终身学习的第一方阵。实施职业教育数字化行动计划，丰富全民职业教育的形式与内容，开辟新领域新动能，为全民终身学习创造便利条件，全面建成技能型社会。健全学分银行和国家学历资格框架体系，完善注册学习和弹性学习制度，建立不同类型、不同形式学习成果认定与转换机制，确保职业教育体系、继续教育体系与普通教育体系的纵向融通。

（二）优化区域教育高质量发展战略布局

持续实施西部大开发、东北全面振兴、中部地区崛起、东部率先发展、京津冀协同发展、粤港澳大湾区建设、长三角一体化发展、长江经济带、黄河流域生态保护和高质量发展等区域发展战略，是党中央和国务院提出的重要治国方略。受各区域经济社会发展不平衡的影响，各区域教育发展不平衡的问题较为突出，区域间协调发展机制尚不健全。"十四五"期间，教育系统应优化教育现代化"四点一线一面"战略布局，研究实施区域教育创新发展战略，助力区域重大战略、区域协调发展战略，有效应对教育发展不充分、不平衡带来的教育问题和社会问题。

1. 打造教育高质量发展第一方阵

围绕国家区域经济布局配套教育服务，优化教育现代化"四点一线一面"战略布局，做强做大雄安新区、粤港澳大湾区、长三角经济带、海南自贸试验区四个教育现代化战略支点，打造教育高质量发展的第一方阵，通过优质教育资源提升区域承载力、集聚力和吸引力。健全政府、市场和社会共建共享机制，持续塑造国家智慧教育平台建设新动能新优势，搭建人工智能、VR、AR 新场景，发展场景式、体验式学习，缩小地区、城乡之间教育信息化技术体系和资源体系差距。

2. 配合城市群、都市圈配置教育圈

都市圈是城镇群体空间组合类型，是核心城市及外围地区构成的城市功能区域。都市圈是城市群的基本单元，都市圈不一定形成城市群，但是城市群里一定有都市圈，人口在 30 万—50 万之间的地级市就可以组成都市圈。教育要素是城市群、都市圈形成的重要黏合剂，教育资源配置事关区域发展战略成败，事关区域人才涵养、集聚与布局。在都市圈内统筹配置工作、居住和教育，更有利于职住平衡、生产生活生态交融、引导人口科学合理流动，避免大城市病、城乡割裂等弊端。城市群、都市圈的教育圈必须与地方产业布局与调整、地域文化传承与发展、生态功能优化与升级紧密结合，在中心城市和外围空间系统谋划科学布局，实现教育、科技与人才统筹推进，城教一体、产教融合、科教融汇协同发展。

3. 健全区域教育协调发展体制机制

研究总结推广长三角经济带三省一市教育协调发展的实践经验，探索建立区域统一规划、统一管理、合作共建、利益共享的合作新机制。建立跨省市、多部门的教育协调工作小组，由区域内各省级党委教育工作领导小组组长任轮值主席，定期召开教育协调发展工作会，研究决定年度工作重点任务，协调教育发展的难点、痛点问题，增强区域教育发展协调性、互补性和平衡性。实施过程性和终结性评估，由第三方评估机构进行科学客观的评估，明确约束条件、推广条件，确保有效再投入、精准投入，减少资金投入浪费无效现象。

（三）开展中华传统文化复兴教育

文化自信是一个国家、一个民族发展中更基本、更深沉、更持久的力量。党的十八大以来，习近平总书记多次谈到中国传统文化，表达了自己对传统文化、传统思想价值体系的认同与尊崇。党的十九大报告明确要求积极开展中华传统文化复兴教育，发展社会主义先进文化，提升国家文化软实力。党的二十大报告提出全面建设社会主义现代化国家，必须坚持中国特色社会主义文化发展道路，增强文化自信。在西方文化的熏染下，部分青少年"精日""哈韩""亲美"，反而对本国传统文化缺乏自豪感、认同感和亲近感。文化传承与创新是教育系统的重要职能和使命，理应在中国特色社会主义文化建设中发挥重要作用，全面助力社会主义文化强国建设。

1. 建设中华传统文化特色大学

研究和传播中华传统文化，培育中国传统文化学科体系，开设书法、国画、中国哲学、古典音乐等专业，开展中华文化共同性、各民族交往交流交融历史事实的研究，提炼展示中华文明的精神标识和文化精髓，构筑中华民族共有精神家园。面向国内国际开放招生，努力展现中华文化独特魅力，提高文化软实力，增强中华文化国际影响力，树立中华书院国际品牌，宣传可亲、可敬、可爱的中国形象，以更和谐、更包容的方式促进互通互鉴互信。

2. 重视少数民族文化保护与传承

习近平总书记指出，中华文明博大精深、源远流长，是由各民族优秀文化百川汇流而成。各民族都是中华民族大家庭血脉相连、命运与共的重要成员，要高度重视保护与传承少数民族文化，让少数民族孩子同时学好民族语、汉语和英语，让少数民族孩子发扬光大本民族优秀文化，加强非物质文化遗产保护传承，全面促进各民族交往交流交融，铸牢中华民族共同体意识，促进民族团结、社会稳定和长治久安。

3. 加强港澳台学生核心价值观教育

深入推进港澳台青少年"筑基"工程，增强思想政治教育的贯通性、衔接性和思想性，突出思想政治工作的时代性、实效性和先进性，为学生"铸魂、强基、赋能"，养足中国精神、中华气魄和华夏风骨。统筹做好港澳政治回归、经济回归、文化回归、教育回归，强化政治、中国历史、中国地理等学科教育，深入开展爱国主义宣传教育，敢讲、讲透、讲清西方民主问题。引导港澳台群众树立正确的国家观、民族观和文化观，促进港澳台与内地交往交流交融、手足相亲、守望相助。

（四）实施乡村教育振兴战略

乡村教育是高质量教育体系建设的突出短板，是教育强国建设链的薄弱环节，是巩固"控辍保学"成果的重要屏障。在城镇化、少子化、数字化等社会转型因素冲击下，乡村教育发展面临乡村中小学教育质量偏低、农村孩子家庭教育缺失、乡村儿童同龄玩伴减少、邻居互助的教育作用降低等难题，乡村孩子健康成长受阻是后续厌学、辍学、心理障碍、青少年犯罪等问题的直接根源，很有必要实施乡村教育振兴战略，服务国家乡村振兴战略、乡村建设行动。

1. 抬高农村中小学教育底部

进一步明确中央、省（区、市）、地、县的财权和事权划分，降低区域经济发展不平衡、不充分对教育投入水平、公共服务水平均等性的影响。加快提高乡村基础教育质量，细分孤儿、残疾儿童、留守儿童、离异家庭孩子，出台适切精准的乡村教育扶持制度。探究基因、营养、健康、脑神经发育、家庭教育方式等敏感性、可塑性影响因素，提出更加有效的乡村儿童发展干预措施，在亲子阅读、乡村教师风格、家庭子女数量、教育观念等方面重点干预。推广问题导向学习、项目式学习、社会情感学习，开发以乡村素材为基础的乡土教育课程,促进乡村认同,提高乡村儿童探究性能力、阅读能力、创造性能力。形成适合贫困儿童学习方式的专业化帮助,教师在相应阶段给予精准帮助。

2. 建立乡村教师人性化流动机制

建立乡村教师市场化流动机制,鼓励优秀人才在人生中方便的某段时间到农村学校任教,可以是短期、长期或终身,根据他们服务农村学校的年限、绩效等综合考核结果给予相应的激励,比如发放生活补贴、退休金按一定权重加权。推进乡镇中心学校和同乡镇小规模学校一体化办学、捆绑式考评,统一调配中心学校和小规模学校教师,统一中心学校和小规模学校课程设置、教学安排、教研活动,音乐、体育、美术和外语等学科教师实行走教。总结并推广"银龄计划"经验,招募更多教学经验丰富、身体健康、乐于奉献的退休教师到农村中小学发挥余热。建立乡村教育志愿教师数据库,根据乡村中小学的需要及时安排志愿者上岗。

3. 创新乡村教育管理与评价制度

借鉴成都市武侯区"两自一包"经验,赋予学校更多自主权,把资源配置、经费使用、考评管理等放给学校,让校长拥有人财物等完整的学校管理权,保证学校事情学校办,激励教师热心从教、安心从教。实施革命老区、民族地区、边疆地区人才支持计划,精准培养本土化优秀教师。推进义务教育阶段教师"县管校聘",推广城乡学校共同体、乡村中心校模式。实行教职工编制城乡、区域统筹和动态管理,统筹调配城乡教师资源。乡村教师高级职称评审比例单列,定向评价、定向使用。建立城市教师定期服务乡村制度,落实中小学教师晋升高级职称原则上要有 1 年以上农村基层工作服务经历要求。完善小规模学校经费使用管理办法,实行账目单列、合理统筹,确保公用经费足额用于小规模学校。

(五)同心助推军民融合深度发展

军民融合发展战略是习近平总书记确立的国家战略,党中央、国务院为此做出了系列决策部署。党的十九大报告明确提出形成军民融合深度发展格局，构建一体化的国家战略体系和能力。党的二十大报告明确提出加强军地战略规划统筹、政策制度衔接、资源要素共享，深化全民国防教育，巩固发展军政军民团结。军民融合事关国家安全，事关国防和军队现代化建设目标，教育系统可以有所作为，也应该有所作为。目前，教育系统助力军民融合发展的体制机制等方面仍存在障碍与挑战，需要加大改革力度除弊去疴，助力政治建军、科技强军、人才强军。

1. 建设国防特色学科

选择部分"双一流"高校建设国防特色学科、新兴学科，布局军民融合学科群，根据实施国防科技和武器装备重大工程的需求安排重点国防科研攻关项目，开发关键核心技术，加大军队科技基础研究创新支持力度。相应地，建立健全国防项目、国防特色学科人才聘用评价考核体系，让入选高校能够吸引并留住高层次人才，为他们安心静心地为国防事业做出贡献创造更加人性化、合理化的工作环境。

2. 出台人才强军计划

组织地方高水平大学，发挥学科优势、人才优势和其他资源优势，面向现役军人积极开展军队高级指挥员和领导管理人才领导力培训、各兵种各级士官专业技术培训，培养初级军官、生长军官等，为军队储备尖端人才。落实好定向培养直招士官政策，推动地方院校与军队院校有效对接，动员计算机科学、人工智能、信息网络安全等部队紧缺专业优秀大学毕业生参军入伍，补齐部队人才结构短板、质量短板，提高军队人员整体素质，保障国家绝对安全。

3. 实施强军暖心项目

建立军地优质教育资源共享机制，全面发挥教育服务国防的重要作用，积极协助军事部门解决军队干部后院、后代、后路"三后"问题，全心全意解决教育系统军队干部直系亲属生活和工作中遇到的难题，解除部队家庭孩子受教育的后顾之忧，尽可能为退伍军人干部安排发挥个人特长与优势的工作岗位。做好军队重点人员安全防范工作，确保他们的生命安全、工作安全和生活安全。

4. 强化全民国防教育

按照"以中学为主、军队全程嵌入、军地联合培养"的思路，强化日常军政教育训练、军事实践活动，严把特色班招生选拔关和毕业关，做大做强普通高中国防特色班，为壮大国防力量发挥重要作用。继续做好大学生全员军训工作，提高大学生的政治觉悟，激发爱国热情，发扬革命英雄主义精神，培养刻苦耐劳的坚强毅力和集体主义精神，增强国防观念和组织纪律性，掌握基本军事知识和技能。

（六）开创教育对外交流合作新格局

新冠疫情全球蔓延、中美战略竞争加剧、西方技术封锁、逆全球化趋势升温、贸易保护主义抬头等不稳定、不确定因素日益增多，教育系统必须认真面对百年未有之大变局，思考如何有效应对外部环境风险。出国留学受到更多限制、来华留学教育多次引发舆情、孔子学院受到多国打压，教育对外交流合作遭遇更大挑战。必须积极谋划更高水平的教育对外开放战略，助力国内国际双循环，服务国家外交工作全局，服务国家改革开放大局，开创教育对外交流合作新格局。

1. 拓展汉语及中华文化传播渠道

全面提升孔子学院的国际形象，开发更加契合当地文化与习俗的汉语推广教材，选派更具国际视野和国际理解意识的国际汉语教师，优化汉语和中华文化传播方式。推广"鲁班工坊"（汉语＋职业技能）传播经验，加快中国职业教育国际化进程。开辟以汉语、中医、国学等为重点的传播新渠道，以更加亲民、更具魅力、更易接受的方式提升中华文化的国际影响力和凝聚力。

2. 全面提高来华留学教育质量

统筹来华留学生规模、质量和资助力度，试行部分来华留学生国民待遇，尤其是国内顶尖院校要严把来华留学生质量关，提高来华留学门槛，明确学业和汉语水平要求。为优秀来华留学毕业生留在中国创业就业提供必要支持，鼓励他们为中华民族伟大复兴贡献智慧。跟踪学成回国的优秀毕业生，在他们事业发展的不同阶段提供必要的扶持与帮助，让他们成为来华留学生的代言人，成为知华、亲华、友华的和平使者，成为中国助力全球发展的见证人。

3. 助力"一带一路"倡议

鼓励并支持国内高水平大学、职业院校到"一带一路"沿线国家和地区开设分校或与国外高校合作办学，在地为这些国家和地区培养急需的高层次人才、技术技能人才，开展科学技术、人文交流等合作项目研究，加强不同文明之间的对话，加快建设政治互信、经济融合、文化包容的利益共同体、命运共同体和责任共同体。加大引进高层次人才力度，为他们在华教学治学提供优质服务，为中外合作项目建设提供人才支撑。

民办义务教育的规范与发展

丁秀棠　陈长河　黄　为 [①]

摘　要：规范民办义务教育是落实"义务教育是国家事权"、履行地方政府主体责任的重要战略部署。文章从教育公共性、教育生态场域、央地教育事权划分等视角，对规范背后的逻辑进行分析，概括介绍这轮以落实"两个占比"为主要原则的各地治理行动，以及对规范过程中所面临的地方财政困难、编制紧缺、相关人员权益保障、学校自主性与教育公共性的平衡等问题进行分析，并对学界的观点与争锋进行概述。党的二十大报告提出"引导规范民办教育发展"，以此为发展总基调，文章从政策引导、规范治理、出资办学三个层面为新阶段民办义务教育发展提供思路和建议。

关键词：民办义务教育；规范；发展

一、规范：民办义务教育治理的主题

　　经过四十年的发展，伴随着国家经济社会结构的调整、转型与不同阶层对教育的多元需求，民办义务教育在多个层面、多个领域、多个维度呈现出多样发展的形态。其举办模式已经从过去的以滚动积累为主转变为以大规模投资建设为主，举办主体从个人到组织，从社会力量到国有、公有力量以及多重力量的结合，服务群体从留守儿童、随迁人员子女到中等收

---

① 丁秀棠，北京教育科学研究院副研究员；陈长河，均优教育创办人，副研究员；黄为，中国教育发展战略学会民办教育专业委员会秘书长。

入家庭子女以及经济富裕人士、社会精英阶层子女等各类群体。办学理念、办学目标与办学动机的多元化，让整个民办义务教育体系变得无比复杂，不同观念、方法与利益主导着不同类型民办义务教育学校的发展。一些地方政府在义务教育资源提供方面的主体责任缺失或被虚置，义务教育的公益性与公共性程度在减弱。民办义务教育与公办义务教育的边界模糊不清，一些举办主体的举办行为或办学主体的办学行为有待规范。民办义务教育的定位需要重新明确，功能需要重新审视，作用需要重新界定，价值需要重新判断。政府、市场与家庭的责任与边界，中央与地方在义务教育领域中事权、财权的划分与治理关系需要重新把握。

在这样复杂的内外环境之下，"规范"成为民办义务教育治理的主题。尤其自 2018 年全国教育大会进一步明确教育作为公益事业而非逐利产业的属性并强调教育是国之大计、党之大计以来，国家出台了一系列规范性政策文件，涉及民办义务教育发展的方方面面。2019 年，《中共中央 国务院关于深化教育教学改革全面提高义务教育质量的意见》印发，对民办义务教育学校招生、课程、教材等提出要求。2020 年教育部、发改委等五部门印发《关于进一步加强和规范教育收费管理的意见》，关注民办义务教育收费、财务管理、办学收益分配以及关联交易等问题。2021 年 5 月新修订的《民办教育促进法实施条例》公布，从举办主体、规划布局、党的领导、内部治理、招生区域、课程教材等方面进行了法制化确认。2020 年 9 月在中央全面深化改革委员会第十五次会议上审议通过并于 2021 年 5 月正式以中办、国办名义印发的《关于规范民办义务教育发展的意见》（以下简称两办"意见"），则对民办义务教育发展进行了全方位的规范，既包括发展规划、结构规模，又涵盖民办义务教育学校办学行为的各个领域。2021 年 7 月教育部等八部门公布的《关于规范公办学校举办或者参与举办民办义务教育学校的通知》则针对义务教育阶段"公参民"学校治理规范提出明确的具体要求。一系列法律法规政策文件的出台，从不同角度对民办义务教育的发展进行了全方位重塑。

二、视角：规范民办义务教育发展的逻辑起因

（一）教育公共性的视角

　　教育的公共性是指教育涉及社会公众、公共财政及社会资源的使用，影响社会成员共同的必要利益，将教育共同消费和利用的可能性开放给全体成员，其结果为全体社会成员得以共享的性质。[①] 教育公共性与办学形式无关，但公共性程度会受教育的不同阶段、不同类型以及举办主体等多种因素影响而有所差异。公共性是义务教育的基本属性之一，也是最重要的属性。[②] 民办义务教育由于处于义务教育阶段这样一个特殊领域，对其提高公共性的要求明显高于其他阶段。许多国家和地区在进行私立学校立法时，都会强调在保障私立学校自主性的同时，要不断提高其公共性。过去国家鼓励社会力量办学时，往往注重民办学校的选择性，强调的是加大民办学校的办学自主权，而在公共性方面重视不足，由此在许多方面对民办义务教育学校缺乏规范。

　　由于提高公共性的关键是扩大"开放性、共享性"，因此，提升民办义务教育学校的公共性，需要体现在招生、收费、课程内容、学校内部治理与监督、办学信息公开等主要面向，以保证公共经费合理使用、维护教育品质、防止产生负面外部效应、维护公民基本权利等。[③] 适度降低民办义务教育学校的招生自主性，对招生方式、招生范围、招生对象等做出更多约束性规定，是提高公共性的一个面向。近年来规范民办义务教育学校招生范围、将招生纳入审批地管理、采用"摇号入学"等政策，正是基于这样的理念。"抑制民办义务教育过高收费"的背后逻辑，是通过对民办义务教育学费标准进行合理限定，以尽量保证民办义务教育学校服务对象的开

---

① 余雅风：《公共性：民办学校立法分类规范的分析基础》，《教育研究》，2018（3）。
② 曹海琴：《从偏离到回归：中国政府对义务教育公共性的认识轨迹》，《河北师范大学学报（教育科学版）》，2016（3）。
③ 余雅风：《公共性：民办学校立法分类规范的分析基础》，《教育研究》，2018（3）。

放性，避免由于学费的排他性而只服务于少数经济富裕阶层。学校的决策结构应更加体现公共性，即在成员构成上除了按照法律相关规定包含举办者或其代表、校长、教职工代表等，还应吸纳代表公共性的社会人员参与，或由政府委派或指定第三方公共人士参与。新修订的《民办教育促进法实施条例》要求民办义务教育学校决策机构中应当有审批机关委派的代表，这事实上也是基于提高民办义务教育公共性程度的要求。

当然，需要注意的是，加大公共性支持力度是国际上许多国家和地区提高私立学校公共性的一个重要措施或者前提。"私立学校如果接受政府补助，就应该提高其公共性并受到适度规范"[①]，这是许多国家和地区治理、监管私立教育的共识。因此，是否接受政府资助或是否有公共资源参与支持办学，就成为衡量私立学校是否应当承担更多公共性与社会责任的一个重要标准。基于这样的原则，提高其公共性程度，要求其发挥更多的公共性责任，在办学自主性方面受到相对更多的约束，是正当且合理的。[②]

（二）教育生态场域的视角

2018 年 11 月 30 日发布的《教育部通报近期几起地方民办义务教育发展问题》指出，一些地方在义务教育发展中出现了公办民办发展失衡、履行政府职责弱化、少数民办学校违规办学等突出问题，严重损害了人民群众利益和教育良好生态。2020 年 9 月 1 日，中央全面深化改革委员会第十五次会议再次强调，规范民办义务教育发展是为了营造良好的教育生态。由此说明，在对民办义务教育进行治理时，国家开始更多关注整个教育生态问题，基于教育生态场域的视角对民办义务教育发展进行规范。

从布迪厄"场域"理论角度看，民办义务教育同时处于"义务教育场域"和"民办教育场域"。在同一教育场域之中，不同的学校组织按照一定

---

① 陈金龙、杨振昇：《私校公共性之反思》，《教育理论与实践学刊》，2014（30）。
② 丁秀棠：《义务教育阶段"公参民"学校：问题与治理——基于合法性与合理性的视角》，《教育科学研究》，2020（11）。

的规则，围绕各种教育资源和社会资本展开竞争，包括财政资源、政策资源、声望资源以及学生资源等。① 因此，在民办义务教育学校发展过程中，不规范的办学行为必然会影响这两个场域内其他学校组织的发展，尤其在获得场域资源方面，将会导致不正当性竞争，由此引发各种矛盾和冲突。

其中，"公参民"学校的不规范发展尤其如此。许多"公参民"学校原本是一些地区为了增加优质教育资源总量，推进义务教育优质均衡发展而设的，然而，由于缺乏对"公参民"学校属性与功能定位的把握，政策上对不同类型学校组织的发展规则设置不平等，不同类型学校组织在"争夺"场域资源时所处的位置不同。尤其相对于普通民办学校来说，"公参民"学校具有获得关键资源和资本的垄断性优势，往往在较短时间内就成长为地方"示范性"学校。这种不公平的发展进一步加剧了校际发展的不平衡②，包括公办名校与普通公办学校、"公参民"学校与普通民办学校之间的不平衡，某种程度上加大了区域义务教育发展的不均衡，引发新一轮的"择校热"及相应的"培训热"③，极大地干扰了正常教育生态秩序，不利于公办教育与民办教育的健康发展，更不利于整个义务教育系统的健康发展。因此，治理"公参民"学校成为规范民办义务教育发展的重要内容，便是基于教育生态场域的视角。

（三）央地教育事权划分的视角

教育事权大致包括教育服务的提供（举办）、对教育服务提供的监管与调控两大方面内容。就义务教育而言，基层地方政府往往承担提供义务教育服务的职责，其上级政府乃至中央政府对义务教育服务的提供予以监管与调控，以保证全省（自治区、直辖市）范围、全国范围内义务教育服务

---

① 丁秀棠：《义务教育阶段"公参民"学校：问题与治理——基于合法性与合理性的视角》，《教育科学研究》，2020（11）。
② 同上。
③ 同上。

提供的均等化等目标的实现。2018 年 11 月发布的《教育部通报近期几起地方民办义务教育发展问题》指出，一些地方在义务教育发展中出现了履行政府职责弱化等突出问题，严重损害了人民群众利益。特别是许多区县民办义务教育占比超过 30% 甚至 50%，这固然是受了经济社会人口结构变迁等多方面因素的影响，但也确实表明一些地方政府没有履行相应的政府举办义务教育的主体责任，把更多的义务教育发展责任推向市场，以至于义务教育过度市场化甚至商业化，义务教育对许多百姓来说成了一句空话。因此，2021 年 5 月 31 日，在中央教育工作领导小组秘书组、教育部联合召开规范民办义务教育专项工作推进会上，时任教育部部长的陈宝生指出，义务教育是国民教育的基础，是国家事权，依法应由国家举办。此外，自 2019 年开始，中央有关政策文件强调招生、课程、教材等规范问题，实质也是对央地在义务教育学校办学层面的事权关系重新进行了划分与界定。

规范民办义务教育发展专项工作，是一项由中央直接决策部署，按照重大政治任务方式"自上而下"推动各级政府予以落实的重要行动，体现了中央政府重新界定央地围绕义务教育事权划分的意图：一方面落实地方各级政府特别是县级政府提供（举办）义务教育的主体责任；另一方面发挥中央政府、省级政府对义务教育服务提供的监管与调控作用，以更好地实现义务教育公平、均等化以及教育质量和责任等多方面的政策目标。

三、实践：规范民办义务教育发展的阶段性进展

（一）各地实践

根据 2021 年 5 月 31 日中央教育工作领导小组秘书组、教育部联合召开的规范民办义务教育专项工作推进会的要求，专项工作主要有五项任务，即把方向、定规划、调结构、促公平和提质量。按照以上五项任务要求，各地通过细化实施方案，完善工作机制，多措并举，特别是为保证在 2022 年秋季开学之前落实"两个占比"要求，更是采取了各种措施加以推进。与此同时，在确保民办义务教育学校依法依规办学、规范民办学校办

学行为方面，地方政府也加大治理力度。具体来看，各地实践主要包括以下方面：

1. 围绕"优化结构、严控规模"目标，采取多种措施，落实占比要求

两办"意见"及相关配套政策要求民办义务教育在校生规模占比过高的地区要抓紧调整结构、压缩规模，使民办义务教育在校生占比的省域、县域两个比例达到要求，以确保义务教育学位主要由公办学校和政府购买学位方式提供，落实政府举办义务教育的主体责任。因此，各地一方面严格控制增量，停止审批设立新的民办义务教育学校（含民办九年一贯制学校、十二年一贯制学校和完全中学）；另一方面通过"关停并转"民办义务教育学校（包括"公参民"学校专项治理）和减招、停招民办义务教育学校新生等方式，"逐步消化存量"和"优化存量"。同时，通过新建、改扩建公办学校和内部挖潜公办学校学位等措施，以及采用政府购买学位（服务）等形式，多措并举，共同实现降低民办义务教育在校生规模占比目标，落实优化结构、控制规模的要求。

2. 全方位规范民办学校办学行为，促进民办学校依法依规办学

各地对标两办"意见"精神，按照规范办学的"十项要求"全面推进民办义务教育学校办学行为的规范工作。首先，全面加强党的建设，积极推进"两个全覆盖"，理顺党组织隶属关系，推进民办义务教育学校完成党建入章程等工作。据调研了解，许多地区党的工作全覆盖、理顺党组织隶属关系等工作总体完成比例和"双向进入、交叉任职"完成比例均在90%以上。其次，许多地区开展民办义务教育学校办学行为规范专项行动，重点监管民办义务教育学校日常教育教学、招生考试、办学条件、资产财务、名称使用等关键领域。例如一些地区出台了民办义务教育学校资金监管办法，加强对民办义务教育学校财务行为的全流程监管。针对上市公司控制的民办义务教育学校，一些地区鼓励引导民办义务教育学校从上市公司剥离，或者探索推动学校举办权和管理权分离，以保障办学安全和办学方向。许多省市出台了非营利性民办学校收费管理办法或专门的民办义务教育学校收费管理办法，对民办义务教育学校收费行为进行监管，落实"抑制民

办义务教育过高收费"相关要求。

（二）主要问题

规范民办义务教育发展，是中央为切实推动地方各级政府落实举办义务教育主体责任，确保义务教育公益性、公平性、统一性、规范性和人民性而"自上而下"推动的，各地政府也将其作为一项重要政治任务在推进。但由于民办义务教育发展过于复杂，特别是县级区域差异过大，各地在推进专项工作的过程中也出现了不少问题，值得关注与研究。

1. 地方财政与人员编制结构性短缺，许多地区面临巨大投入压力

无论是加大公办学校建设还是实施政府购买学位（服务），都需要现实的财政基础支撑。但许多民办义务教育占比过高地区原本就属于经济相对欠发达地区，在推进专项工作过程中由于财政投入不足等原因而引发一系列问题。例如政府购买学位是落实政府义务教育主体责任的重要方式，也是实现优化结构的兜底性措施，但许多地方由于财政困难，只能依靠有限的中央转移支付资金进行购买。由于民办义务教育阶段在校生基数大，要想实现占比要求，首先需要"广覆盖"，在资金总量有限且不足的情况下，不少地区政府购买学位的资金补助标准偏低，只能"象征性""撒芝麻盐式"地购买。

2. 在规范民办义务教育过程中，保障相关群体的合法权益陷入困境

两办"意见"及配套政策要求"严格控制增量"，原则上不再审批设立新的民办义务教育学校，但在文件下发前各地批准筹设了许多民办学校，且大部分都属于地方政府招商引资项目，举办者或出资人投入资金力度普遍比较大。因此，"原则上，停止审批民办学校"的禁止性规定引发了不少问题和风险。虽然各地采取政府回购、引导转型和转段等多种方式处理，但转型、转段面临的种种现实性困难无法回避。政府回购中由于财政困难导致回购款无法及时到位或对举办者退出补偿不够合理等现象在各地出现，这些都损害了举办者（出资人）的合法权益。另外，一些地区"一刀切"地停止民办学校起始年级招生，也大大损害了一些合法民办学校的办学权益。部分民办学校停办后，学生与教师的合法权益难以得到有效保障。一些学生被分流到难以匹配其家庭教育需求的公办学校就读，引发了各种不满；教师分流导致了教师失业或再就业困难、学校补偿难度大等种种难题。

3. 在规范民办学校办学行为时面临公共性与自主性平衡的难题

两办"意见"对民办义务教育学校办学行为进行全方位规范，包括招生、课程、教材、教育教学管理、财务等方面。政府对民办义务教育学校的公共性要求不断提高，与此同时，由于缺乏制度化的政府资助等前提，对民办学校公共性的要求缺乏一定的合理性。此外，一些地方在对民办义务教育进行规范时忽略了对民办学校应有的自主性进行保障，例如有些地区出台资金监管办法，要求大额支出需要经过审批；还有些地区对民办义务教育学校收费采用"限价"政策，某种程度上违背了民办教育相关法律关于非营利性民办学校收费标准确定的基本原则，其合法性问题有待进一步探讨。在对民办义务教育学校进行监管时，如何兼顾公共性与自主性，在二者之间进行平衡，需要深入研究。民办义务教育学校必须坚持公益性，体现公共性，但同时也要避免将民办义务教育学校"公立化"管理，应确保民办学校应有的自主性，以激发民办学校的办学活力。

（三）争锋：规范治理民办义务教育的观点分析

在规范治理民办义务教育上，政府高度重视，举办者非常焦虑，学界广泛关注，王蓉、聂辉华、杨东平、吴华、黄为等一批专家学者分别从社会公平、教育生态、教育价值、教育贡献与教育治理等视角发表了不同的观点。

1. 社会公平的视角：过度发展民办义务教育不利于社会公平

北京大学中国教育财政科学研究所所长王蓉教授提出教育的"拉丁美洲化"现象：在人口收入差距显著的社会中，大量中高等收入的家长可能逃离公共教育体系而在私立部门中寻求更高水准的服务，公立教育特别是基础教育阶段的公立学校逐渐成为低劣质量机构的"代名词"。在许多一二线甚至三线城市，义务教育阶段有相当数量的民办学校碾压公办学校。过去市场力量没有被释放出来，现在充分释放出来，会更进一步加剧那些中上阶层孩子和普通孩子之间的差距。在这种情况下，只有继续把公办学校办好，才可能让社会的阶层固化来得缓一点。

2. 教育秩序的视角："公参民"学校造成不公平竞争，扰乱了教育秩序

中国人民大学经济学院聂辉华教授认为，公办教育解决公平问题、民办教育提高效率才是合理定位。在和公办学校的竞争中，部分民办学校吸纳了公办名校参与办学，形成了所谓的"名校办民校"、"公参民"学校，造成了公办学校和民办学校的不公平竞争，扰乱了教育秩序。大量"名校办民校"、"公参民"学校不仅没有起到丰富我国教育市场的作用，反而挤压公办教育资源，使教育竞争急剧扩大，危害了社会公平正义。

3. 教育责任的视角：民办义务教育占比过高，意味着政府卸责

北京理工大学教授、21 世纪教育研究院名誉理事长杨东平认为，关键是体量过大的问题。从全国总体而言，民办小学和初中在校生占比在 10% 上下是比较合理的；但是在有些大城市，甚至在农村、县域，民办学校学生的比重达到 30%—60%，这种现象是世界各国都没有的。在欧洲国家，民办教育的学生比重通常在 3%—7%，日本是 2%。义务教育是国家责任、政府责任，在民办教育体量非常大的区县，出现了政府卸责的行为，把发展教育的责任推给市场，政府可以节约大量财政经费。

杨东平教授还认为，民办教育具有很强的营利性，与 20 年前制定《民办教育促进法》时的情况不同，当时认为只有当社会财富极大丰富之后才能谈非营利。今天与当初倾家荡产办学的情况已经很不一样了，已经形成了一种成熟的规模化的商业模式，即民办教育与资本市场、房地产市场结合来营利。这种商业化、资本化发展的直接后果，就是极大地加剧了大城市的择校竞争，加剧了家长的焦虑。这也导致民办教育并没有出现我们期望的教育多样化和创新性，因为基本是企业家办学，没有走上教育家办学的道路。

4. 教育贡献的视角：实施义务教育的民办学校应享有同等法律地位和政府支持

浙江大学吴华教授认为，义务教育没有公办和民办之分。实施义务教育的民办学校与实施义务教育的公办学校具有同等的法律地位，在履行国家义务教育职能方面没有区别。政府不但要办好、办强实施义务教育的公办学校，同样也要为办好办强实施义务教育的民办学校提供政策支持。"实施义务教育的民办学校"和"实施义务教育的公办学校"，都是国家义务教育制度的一种实现方式。自 2002 年以来，民办学校在校生人数从 1100 万增长到 5600 万，受益者大幅增加。

5. 教育治理的视角：政府责任缺失，导致民办义务教育局部无序发展

中国教育发展战略学会常务理事兼民办教育专业委员会秘书长黄为认为，实施义务教育的民办学校审批权限在县级政府，由于地方财政紧张、发展规划缺失、城镇化过快、随迁子女较多等多种因素叠加，有些县级政府推卸政府责任，滥批了许多义务教育阶段民办学校，甚至以招商的方式引进了以商业投资为主要目的的民办学校投资者，一定程度上导致义务教育阶段民办学校无序盲目发展。

（四）策略：新阶段民办义务教育发展的思考

民办义务教育作为我国基础教育的组成部分，在这轮规范治理中发生了深刻的变化。党的二十大报告提出"引导规范民办教育发展"，预示着"规范"政策将继续实施，以达成预期目标。

同时，党的二十大报告对教育进行新的定位，强调"教育、科技、人才是全面建设社会主义现代化国家基础性、战略性支撑"，提出加快建设教育强国、加快建设高质量教育体系等战略要求。这对民办义务教育而言，正是大有可为的机会。面向新时代，政府、社会、举办者、教育从业人员都需要站在时代的高度，重新明确义务教育阶段民办学校的定位、作用和价值。

1. 政策导向层面，应由"鼓励出资办学"转向"鼓励教育创新"

我国义务教育资源总量已经相对充足，随着人口出生率进一步下降，资源扩充的必要性将越来越弱。但是，作为义务教育的组成部分，民办义务教育仍将在"建设教育强国"的宏伟事业中发挥巨大作用，各级政府可以通过财政等措施引导民办义务教育发展方向或发展路径。

一是鼓励探索教育创新。 政府对民办义务教育的财政扶持资金，减少了保障型、补偿型的扶持，转而投入新课程改革领域，更多关注学校"软实力"建设，尤其在学校管理、课程建设、教师发展、学生评价等方面加大支持力度，引导其创新和实践。

二是发展教育科研机构。 历次教育改革之所以难以成功，原因是多方面的，其中缺乏方法、工具和资源支持是极为重要的因素。义务教育新课程标准于 2022 年上半年颁布实施，建议各级政府尝试运用财政资金、政策措施支持各类性质的教育科研机构，鼓励其研发义务教育新课程改革所需的工具、量表、软件、方案等，形成丰富、可选择、适配性强的各种"知识产品"，给教育教学一线充分的支持，保障新课程改革顺利实施。

三是培育创新型学校。 当前，国内有少量小规模学校招收一些无法在全日制学校"正常上学"的孩子，在给予关爱、包容、安全等方面做得比较充分，赢得家长的认可。但因为缺乏政策保障，长期依靠办学者的个人情怀和个体能力办学，学校生存比较艰难。建设高质量教育体系，教育模式要由追求同一化转向更加关注个性化，义务教育阶段学校也要加快解决大班额问题，尽快进入"小班小校"阶段。这些小规模学校在教育理念、师生关系、课程体系等方面不乏创新举措，因此被社会称为"创新型学校"。作为教育体系的有益补充，财政、金融等政策应给予必要的扶持和培育，鼓励其发挥"先行先试"作用。"小班小校"应该成为衡量区域教育现代化的核心指标。

四是鼓励教育家办学。 建设教育强国应鼓励教育家办学。社会上不乏怀抱教育使命、教育情怀的企业家，应引导、支持其通过基金会办学、捐赠办学等形式与教育家合作办学，增强教育创新能力和优质教育资源供给能力。

2. 规范治理层面，应由"重点整治"转向"生态建设"

当前，规范治理民办义务教育的各项措施已经取得阶段性成效，但我国义务教育整体质量仍然难以满足百姓对优质教育资源的需求。就县域财政的支撑能力而言，进一步缩减民办义务教育，财政资金将难以支撑。因此，民办义务教育仍有必要以一定存量迭代发展，不必也不应该削减归零。巩固这轮规范治理的成果，政府应注重体系化建设，塑造新的"教育生态"。

一是建立区域治理示范模型。全国不少地方采用"一刀切"方式停止审批民办义务教育阶段学校，此举作为阶段性举措尚可理解，长期而言不可取。因此，需要在这次治理基础上提炼经验，从经济社会发展水平、地方教育投入能力、区域人口规模、区域教育结构、优质教育资源供给等方面进行综合分析，建立民办义务教育治理的优质样板，为各区域的义务教育优质均衡发展提供先进经验。

二是搭建民资公益办学通道。设立民办学校及其举办者功勋荣誉制度，加大力度表彰奖励办学突出贡献者，鼓励社会慈善人士捐资助学，激发民办教育发展新动能。制定公益资金进入民办义务教育领域的规则、标准等，让各类社会公益资金发挥作用。加快完善配套制度建设，注重通过法律手段充分彰显民办义务教育阶段学校的公益性，保障办学的连续性和安全性。

三是建立生态型治理系统。以促进义务教育高质量发展为目的，把规范治理与引导发展相结合，以政策扶持、财政支持作为杠杆，通过标准设置、目标管理、督导评估进行引领，加强对民办义务教育学校的引领，引导学校走上高质量发展之路。

3. 出资办学层面，应由"依靠政策"转向"依靠专业"

从世界范围看，各国民办教育在量上有多有少，但是民办教育大多供给的是优质教育资源。因此，对长期投身教育的各类举办者、办学者而言，需要坚定发展理念和发展信心。

一是优质发展才能长期发展。在这轮规范治理中，受影响比较大的主要是两类学校：一是大规模学校，全国各地为数不少，甚至有万人以上的超级学校，过往靠规模发展生存，不突出质量，依靠跨区域招生、城镇化进程和人口红利满足生存需求；二是伪优质学校，依靠掐尖子生、高薪挖师资等手段，达到"一俊遮百丑"的目的，也获得生存之道。在新阶段，一系列规范性政策引发了结构性调整，质量弱、管理弱的民办学校将逐步被淘汰，而规模适度、质量优异、富有特色的民办学校则更适宜生存。

无论从全国还是区域来看，当前教育的"内卷"程度仍旧非常高，这意味着优质资源供求矛盾突出。优质教育永远都是稀缺品。由此，举办者和办学者要坚信，优质发展才能长期发展。办高质量学校，是学校转型发展的正确选择。

二是现代学校制度是治本之策。在宽松治理阶段，外部"时代红利"掩盖了很多学校的内部管理问题，一些民办义务教育学校"带病成长"。比如家族式管理，即举办者亲属占据学校各重要岗位，影响学校专业人员在管理与教学上的创造性；经验型管理，即举办者将自己在地产、贸易、建材、金融、物流等其他行业的成功经验直接搬用于学校治理，缺乏对教育行业的理解，影响学校成长；粗放型管理，即学校治理结构缺乏系统设计，内部管理分工不清，权责利不一致，存在影响学校健康发展的种种不当管理行为。

民办学校基于市场办学，满足社会的选择性需求，其在管理、课程、教学、资源和服务等方面的专业要求比公办学校更高。在政策红利消减的当前，民办义务教育学校在管理与教学上存在的问题将进一步暴露，制约学校的转型升级。因此，举办者和办学者需要把建设现代学校制度作为治本之策，通过专业机构、专业团队委托办学，或引进专业人士进行专家办学，才能保障学校健康可持续发展。

三是面向未来办学才能拥有未来。义务教育属于国家事权，举办民办义务教育属于为国分忧。民办义务教育学校在两个方面有所作为，就能更好彰显办学的价值和贡献。

首先是为国育才，为培养创新人才奠基。面对各种"卡脖子"问题，直面科技、能源、材料、医学等短板，党的二十大把教育、科技、人才作为国家发展的战略支撑，提出创新人才培养战略。民办义务教育学校必须在"如何育人"上进行创新，既不能"平庸办学"，限制学生的潜能发展，又不能"过度培养"，消减学生的学习热情和发展后劲，把握好这个度才能为创新人才培养做出贡献。

其次是创办未来学校。以学习者为中心成为 21 世纪教育的主流思想，学校要进行适合学生发展的教育，这需要举办者、办学者充分发挥民办教育机制灵活的优势，在教育思想、育人目标、课程体系、教学方式、评价标准、学习方式等方面，从学习者角度出发进行资源配置，构建新的学校生态，为公办义务教育学校带来示范和引领。

少子化时代学前教育师资队伍建设
的挑战与对策

冯婉桢　孙晗月^①

摘　要：在少子化时代，我国学前教育面临着适龄入园幼儿人数减少与高质
量教育需求增加的双重挑战，这需要师资队伍建设顺势朝向高质量
目标改革。目前，我国幼儿园专任教师数量趋于饱和，对新教师的需
求逐步减少；教师学历层次仍需提高，教师质量提升效能不足；配置
趋于均衡，但城乡差异与省际差异明显。未来，我国学前教育师资
队伍建设的任务是：依照高标准配齐幼儿园教师，加强婴幼儿照护
服务人员队伍建设；优化教师队伍的学历结构，进一步提高教师队
伍的学历水平；加强乡村幼儿园教师队伍建设，缩小教师队伍的省
际差异。为此，研究建议，切实提高幼儿园教师待遇与社会地位，通
过职前职后培养来提升教师学历，并系统完善幼儿园教师队伍管理
机制。

关键词：幼儿园教师；教师队伍建设；高质量发展

近年来出生人口不断下跌，我国已经进入人口少子化社会。第七次全
国人口普查结果显示，我国 0—14 岁少儿人口比重为 17.95%^②，低于狭义人

---

① 冯婉桢，北京师范大学教育学部副教授；孙晗月，中国儿童中心教师。
② 国家统计局：《第七次全国人口普查公报（第五号）》，http://www.gov.cn/xinwen/
2021-05/11/content_5605787.htm，2022-08-28。

口少子化概念所界定的少儿人口占总人口 20% 的标准[①]。我国在"十四五"期间明确提出了建设高质量教育体系的目标。适龄入园幼儿人数的减少给我国学前教育高质量发展带来了诸多挑战，包括教育资源浪费、教育机构发展困难等问题。[②] 作为教育改革的重点，学前教育师资队伍建设亟须顺应少子化社会人口变化趋势，朝向高质量发展目标进行系统改革，建设一支数量充足的高素质幼儿园教师队伍，且合理配置幼儿园教师资源。2018年，《中共中央　国务院关于学前教育深化改革规范发展的若干意见》指出，"教师队伍建设滞后"依然是我国学前教育发展中的问题。目前，我国已制定《中华人民共和国国民经济和社会发展第十四个五年规划和 2035 年远景目标纲要》，提出要建设高质量教育体系。为实现学前教育高质量发展，我们有必要厘清当前幼儿园教师队伍建设的基础与任务，并结合现实基础与建设任务提出策略建议。为此，本研究回顾了幼儿园教师队伍在过去十年中的变化，对幼儿园教师队伍建设现状进行全面、多层次的分析。同时，本研究结合政策文本反思以往教师队伍建设政策的有效性，探讨未来政策目标与路径，为政府确立新时期幼儿园教师队伍建设的任务与策略提供参考。

鉴于数据的可获得性，本研究主要运用了 2010—2020 年《中国教育统计年鉴》中幼儿园教师数量、学历与职称等方面的数据，包括全国整体数据和各省（自治区、直辖市）数据[③]，对我国整体和地方幼儿园教师队伍建设的进展与现状进行分析。本研究辅助运用了《2021 年全国教育事业统计主要结果》中的学前教育发展数据、《中国教育经费统计年鉴 2020》中的幼儿园教育经费数据、《中国统计年鉴 2021》中 2016—2020 年的人口数据以及 2021 年国民经济和社会发展统计公报中的人口数据。另外，本研究搜集

---

① 茆长宝、穆光宗：《国际视野下的中国人口少子化》，《人口学刊》，2018，40（4）。
② 任晓菲：《中日少子化问题比较研究》，《学习与探索》，2021（3）。
③ 仅包括中国大陆地区 31 个省（自治区、直辖市），不含中国香港、中国澳门和中国台湾地区。全文同。

分析了各省（自治区、直辖市）的学前教育相关政策文本。国家层面的政策文本包括《国务院关于当前发展学前教育的若干意见》（2010 年）、《中共中央　国务院关于学前教育深化改革规范发展的若干意见》（2018 年）等。各省（自治区、直辖市）的政策文件以学前教育三年行动计划为主，包括第一期、第二期和第三期。

一、基础与前景

（一）专任教师数量趋于饱和，新教师需求量减少

我国幼儿园教师数量在 2010—2020 年持续增长，数量扩大了近两倍，师幼比得到了大幅改善，在园幼儿人数与专任教师人数之比已经达到国家规定的最低标准。具体来看，幼儿园教职工增加了 334.9 万人，专任教师增加了 176.9 万人，专任教师增长幅度略低于教职工，但增幅也达到了 154.63%。幼儿园教师队伍数量增长速度呈先快后慢之势，从 2016 年开始年增长率从两位数下降到个位数（见表 1）。幼儿园专任教师总数与在园幼儿总数之比从 2010 年的 1：26.01 提高到了 2020 年的 1：16.54，已经达到《幼儿园教职工配备标准（暂行）》中规定的全日制幼儿园大班专任教师与幼儿数量之比的最低标准（1：17.5）。2021 年，我国在园幼儿 4805.2 万人，毛入园率 88.1%，共有专任教师 319.1 万人。[①] 按照全日制服务类型下幼儿园专任教师数量与在园幼儿总数之比为 1：15 的标准，2021 年我国需要专任教师 320.3 万人，仅比实际情况多 1.2 万人，这表明专任教师数量趋于饱和。

目前，我国幼儿园师幼比整体水平还欠佳，且师幼比不达标地区数量较多，幼儿园教师队伍数量整体上仍不能满足学前教育事业发展的需要。

---

① 教育部发展规划司：《2021 年全国教育事业统计主要结果》，http://www.moe.gov.cn/jyb_xwfb/gzdt_gzdt/s5987/202203/t20220301_603262.html，2022-07-13。

表 1 2010—2020 年全国幼儿园教职工和专任教师数量变化

年份	幼儿园教职工总数（万人）	幼儿园教职工年增长率	与幼儿之比	幼儿园专任教师总数（万人）	幼儿园专任教师年增长率	与幼儿之比
2010	184.9		1∶16.10	114.4		1∶26.01
2011	220.4	19.20%	1∶15.53	131.6	14.98%	1∶26.03
2012	249.0	12.96%	1∶14.80	147.9	12.44%	1∶24.92
2013	282.7	13.53%	1∶13.78	166.3	12.46%	1∶23.41
2014	314.2	11.16%	1∶12.89	184.4	10.86%	1∶21.97
2015	349.6	11.25%	1∶12.20	205.1	11.22%	1∶20.79
2016	381.8	9.21%	1∶11.56	223.2	8.83%	1∶19.77
2017	419.3	9.82%	1∶10.97	243.2	8.96%	1∶18.91
2018	453.1	8.08%	1∶10.28	258.1	6.14%	1∶18.04
2019	491.6	8.48%	1∶9.59	276.3	7.04%	1∶17.06
2020	519.8	5.75%	1∶9.27	291.3	5.44%	1∶16.54

2020 年，幼儿园教职工总数与在园幼儿总数之比为 1∶9.27，达到了《幼儿园教职工配备标准（暂行）》中规定的半日制幼儿园的配备标准 1∶8—1∶10，但远低于全日制幼儿园配备标准 1∶5—1∶7；若要满足全日制服务类型下幼儿园教职工数量与在园幼儿总数之比为 1∶7 的最低标准，2021 年我国共需要幼儿园教职工 686.5 万人，即应在 2020 年教职工数量基础上补充 166.6 万人；若要满足全日制服务类型下 1∶5 的最高标准，2021 年全国共需要幼儿园教职工 961.0 万人，即应在 2020 年基础上补充 441.2 万人。专任教师总数与在园幼儿总数之比在 2020 年为 1∶16.54，达到了《幼儿园教职工配备标准（暂行）》中规定的大班配备标准 1∶15—1∶17.5，但从学前教育质量发展的角度看，专任教师与幼儿之比可以进一步优化，向《县域学前教育普及普惠督导评估办法》中规定的 1∶15 靠拢。

分地区来看，2020 年，大陆地区 31 个省（自治区、直辖市）中有 4 个省（直辖市）在园幼儿总数与幼儿园教职工总数之比小于等于 7，有 20 个省（自治区、直辖市）的比值小于等于 10，有 11 个省（自治区）的比值大于 10，甚至有 1 个自治区的比值超过了 13（见表 2）；只有 10 个省（自治区、直辖市）的在园幼儿与幼儿园专任教师总数之比小于等于 15，21 个省（自治区、直辖市）的比值大于 15，甚至有 3 个省（自治区）的比值超过了 20（见表 3）。这些省（自治区、直辖市）的师幼比严重不达标，教师缺口依然严重。

表 2 2020 年 31 个省（自治区、直辖市）幼儿园在园幼儿总数与教职工总数之比

省（自治区、直辖市）	每名教职工对应的幼儿数	省（自治区、直辖市）	每名教职工对应的幼儿数	省（自治区、直辖市）	每名教职工对应的幼儿数	省（自治区、直辖市）	每名教职工对应的幼儿数
北京	5.94	浙江	7.50	福建	9.40	四川	10.95
黑龙江	6.60	广东	7.85	重庆	9.68	新疆	11.17
辽宁	6.64	陕西	7.90	贵州	9.68	广西	11.36
天津	6.80	湖北	8.53	宁夏	9.95	安徽	11.44
吉林	7.04	江苏	8.54	山东	10.29	甘肃	12.37
上海	7.07	湖南	8.94	河北	10.44	云南	12.39
海南	7.37	山西	9.34	河南	10.44	西藏	16.28
内蒙古	7.47	江西	9.38	青海	10.48		

表 3 2020 年 31 个省（自治区、直辖市）幼儿园在园幼儿总数与专任教师总数之比

省（自治区、直辖市）	每名专任教师对应的幼儿数	省（自治区、直辖市）	每名专任教师对应的幼儿数	省（自治区、直辖市）	每名专任教师对应的幼儿数	省（自治区、直辖市）	每名专任教师对应的幼儿数
辽宁	11.33	陕西	14.38	福建	17.08	湖南	18.95
北京	11.75	广东	14.94	河北	17.14	西藏	19.14
天津	12.62	海南	15.08	新疆	17.28	重庆	19.20
内蒙古	12.71	江苏	15.14	湖北	17.37	安徽	19.34
上海	12.97	山西	15.27	甘肃	17.92	四川	20.08
黑龙江	13.44	江西	15.30	河南	18.18	云南	21.08
吉林	13.91	山东	15.85	宁夏	18.49	广西	22.09
浙江	13.91	贵州	16.89	青海	18.53		

本研究以 2021 年人口数（141260 万人）、人口自然增长率（0.34‰）及出生率（7.52‰）为基础估算了 2022 年的出生人口 [①]，并分别以 2021 年 88.1% 的毛入园率和最理想的 100% 毛入园率估算了 2022—2025 年间的幼儿园教职工需求（见表 4）。由于自 2017 年以来我国出生率和人口自然增长率的降低 [②] 带来了适龄入园幼儿数量的减少，在毛入园率保持不变的情况下，2022—2025 年我国对幼儿园教职工与专任教师的需求比前一年都有一定减少。其中，幼儿园教职工数量仍有一定增长空间，在 88.1% 毛入园率的背景下，要在 2025 年实现教职工与幼儿数量比为 1∶5 的高标准，只需在 2020 年之后的 5 年中实现 66.5 万名教职工的总增长，年均增长率为 2.44%；相比之下，专任教师数量存在一定的"过剩"风险，按照 1∶15 的师幼比标准，2022 年所需的专任教师数量小于 2021 年实际专任教师数。

（二）学历层次仍需提高，教师质量提升效能不足

幼儿园教师队伍素质的评价指标有多种，包括教师学历、教师资质、教师培训与师幼互动水平等。其中，学历水平是衡量教师队伍素质的首要指标，更多地被用于宏观层面的评价。2010—2020 年，我国幼儿园教师队伍学历层次整体有明显提高，从以专科、高中学历为主提升到了以专科和本科学历为主。在幼儿园教师队伍（只包括专任教师与园长的学历信

---

① 对未来人口的预测采用 Malthus 人口指数增长模型：$N_t = N_0 e^{rt}$。2022 年出生人口数 =2021 年人口数 $\times e^{2021 年人口自然增长率} \times$ 2021 年出生率 =141260 万人 $\times e^{0.34‰} \times 7.52‰ \approx 1062.6$ 万人。其中，2021 年人口数、出生人口数、人口自然增长率、出生率的数值来自国家统计局公布的《2021 年国民经济和社会发展统计公报》。人口预测研究通常会考虑出生、死亡和迁移等多种要素。鉴于其他要素对我国在园幼儿数量的影响较小，本研究仅从出生人口角度预估我国在园幼儿数量。

② 2017 年我国人口数为 140011 万人，出生率为 12.64‰，人口自然增长率为 5.58‰；2018 年我国人口数为 140541 万人，出生率为 10.86‰，人口自然增长率为 3.78‰；2019 年我国人口数为 141008 万人，出生率为 10.48‰，人口自然增长率为 3.32‰；2020 年我国人口数为 141212 万人，出生率为 8.52‰，人口自然增长率为 1.45‰；2021 年我国人口数为 141260 万人，出生率为 7.52‰，人口自然增长率为 0.34‰。

表4 "十四五"期间在园幼儿数与所需教师数预估（单位：万人）①

		毛入园率								
		实际 88.10%	预估 88.10%				预估 100%			
		2021	2022	2023	2024	2025	2022	2023	2024	2025
在园幼儿数		4805.2	4197.0	3697.8	3288.8	2931.8	4763.9	4197.3	3733.0	3327.8
教职工数量需求	1:7标准	686.5	599.6	528.3	469.8	418.8	680.6	599.6	533.3	475.4
	1:5标准	961.0	839.4	739.6	657.8	586.4	952.8	839.5	746.6	665.6
专任教师数量需求	1:15标准	320.3	279.8	246.5	219.3	195.5	317.6	279.8	248.9	221.9
	1:10标准	480.5	419.7	369.8	328.9	293.2	476.4	419.7	373.3	332.8
教职工与专任教师需求的年增长率			−12.66%	−11.89%	−11.06%	−10.86%	−0.86%	−11.89%	−11.06%	−10.86%

① 某年在园幼儿数 = 当年3—6岁幼儿总数 × 当年毛入园率。本研究以对应年份的出生人口估算某年3—6岁幼儿总数，即，2022年在园幼儿数 = （2017年出生人口数 + 2018年出生人口数 + 2019年出生人口数）× 2022年毛入园率，2023—2025年以此类推。

息）中，专科及以上学历者的占比从 2010 年的 61.5% 提高到了 2020 年的
85.7%；本科及以上学历的教师占比从约 13% 提高到了 28%；研究生学历
教师的人数从 2472 人增加到了 9678 人，增幅达到 291.5%。如图 1 所示，
城区、镇区和乡村幼儿园教师队伍的学历层次都在提高，并且乡村幼儿园
教师中专科及以上学历者的占比增长更快。

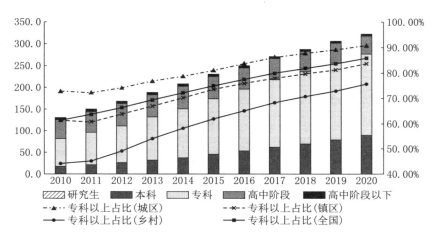

图 1　2010—2020 年我国幼儿园各学历层次教师数量与专科及以上学历教师占比

当前，我国幼儿园教师队伍的学历水平仍需提高。与同时期 OECD 成
员国的幼儿园教师学历水平比较来看，我国幼儿园教师队伍的整体水平仍
然偏低。2017 年，OECD 大部分成员国的学前教育专任教师的学历都是以
本科为主，很少一部分成员国是以短期高等教育（类似于专科）为主，芬
兰、法国、波兰、葡萄牙的学前教育专任教师学历已是以硕士为主。[①] 具
体来看，我国幼儿园教师队伍中高中阶段及以下学历者占比相对较高，而
硕士研究生学历者占比相对偏低。2020 年，全国幼儿园教师队伍中仍有
14.25% 的教师学历为高中阶段及以下，只有 0.3% 的教师为研究生毕业。在
乡村地区，高中及以下学历的教师比例更是达到了 24.39%，而研究生学历
的教师低至 0.07%。同时，江西、湖北、广西、河北、河南 5 个省（自治

① OECD, *Education at a Glance 2020: OECD Indicators*. Paris: OECD Publishing, 2020:184.

区）的高中学历及以下幼儿园教师占比超过了 20%（见图 2）。

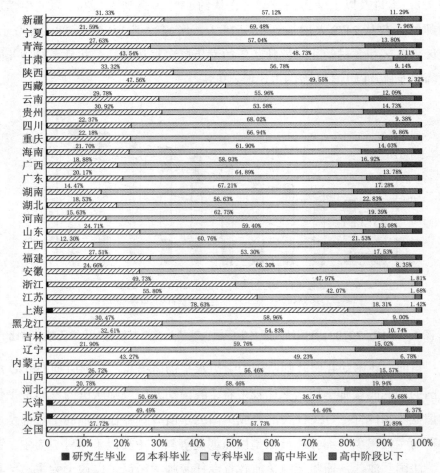

图 2　2020 年全国和 31 个省（自治区、直辖市）的幼儿园教师学历水平比例

　　OECD 在 2020 年发布的《建设高素质幼儿教育和保育队伍报告》中指出，职前培训、在职培训和非正式学习是学前教师教育的主要方式。职后培养是幼儿园教师质量提升的重要条件。[1] 然而我国教师培训水平较低，教

————————

① Egert F., Fukkink R. G., Eckhardt A. G., "Impact of In-Service Professional Development Programs for Early Childhood Teachers on Quality Ratings and Child Outcomes: A Meta-Analysis", *Review of Educational Research*, 2018, 88(3):401—433.

师提高专业水平的机会与动力不足，这严重制约了幼儿园教师队伍的高质量建设。有研究指出，当前的教师教育实践只重视时间维度上职前职后的联通，而在管理体制机制、课程设置与实施、职后教师教育的专业化水平方面仍存在较多不足。[①] 对中部地区幼儿园教师队伍建设的调查显示，中部地区乡村幼儿园教师能够获得的专业发展支持较少，这严重制约了教师资质的合格化与专业化水平的进一步提升。[②] 对甘肃农村教师职后学历教育经济回报的研究则表明，教师职后学历教育可能以满足职称评聘等方式间接影响经济收入，但直接经济收益不显著，不利于激发教师持续的专业发展动力。[③]

（三）配置趋于均衡，但城乡差异与省际差异明显

幼儿园教师资源应在城乡之间和各省之间均衡配置。从教师数量和教师质量两方面来看，2010—2020 年，我国幼儿园教师队伍城乡之间的差距在缩小，但是差距仍然明显。2010 年，城区和乡村在园幼儿总数与幼儿园专任教师数量之比分别为 16.26 和 44.01，二者的比值为 0.37。2020 年，城区和乡村在园幼儿总数与幼儿园专任教师数量之比分别为 13.96 和 22.27，二者的比值为 0.63。

由此可见，与 2010 年相比，2020 年城乡比值更趋近于 1，说明城区与乡村幼儿园教师队伍的数量差距在缩小；但是，比值离 1 尚有距离，说明城乡幼儿园教师队伍在师幼比上的差距仍然明显。如图 1 所示，城区、镇区和乡村幼儿园教师队伍的学历水平差距在逐年缩小，但从绝对值来看，城区幼儿园教师中大专及以上学历的占比一直高于镇区和乡村。2010 年，城区和乡村幼儿园教师中大专及以上学历的占比分别为 72.77% 和 44.05%，

① 周波：《区域教师教育一体化的实践变革》，《教育发展研究》，2017，37（22）。
② 洪秀敏、杜海军、张明珠：《乡村振兴战略背景下幼儿园教师队伍建设"中部塌陷"的审思与治理》，《华中师范大学学报（人文社会科学版）》，2021，60（2）。
③ 马红梅、郑盼、武玮：《职后学历教育的经济回报：基于甘肃农村教师劳动力市场的证据》，《北京大学教育评论》，2017，15（2）。

二者相差 28.72%；2020 年，城区和乡村幼儿园教师中大专及以上学历教师的占比分别为 90.76% 和 75.61%，二者相差 15.15%，差值明显降低，说明在教师质量方面，城市与乡村幼儿园教师队伍的差距在缩小。

不同地区间幼儿园教师资源配置在数量与质量上均有差距，但是质量差距在缩小。研究选择 2010—2020 年 31 个省（自治区、直辖市）中历年在园幼儿总数与幼儿园教职工数量之比的最高值与最低值、在园幼儿总数与幼儿园专任教师数量之比的最高值与最低值，并分别计算了其极差。2020年，不同地区中在园幼儿总数与幼儿园教职工数量之比的极差为 10.53，在园幼儿总数与幼儿园专任教师数量之比的极差为 10.76，数值相比 2010 年都下降了许多。各地幼儿园教师队伍中大专及以上学历教师的占比都在逐年提高，且不同地区之间的差距在缩小。但是，2020 年各地幼儿园教师队伍的学历构成仍有明显差异。例如，上海市幼儿园教师队伍中大专及以上学历者的占比为 98.58%，江西省大专及以上学历者的占比则为 73.13%，二者差距十分明显。

二、建设任务

中共中央、国务院印发的《中国教育现代化 2035》明确提出，到 2035 年 "普及有质量的学前教育"。当前，我国学前教育事业发展的重点转向了质量提升。这不仅要求幼儿园教师队伍质量提升，还要求教师队伍数量充足、配置基本均衡。这要求我国 "大力加强幼儿园教师队伍建设"，并细化建设任务。

（一）依照高标准配齐幼儿园教师，加强婴幼儿照护服务人员队伍建设

我国幼儿园教师配备应进一步提高标准，根据人口变化做好规划，实现幼儿园教师供需平衡；同时加强婴幼儿照护服务队伍建设，积极纾解少子化社会发展困境。2021—2025 年，我国幼儿园教师队伍数量需求随出生人口数减少而下降，这就为补齐数量缺口、改善师幼比提供了时机。在

专任教师数量逐渐饱和的发展趋势下，就业市场的供过于求一方面有利于我国师幼比水平提高至小班制标准下的 1∶10，实现较高水平的师资配备，并且在聘任过程中择优录取，提高师资水平；但另一方面，这也可能导致学前教育专业毕业生或相关从业人员面临较大的失业风险，导致教育资源的浪费。因此，各地教育资源规划部门应做好本区域人口变化情况监测，根据人口变动提前调整学前教育专业的培养规模，避免供给过量。

面对未来幼儿园教师数量过剩的困境，引流部分能够胜任托育服务工作的教师充实到婴幼儿照护服务人员队伍是解决困境的一个可行方向。这有助于扩大托育服务规模，提高托育服务质量，减轻家庭养育负担，提高育龄人口的生育积极性，改善人口少子化程度。《国务院办公厅关于促进 3 岁以下婴幼儿照护服务发展的指导意见》提出，到 2025 年"多元化、多样化、覆盖城乡的婴幼儿照护服务体系基本形成，婴幼儿照护服务水平明显提升，人民群众的婴幼儿照护服务需求得到进一步满足"。"然而，随着托育机构数量的稳步增加，托育服务人才供给却面临着较大缺口，难以满足托育机构的快速扩增需求，突出表现为人员配备不足、师幼比偏低。"[1] 当然，在职幼儿园教师从事托育服务需要再培训。相关部门应为幼儿园教师提供婴幼儿照护技能培训，保障过剩幼儿园教师发挥保教专长胜任托育工作，避免教师资源浪费的同时进一步提高托育服务质量。高等院校和职业院校应提前规划，根据地方托幼实践岗位需求，合理增加婴幼儿照护相关专业的招生规模。

（二）优化幼儿园教师队伍学历结构，进一步提高教师队伍专业水平

提高幼儿园教师队伍质量，需要进一步提高幼儿园教师队伍的整体学历水平，优化教师队伍的学历结构。首先，各地应适度提高本科及以上学

---

[1] 洪秀敏、朱文婷、张明珠、刘倩倩：《"十四五"时期我国托育服务人才队伍建设的战略思考》，《学前教育》，2020（12）。

历教师占比。如图 2 所示，2020 年，我国只有上海、天津和江苏三地的本科学历幼儿园教师占比超过了 50%，并且只有北京、天津和上海三地的研究生学历幼儿园教师占比超过了 1%。上海市幼儿园教师队伍的学历结构是最好的。2020 年，上海市幼儿园教师队伍中本科学历教师占比最高（78.63%），其次是大专学历教师（18.31%），研究生学历占比 1.64%（全国第三），高中阶段及以下学历教师的占比仅 1.42%（全国最低）。

同时，各地应逐步降低高中阶段及以下学历教师占比。截至 2020 年，全国 31 个省（自治区、直辖市）的幼儿园教师队伍中都有部分教师的学历系高中阶段及以下，江西省幼儿园教师队伍中高中阶段及以下学历教师占比最高（26.88%）。2018 年，《中共中央　国务院关于全面深化新时代教师队伍建设改革的意见》提出要"提高入职标准"，"逐步将幼儿园教师学历提升至专科"。各地应积极响应政策要求，将幼儿园教师入职学历门槛提升至专科水平。同时，各地应加强对现有幼儿园教师的学历继续教育，保障教师职后培养水平，激励幼儿园教师专业发展。从以上两方面入手，可以逐步降低幼儿园教师队伍中高中阶段及以下学历教师占比，并提升教师队伍的专业水平。

（三）加强乡村幼儿园教师队伍建设，缩小教师队伍的省际差异

乡村教师队伍建设是我国幼儿园教师队伍建设的难点。我国需要大力补充乡村幼儿园教师数量，并且大幅提高大专及以上学历乡村教师的占比。2020 年，我国乡村地区专任教师与幼儿的数量比为 1∶22.27，以 1∶15 的师幼比标准计算，乡村地区缺少约 22.35 万名专任教师，占当年全国专任教师缺口的 74.83%。可以说，我国幼儿园专任教师的缺口主要在乡村。2020 年，乡村幼儿园教师队伍中的高中阶段及以下学历教师的占比为 24%，高出城区幼儿园教师队伍中的占比（9%）许多。尽管《国家中长期教育改革和发展规划纲要（2010—2020 年）》要求"重点发展农村学前教育"，但是乡村幼儿园教师向镇区和城区流动的趋势决定了乡村幼儿园教师队伍始终是教师队伍建设中的短板。今后，我国应在乡村大力补充大专及以上学历

教师，推进乡村幼儿园教师队伍在数量与质量上的同步改善。

我国绝大多数地区的幼儿园教师数量与质量都需要进一步改善，其中部分地区需要特别加大教师队伍建设投入力度，以缩小与其他地区的差距。中部的安徽、河南、河北和西部的甘肃、云南、新疆、西藏等需要全面补充幼儿园教职工数量（见表2）；其中云南、广西和四川需要重点补充幼儿园专任教师数量（见表3）。同时，中西部一些地区需要大力改善教师队伍学历层次结构，降低高中阶段及以下学历教师占比，包括江西（26.87%）、湖北（24.61%）、广西（22.09%）、河南（21.45%）、河北（20.54%）等。

三、路径与策略

为实现学前教育高质量发展，政府应做好长期、系统的学前教育发展规划，将幼儿园教师队伍建设作为先导任务与长期任务。以往一些地方存在的幼儿园教师队伍建设滞后或短期主义的做法应彻底改变。各级政府应选择综合、有效的幼儿园教师队伍建设路径与策略，从教师资源供给、配置、保障等多方面入手，统筹教师数量、质量与分布，来完成教师队伍建设任务。

（一）进一步提高幼儿园教师待遇，保障幼儿园教师专业地位

稳定现有幼儿园教师队伍，并吸引更多高学历教师加入，是从数量和质量两方面来同步加强幼儿园教师队伍建设的可靠路径。这需要各级政府切实提高幼儿园教师待遇与社会地位，包括提高教师工资水平、落实教师职称评定等。工资低、待遇差极大地制约着幼儿园教师这一职业在人力资源市场的吸引力，并且是幼儿园教师流失的主要动因。对教育经费统计数据分析发现，我国幼儿园教职工工资福利支出在2020年为平均每人3864元/月，比2010年平均每人579元/月高出许多，但相比2020年小学教师工资福利支出水平（平均每人12070元/月）仍然低了许多。2010—2020年，中小学（幼儿园）教师职务（职称）评聘制度虽有改革，但我国幼儿

园教师队伍中未评定职称的教师占比不减反增，未评定职称的幼儿园教师人数从 2010 年的 83.9 万人（64.25%）到 2020 年的 238.32 万人（73.79%），这说明我国幼儿园教师职称评定问题始终没有得到解决。

我国在 2010—2020 年一直将"确保教师工资"作为政策着力点。2010 年《国务院关于当前发展学前教育的若干意见》提出要"切实维护幼儿教师权益，完善落实幼儿园教职工工资保障办法、专业技术职称（职务）评聘机制和社会保障政策"。2018 年《中共中央　国务院关于学前教育深化改革规范发展的若干意见》提出要"确保教师工资及时足额发放、同工同酬"。在学前教育三年行动计划文本中，许多地方政府在幼儿园教师待遇方面只承诺"保工资"，强调要完善幼儿园教师工资待遇保障机制，只有少数地方政府提出了"提工资"。在教师职称评定方面，以往政策文本提出了扩大幼儿园教师参评职称的范围，给非在编教师和民办园教师参与职称评定提供机会，并且提出要制定幼儿园教师职称评定标准或政策，但是较少提出增加幼儿园教师职称评定比例。

今后，政府应明确提高幼儿园教师工资水平与职称评定比例的计划，并采用适配的激励措施与指导意见来落实计划。首先，这需要进一步增加学前教育经费投入，并加大幼儿园教师工资福利支出比例，使幼儿园教师平均工资水平达到同地区的小学教师平均工资水平。中央政府应制定学前教育预算指导意见，引导地方政府合理分配学前教育经费，鼓励地方政府根据当地实际情况制订幼儿园教师工资增长计划。其次，政府应综合考虑各地不同学段教师的数量和未评职称教师的占比，规定幼儿园教师在职称评定名额中的比例，并进行动态调整，以保障幼儿园教师职称评定的公平性，增加幼儿园教师职称评定的机会。我国许多地方的幼儿园教师职称评定采用的是中小学教师职称评定办法。幼儿园教师由于工作内容和组织形式与中小学教师不同，在职称评定过程中处于劣势。为此，各地政府须合理确定每年职称评定名额中幼儿园教师的占比。在此基础上，政府应参考中小学教师职称评定标准与程序制定专门的幼儿园教师职称评定标准与办法。

（二）职前职后培养贯通提升教师学历，提高教师培训效能

贯通幼儿园教师的职前职后培养，不仅能够提高幼儿园教师队伍的学历层次水平，提升幼儿园教师队伍的质量，还能避免幼儿园教师在就业市场供过于求的风险。教育部等五部门印发的《教师教育振兴行动计划（2018—2022年）》提出，"基本形成以国家教师教育基地为引领、师范院校为主体、高水平综合大学参与、教师发展机构为纽带、优质中小学为实践基地的开放、协同、联动的现代教师教育体系"。研究建议，今后重点促进教师职前职后培养一体化，激励教师主动完成持续性专业发展，适度扩大在职硕士层次的教师人才培养规模，从而优化已有幼儿园教师队伍学历结构，大幅改善幼儿园教师队伍学历层次水平，明显改善幼儿园教师队伍的质量。

高学历层次学前教育专业人才培养包括全日制与非全日制两种类型。教师教育机构应拓宽入学途径，设置灵活的学习制度，满足在职幼儿园教师继续深造的专业需求，给他们更多的机会通过继续教育提升学历。除此之外，政府应促进教师教育机构之间的沟通与合作，构建一套系统的学前教师教育体系，实现幼儿园教师职前职后培养一体化以及学历教育与非学历教育相连通。在"十二五"和"十三五"时期，我国投入了大量的人力与经费实施"幼儿园教师国家级培训计划"，对幼儿园教师队伍的能力提升发挥了作用。研究建议，未来"幼儿园教师国家级培训计划"应与幼儿园教师学历教育相结合，实现学分通兑，使幼儿园教师获得有效指导的同时提升学历。同时，教师教育机构应不断提升学前教育专业人才培养质量，做到因地制宜、因材施教，基于教师专业发展特点与教师学习需求提供适宜的培训，培养专业的教师培训工作者，提高教师职后培训效能。此外，应通过政策手段、法律手段等建立有效的职前职后贯通的培养体系，并通过向每位教师提供培训过程中住宿、交通等方面的资金支持等方式，从制度和资金两方面激励教师主动参与到学历提升与专业发展中来。

（三）系统完善幼儿园教师队伍管理机制，促进教师队伍质量均衡提升

幼儿园教师队伍管理机制涉及教师准入、聘用、调配、培训、考核、晋升、退出等一系列管理制度与方法的设计与使用。研究建议，抓住关键管理环节，重点完善准入、聘用与调配制度，推动幼儿园教师队伍在数量、质量与均衡配置三方面的积极变化。

在教师准入方面，研究建议，将专科作为幼儿园教师招聘的学历门槛，并鼓励有条件的地方提高到本科。尽管有研究指出"提升门槛不一定能够提高幼儿园教师质量"[①]，但提升准入门槛一定是保障和提升教师队伍质量不可或缺的手段。一直以来，我国幼儿园教师的准入门槛低于其他学段教师，导致幼儿园教师招募中出现"劣币驱逐良币"的现象，降低了高学历者加入幼儿园教师队伍的意愿与概率。一些管理者担忧提高准入门槛会导致幼儿园教师招募困难。研究认为，提高学历准入门槛会带来群聚效应，反倒能吸引更多高学历者加入幼儿园教师队伍。并且，将幼儿园教师学历准入门槛提高到专科或本科具备一定的现实可行性。2018 年，《中共中央　国务院关于全面深化新时代教师队伍建设改革的意见》已提出"逐步将幼儿园教师学历提升至专科"。上海、天津、江苏、西藏、北京等地的幼儿园教师队伍中本科及以上学历教师占比已经达到较高水平。当然，学历准入门槛的提高一定要适度，并要结合教师道德与专业能力等多方面招募标准综合运用，以切实提高质量、提升效益。

在教师招聘方面，各地应依据《幼儿园教职工配备标准（暂行）》和当地适龄入园幼儿人数，提前计算每年幼儿园教师需求数量，在条件允许的情况下尽可能补齐幼儿园教师，并做到供需平衡。同时，政府应细化幼儿园教职工类型，分类确定不同幼儿园教职工的需求量。

在统筹教师调配方面，政府应采用倾斜性政策来引导师资的均衡配置，

---

① 龚欣、郑磊、由由：《提升资格准入门槛就可以提高幼儿园教师质量吗——基于数量与质量双重短缺背景的分析》，《教育发展研究》，2020，40（24）。

大力补充乡村幼儿园教师以及薄弱地区的幼儿园教师。目前，我国广泛采用发放乡村教师生活补助、艰苦边远地区津贴等政策优惠方式来吸引教师到乡村与边远地区从教，并且大多数地方对乡村幼儿园教师的编制、职称、培训给予了优先保障，甚至部分地方实施了乡村幼儿园教师定向培养计划。今后，政府应将这些倾斜性政策稳定下来长期实施，并在教师招聘过程中广泛宣传。在幼儿园教师队伍配备薄弱的地区，政府首先应加强幼儿园教师定向培养的力度，并扩大幼儿园教师定向培养的规模，保证本地生源的回流使用；其次，政府应大力扩大幼儿园教师编制，吸引外地幼儿园教师的流入。

乡村教育振兴的战略任务、制约因素与推进策略①

毋锶锶　刘善槐②

摘　要：乡村教育振兴是助力乡村振兴的重要引擎，是实现教育强国的必由之路，是传承中华文化根脉的必然选择。当前乡村教育振兴面临一系列外部挑战、机遇和新要求：城镇化进程使乡村学校遭遇空心化危机，乡村振兴战略为乡村教育发展带来新机遇，全面建成小康社会对乡村教育提出高质量要求。乡村教育振兴应聚焦乡村教师队伍建设、优化乡村学校布局和扎根乡土大地办教育的战略任务。但当前乡村教育振兴仍面临县域教育生态不良、乡村教育主体处于弱势不利地位和由乡村区位偏远导致的较高经济成本等一系列制约因素。推进乡村教育振兴须构建乡村教育的良性生态和互动关系，完善乡村教育的制度倾斜和资源保障，并激发乡村教育的内生优势和主体活力。

关键词：乡村教育振兴；乡村振兴；乡村教师；乡村学校

　　乡村教育振兴是乡村振兴战略的"子工程"，是实现教育现代化和教育

---

①　本文为国家社会科学基金教育学重大课题"乡村振兴和教育现代化背景下农村教育发展战略研究"（项目编号：VGA210005）的研究成果。
②　毋锶锶，东北师范大学中国农村教育发展研究院博士研究生，研究方向为农村教育、教育政策等；刘善槐，教育部人文社会科学重点研究基地东北师范大学中国农村教育发展研究院教授，博士生导师，研究方向为农村教育、教育政策等。

全面振兴的重要组成部分。① 党的十九大提出"实施乡村振兴战略"，将"优先发展教育事业"作为保障和改善民生水平的首要工作，指出要高度重视农村义务教育。此后，国家先后出台《关于实施乡村振兴战略的意见》《关于全面推进乡村振兴加快农业农村现代化的意见》《关于实现巩固拓展教育脱贫攻坚成果同乡村振兴有效衔接的意见》等，进一步强调乡村教育的重要性。2021 年 4 月，《中华人民共和国乡村振兴促进法》从法律层面明确"各级人民政府应当加强农村教育工作统筹"。这一系列政策、法律文件的密集推出，显示了乡村教育在乡村振兴中重要和先决的战略地位。从教育发展的层面来看，乡村教育的发展水平决定了教育的总体质量。乡村教育是教育现代化的薄弱环节，提高乡村教育质量是实现教育现代化的关键所在。在新时代背景下，乡村振兴战略和教育现代化目标均对乡村教育发展提出了更高要求。因此，如何切实推进乡村教育振兴，成为学界探讨的重要问题。

一、乡村教育振兴的重要意义

乡村教育振兴是乡村振兴战略的重要组成部分，也是我国全面实现教育现代化的必然选择，其重大意义体现在为乡村地区的社会发展积蓄人才，为乡村儿童自由全面发展提供可能，为乡村文化的传承和复兴培育土壤。

（一）乡村教育振兴是助力乡村振兴的重要引擎

实现乡村振兴，关键在于人才振兴。2021 年，中共中央办公厅、国务院办公厅印发《关于加快推进乡村人才振兴的意见》，强调促进各类人才投身乡村建设的重要性。振兴乡村教育，能从多维度为乡村人才振兴发挥作用。第一，培育人才。乡村基础教育承担着培育乡村儿童成人、成才的职责，通过增进知识储备、提升劳动技能，使其成为乡村振兴的后备力量。

---

① 戚万学、刘伟：《乡村教育振兴的内涵、价值与路径》，《国家教育行政学院学报》，2020（6）。

乡村成人教育、职业教育满足了当前乡村振兴的人才需求，培育"有文化、懂技术、善经营、会管理"① 的新型职业农民。第二，留住人才。有研究表明，至少有 30% 的农民是为了解决孩子的上学问题而被迫进城。② 如果在乡村能够接受高质量的教育，必然有更多农村家庭选择在家门口上学，那样有志于留在乡村的青壮年劳动力就能无后顾之忧地参与到乡村振兴的建设中来。第三，吸引人才。当前城乡关系的发展要扭转城镇化的单向发展，实现城乡要素的双向流动。乡村教育振兴不仅可以留住乡村原本的人才，更能源源不断地吸引人才下乡建设乡村，为城乡要素自由流动创造公共服务的基础。

（二）乡村教育振兴是实现教育强国的必由之路

《中国教育现代化 2035》提出建设教育强国的目标，要实现基本公共教育服务均等化，实现优质均衡的义务教育。当前教育发展的短板在乡村教育，实现教育强国必须实现乡村教育振兴。第一，乡村教育水平决定教育总体的现代化水平。当前乡村教育的发展面临系统性困境，例如乡村学校办学规模逐渐缩小、难以吸引优秀师资、教育教学质量难以提升、生源流失严重、乡村文化内涵和特色缺失、乡村学校一味向城市学校标准看齐等。不解决乡村教育的困境，不实现乡村教育的振兴和现代化的建设，整个国家就不可能实现教育强国的目标。③ 第二，乡村教育的振兴可以体现教育的公平正义。当前城镇化率不断上升，乡村人口减少，留在乡村的大多数是处于社会底层的弱势群体。如果不能实现乡村教育的振兴，乡村弱势群体的子女就只能在底层社会不断再生产。④ 因此，办好乡村教育是

---

① 《中华人民共和国乡村振兴促进法》，新华社网站，http://www.gov.cn/xinwen/ 2021-04/30/content_5604050.htm，2021-04-30。

② 张孝德：《大国之本：乡村振兴大战略解读》，北京：东方出版社，2021：223。

③ 戚万学、刘伟：《乡村教育振兴的内涵、价值与路径》，《国家教育行政学院学报》，2020（6）。

④ 邬志辉：《乡村教育现代化三问》，《教育发展研究》，2015（1）。

实现全社会公平正义的要求，能让教育发挥出阻断底层贫困代际传递的作用。

（三）乡村教育振兴是传承中华文化根脉的必然选择

当前时代的主题是中华民族伟大复兴的中国梦，民族复兴的核心就是中华文化与文明的复兴，中华文明的基本形态是乡村和乡土文明。[①] 长期以来，乡村教育承担着中华文明培育、传承和发展的重要使命，乡村文化的存续和复兴亟须乡村教育的振兴。[②] 第一，乡村教育振兴促进对乡村文化的认同和理解。自城镇化进程以来，乡村文化受到强势城市文化的剧烈冲击，一度被认为是落后的代名词。乡村教育振兴促使教育内容与乡土文化的融合，基于乡土文化场域开展教育活动，在潜移默化中引导乡村儿童认识乡村、热爱乡村，理解乡土文化的意义和内涵，成为新一代乡土文化"代言人"。[③] 第二，乡村教育振兴促进对乡村文化的传承和创造发展。乡村学校作为乡村文化高地，影响乡村的未来和乡村文化的承续发展。乡村教育通过对一代又一代少年儿童的培育实现乡村文化传统的承续和文化价值的挖掘。[④] 乡村教育的振兴增强了乡村学校与乡村社会的紧密联系，赋予乡村教师"新乡贤"角色，激发乡村教师参与乡村文化的共建和发展。

二、乡村教育振兴的外部形势

乡村教育无法脱离社会单独发展，需要考虑社会发展的大系统，例如外部环境、政策资源及主体需求的变化等。在当前城镇化进程不减缓，乡

---

① 刘铁芳：《探寻乡村教育的基本精神》，《探索与争鸣》，2021（4）。
② 戚万学、刘伟：《乡村教育振兴的内涵、价值与路径》，《国家教育行政学院学报》，2020（6）。
③ 陈鹏、李莹：《全面乡村振兴视域下乡村基础教育的新认识与新定位》，《陕西师范大学学报（哲学社会科学版）》，2021（5）。
④ 倪国良、张世定：《乡村振兴中乡村文化自信的重建》，《新疆社会科学》，2018（3）。

村振兴战略的全面推进和我国已经实现脱贫攻坚全面迈入小康社会的大背景下，乡村教育的发展面临挑战、机遇和新的发展要求。

（一）城镇化进程使乡村学校遭遇空心化危机

21 世纪以来，我国城镇化发展突飞猛进。2001 年，我国常住人口城镇化率仅有 37.66%，截至 2021 年年末，全国常住人口城镇化率为 64.72%，增长超过 27 个百分点，20 年间有将近 3 亿人由乡村进入城镇。[1] 而从城乡学龄人口的数据看，变化更为显著。2001 年，我国义务教育阶段学生有 1.90 亿，其中城市、县镇、农村分别占 14.47%、23.73%、61.80%。2020 年年底，我国义务教育阶段学生有 1.56 亿，其中城区、镇区、乡村分别占 39.04%、41.21%、19.75%。[2]2001 年城镇中小学生的数量占比为 38.20%，这一比例截至 2020 年增长为 80.25%，增长超过 42 个百分点。城镇中小学生数量由 2001 年的 7248.42 万人，增加至 2020 年的 1.26 亿人，净增加约 5351.58 万人。乡村学生由 2001 年的约 1.17 亿人，减少为 2020 年的 3088.29 万人。可以看出，随着城镇化进程的不断推进，乡村学校学龄人口密度不断下降，出现了"城挤乡空"的教育发展困局。[3]

（二）乡村振兴战略布局为乡村教育发展带来新机遇

在乡村振兴战略布局下，乡村教育迎来全面振兴的重大历史机遇。第一，乡村振兴战略为乡村教育提供政策推动。近年来，党和国家高度重视乡村教育事业的发展，出台了系列相关政策，但在政策推行的过程中，政策执行低效或失灵的问题突出。其中重要的原因就是在条块分割的管理体

---

① 根据 2021 年《中国统计年鉴》的数据计算。

② 根据 2001 年和 2020 年《中国教育统计年鉴》的数据计算，下同。2000—2010 年地区划分标准为：城市、县镇、农村；2011 年以后地区划分标准为城区（含城乡接合区）、镇区（含镇乡接合区）、乡村。

③ 白亮、万明钢：《城乡义务教育一体化发展中县域学校布局优化的原则与路径》，《教育研究》，2018 (5)。

制下教育部门权限受限，使得教育资源统筹陷入困境。① 乡村教育的发展，例如乡村教师队伍的建设是一项系统工程，需要人社、编办和财政等多部门协同发力，但教育行政部门没有统筹协调其他部门的权力，致使很多政策执行低效。而乡村振兴作为综合性的国家战略任务，能够成为基层政府的中心工作，整合各部门资源推动乡村振兴政策的有效落实。乡村教育振兴作为乡村振兴战略的"子工程"，有利于其相关政策的推动和资源整合。第二，乡村振兴战略为乡村教育构建有利发展环境。在乡村振兴战略的布局下，国家大力加强对乡村基础设施建设的投入，乡村社区的生产生活环境将得到持续性改善，公共服务体系不断健全完善，这必然带来乡村教育环境和办学条件的全面提升，增强乡村学校对优秀师资的吸引力。② 针对乡村建设的倾斜性政策，也将为解决乡村教育发展难题提供支持。③

（三）全面建成小康社会对乡村教育高质量的追求

2020 年我国全面打赢脱贫攻坚战，实现全面建成小康社会的目标。随着社会进入新的发展阶段，人民群众对优质公平教育的需求愈加强烈④，而乡村教育的发展现状难以满足这一需求。当前，随着县域义务教育基本均衡发展目标的全面实现，我国义务教育工作的重心已由"基本均衡"转到"优质均衡"上来。⑤ 乡村教育已经从"有学上"的目标转变为"上好学"的追求。党的十九届五中全会审议通过《中共中央关于制定国民经济和社

---

① 朱秀红、刘善槐、王爽：《乡村振兴背景下农村教师队伍建设的政策理路、执行陷阱与改革逻辑》，《华东师范大学学报（教育科学版）》，2022（6）。
② 戚万学、刘伟：《乡村教育振兴的内涵、价值与路径》，《国家教育行政学院学报》，2020（6）。
③ 杜尚荣、朱艳、游春蓉：《从脱贫攻坚到乡村振兴：新时代乡村教育发展的机遇与挑战》，《现代教育管理》，2021（5）。
④ 朱德全、石献记：《新时代农村教育高质量发展的价值理性》，《民族教育研究》，2022（2）。
⑤ 《教育部：义务教育工作重心已由基本均衡转到优质均衡》，新京报网，http://www.moe.gov.cn/fbh/live/2022/54598/mtbd/202206/t20220622_639750.html，2022-06-21。

会发展第十四个五年规划和二〇三五年远景目标的建议》，提出建设高质量教育体系的总体目标，乡村教育振兴的方向也必然指向高质量的乡村教育体系，不能仅仅把乡村教育作为"兜底工程"，也不能任由其衰败和消亡。同时，乡村教育的高质量发展可以进一步服务乡村振兴的战略需求，助力建成教育强国的战略目标，真正实现城乡教育的优质均衡发展。建成令人民群众满意的乡村教育，对整个乡村社会的文明进步和持续发展具有重要意义。

三、乡村教育振兴的战略任务

实现乡村教育振兴，走向乡村教育的高质量发展，需要把握人才、布局、方向等关键性战略任务。加强乡村教师队伍建设、优化学校布局和扎根乡土大地办教育是乡村教育振兴的三大战略任务。

（一）乡村教师队伍是乡村教育振兴的第一资源

乡村教育要振兴，关键在乡村教师。[①] 但当前乡村教师队伍建设仍然面临着一系列发展难题。第一，乡村教师岗位吸引力低。乡村学校大多规模较小，生源复杂特殊。与城市教师相比，乡村教师工作负担较重，工作内容复杂多样，常常需要承担多学科、跨班级、跨年级的教学任务，且工资待遇较低，专业发展机会受限。除此之外，乡村经济社会文化条件的相对落后，也加剧了乡村教师岗位吸引力方面的劣势。第二，乡村教师队伍稳定性不高。从教育统计数据来看，2020 年，城区、镇区和乡村的教师流失率分别为 7.88%、8.94% 和 15.47%，十年间我国普通中小学乡村教师减少数量达到 215.42 万人次，乡村教师流失率大大高于城镇。第三，乡村教师素质有待提升。在教师学历层次上，2020 年，我国普通中小学城区、镇区

---

① 邬志辉：《乡村教育振兴与教师教育的任务》，《中国教师》，2021（11）。

和乡村本科及以上学历教师占比分别为 87.47%、77.44% 和 61.53%；在教师职称结构上，2020 年，我国普通中小学城区、镇区和乡村高级职称教师占比分别为 16.19%、15.95% 和 12.02%，乡村教师学历水平和高级职称教师比例依然与城镇有较大差距。尽管近年来，党和国家高度重视乡村教师队伍的建设并取得很大进步，但要实现乡村教育振兴，乡村教师队伍建设仍应持续发力。

（二）优化学校布局是乡村教育振兴的载体基础

合理的乡村学校布局，对优化资源配置、提高教育质量具有重要作用。20 世纪 90 年代以来，我国学校布局调整经历了两个阶段。在第一阶段，我国学校布局调整以"撤点并校"为主，使得乡村学校数量急剧减少。2000 年至 2012 年间，乡村小学减少 28.53 万所，乡村小学教学点减少 9.50 万所，引发学生上学路途变远、交通安全隐患增加、学生家庭经济负担加重等一系列问题。2012 年出台的《国务院办公厅关于规范农村义务教育学校布局调整的意见》提出，不得强行撤并现有学校或教学点，坚决制止盲目撤并农村义务教育学校。政策出台后，盲目的学校撤并行为得到了有效遏制，2012 年至 2020 年间，乡村小学减少 6.89 万所，乡村小学教学点增加 1.66 万所。但当前乡村学龄人口规模持续走低的状况又引发了新的问题：大量小规模学校低质运转，教育资源浪费严重。因此，在新形势下对乡村学校布局调整提出了新要求：各地进一步优化乡村学校布局调整的举措应吻合乡村振兴战略的总体规划，明确乡村学校的撤留标准，达成"效用最优""满意度最大"和"底线公平"的多重价值关照[1]，回归以学生发展为先的价值本位。

（三）扎根乡土大地是乡村教育振兴的发展路向

乡村教育振兴的高质量发展路向不能只是一味追求城市标准、向城市

---

[1]　刘善槐：《科学化·民主化·道义化——论农村学校布局调整决策模型的三重向度》，《教育研究》，2012（9）。

看齐，否则，乡村永远是落后的"模仿者"，或者变得不再是乡村本身。相对于城市教育，乡村教育并非只有劣势，还有其独特的优势。譬如乡村的自然环境与人文文化、乡村的农业生产与社会生活、乡村的生态环境与自治传统等都可以成为教育资源。① 因此，高质量的乡村教育一定是扎根乡土大地，具有乡村特色的教育。只有扎根乡土大地的教育，才能使乡村儿童获得充实而愉悦的乡村成长经历，获得真正自由而全面的发展。乡村的教育不应以儿童逃离乡村为目的，而应帮助儿童认同乡村并主动参与乡村建设。人的成长与教育的现代化应有多维面相，而非某种单一的模式，更非单纯的工业化和城市化。② 可以依托乡村振兴的战略规划，根据乡村的特点构建不同于城市的自然的、生态的、灵活的、小规模的乡村教育，展现乡村自身的独特内涵、价值、文化性格。乡村教育扎根乡土大地，完全可以走既田园又现代的教育发展模式，例如四川省蒲江县的"现代田园教育"③、浙江省缙云县的"缙云模式"④ 等，真正实现城乡教育的优质均衡发展。

四、乡村教育振兴的制约因素

乡村教育振兴的突破点是识别当前制约乡村教育发展的不利因素，在总体的县域教育发展格局中，城乡教育未形成良性教育生态；而在乡村教育端，教育主体处于弱势不利地位，同时乡村的偏远区位带来一定经济成

---

① 邬志辉：《全力打赢两类学校建设攻坚战》，教育部网站，http://www.moe.gov.cn/jyb_xwfb/moe_2082/zl_2018n/2018_zl31/201805/t20180502_334809.html，2018-05-02。
② 刘铁芳：《探寻乡村教育的基本精神》，《探索与争鸣》，2021 (4)。
③ 《让农村教育反哺农村发展——四川省蒲江县推进现代田园教育采访纪行》，教育部网站，http://www.moe.gov.cn/jyb_xwfb/s5147/201310/t20131028_158806.html，2013-10-28。
④ 杨东平：《缙云模式：不为培养少数能够跳龙门的"锦鲤"》，《浙江教育报》，http://www.zjjyb.cn/html/2022-06-24/content_37617.htm，2022-06-24。

本劣势。

（一）县域教育发展未形成良性教育生态

当前县域教育存在挤占乡村教育发展空间的现象，过度的县域教育城镇化影响了城乡教育发展生态。第一，县域教育的功能异化扰乱了教育秩序。县域范围内的教育城镇化实际上是县级政府主动为之的结果，通过强化县城学校建设，吸引乡村学生进城就读，进而推动乡村家庭进城买房，以此盘活土地财政和地区发展[①]，使得乡村学校"被动弱化"。县域教育一定程度上异化为服务于当地城镇化发展、县城建设和经济指标的考量因素，未能放在城乡教育一体化背景下进行统筹，未能充分发挥其公共服务作用。第二，县域教育内部产生隐性的城乡教育不公平。为了获取更好的教育资源而举全家之力进入县城上学的乡村学生，相比城区学生而言仍有明显的教育资源和发展机会上的差距。有调查显示，县城学校对城乡学生在分班、教师资源上都存在区别对待现象，学生群体内部也有较强的区隔现象，乡村学生在县域教育竞争体系中处于依附地位。[②] 而乡村学生的家庭还需要为此付出更高的生活成本和教育投入。在不良的教育生态环境下，县域范围内"城挤乡空"的发展困境不断加强，人民群众对教育的满意度降低，这样的异化发展模式难以实现县域教育的整体性高质量发展。

（二）乡村教育主体处于弱势不利地位

如上所述，一方面县级政府大力推动教育城镇化，另一方面家庭经济条件较好、稍有能力的家长会主动谋求将子女送入城镇学校。当前教育城镇化率已经达到80%左右，仍然留在乡村学校就读的学生多是迫于家庭经济、文化处境和社会条件的限制，成为最后20%"走不了"的弱势群

① 雷望红：《县域教育城镇化的发展路径与政治风险》，《兰州学刊》，2020（12）。
② 齐燕：《过度教育城镇化：形成机制与实践后果——基于中西部工业欠发达县域的分析》，《北京社会科学》，2020（3）。

体。乡村学校生源多为留守儿童、贫困儿童，也有一定比例的单亲或离异家庭的儿童、残障儿童等特殊群体。^① 民政部 2021 年的数据显示，截至"十三五"期末，我国共有 643.6 万名乡村留守儿童，96% 的留守儿童由祖父母隔代监护或亲友临时看护。^② 虽然留守儿童并不等于问题儿童，但是父母陪伴和良好家庭教育的缺失使其存在一定的自卑、敏感等心理问题。这些儿童往往需要通过极大的个人努力和外部支持才能在学校教育中突破重围，更可能因为厌学而过早地走向社会。而一些认知能力和智力水平发展滞后的儿童，其身体健康难以保障，学业成绩较差，需要乡村教师和学校投入更多的关怀和帮助。这些"走不了"的弱势儿童的存在，正是乡村教育振兴的动力和维护社会底层公平正义的价值。要实现教育公平和共同富裕，就要坚守"一个都不能少"的原则，充分关注乡村学校生源群体的不利处境，给予其更好的教育环境，发挥教育阻断贫困代际传递的作用。

（三）乡村区位偏远带来较高的经济成本

乡村教育振兴还受到自身发展环境的限制。由于乡村社会经济发展缓慢，乡村区位偏远带来一系列经济成本。第一，乡村学校多为小规模学校，难以实现规模发展的经济效用。根据教育统计数据，2020 年，全国小学和教学点有 248274 所，其中城区 30808 所，镇区 52188 所，乡村 165278 所，分别占全国的 12.41%、21.02%、66.57%，其中教学点在乡村占比为 87.70%。根据 2016 年实施的《国务院关于进一步完善城乡义务教育经费保障机制的通知》，当前的公用经费拨付标准取决于学生数（不足 100 人按 100 人拨付），这种分配方式虽然对小规模学校体现一定弱势关注，但小规

---

① 满忠坤、李慧慧：《新时代乡村小规模学校问题研究的逻辑进路与方法论原则》，《中国教育学刊》，2022（2）。

② 钟焦平：《提升乡村家庭教育质量迫在眉睫》，《中国教育报》，http://www.moe. gov.cn/jyb_xwfb/s5148/202205/t20220520_628931.html，2022-05-20。

模学校的公用经费实际需求仍然难以得到满足。[①] 第二，乡村环境的自身劣势带来更高的经济成本。乡村学校大多地处偏远，物质条件匮乏，基础设施不完善，无法满足师生更高的日常生活需求和精神追求。大多数乡村教师选择居住在县城，往返于乡村学校任教，交通不便利带来更高的生活成本。同时，为实现对优秀人才的"逆向"吸引，乡村教师的待遇应该能够消除由乡村不利外部条件带来的影响。根据乡村环境艰苦偏远程度，乡村学校往往需要给予教师额外的经济补偿。[②]

五、乡村教育振兴的推进策略

乡村振兴是一项长期系统工程，乡村教育也应当有全面的、系统的、长期的发展规划。在县域范围内，应为乡村教育发展构建良性生态环境，完善其资源保障体系，激发乡村教育的内生发展动力，推动乡村教育走向高质量发展。

（一）构建乡村教育的良性生态和互动关系

1. 实现县域教育与乡村教育的协调共生、共同发展

当前县域教育发展过程中出现过度的教育城镇化现象，即学龄人口的城镇化率远高于常住人口城镇化率。[③] 自然发生的教育城镇化势不可挡，需要避免的是地方政府主导的以县城发展为目的的人为教育城镇化。地方政府应尊重城镇化发展的自然规律，保持县城学校和乡村学校的适度规模，发挥其各自功能。县城学校满足县城居民和真正实现城镇化的农村家庭的

---

① 刘善槐、韦晓婷、朱秀红：《农村学校公用经费测算标准研究》，《中国教育学刊》，2017（8）。
② 刘善槐、李梦琢、朱秀红：《乡村教师综合待遇的劳动定价、差异补偿与微观激励研究》，《东北师大学报（哲学社会科学版）》，2018（4）。
③ 秦玉友：《教育城镇化的异化样态反思及积极建设思路》，《教育发展研究》，2017（6）。

教育需求，乡村学校满足没有能力进城的农村家庭的教育需求，减少农村家庭追求优质教育资源的成本。[①] 办好应有的乡村学校，满足乡村儿童在家门口接受优质教育的需求。是否"进城"应由乡村学生和家长根据真实的家庭需求做出选择，而不是任由乡村学校衰败，甚至利用乡村学校"改薄"资金和均衡项目发展资金发展城区学校，迫使农村家庭只能背负沉重教育负担送子女进城上学。

2. 增强乡村教育与乡村社区的互动关系，实现互促发展

随着乡村振兴战略的深入推进，乡村学校与乡村社区的互动依存关系愈加凸显。应依托乡村社区力量，积极构建"政府—学校—社区"三位一体的管理协同机制，形成多主体联动共同支持乡村教育发展的良好局面。[②] 整合基层政府、社区群众、家长、社会公益组织等多方力量为乡村学校提供资源和条件支撑，创设积极温馨的政策环境。例如浙江省缙云县打造"村庄即学校，学校即村庄"的发展模式，由当地县教育局推进学校与村庄、课程与生活相互融合，聘请村党支部书记为乡村学校副校长，带领村民用全村的力量办好学校；由村小校长任村党支部副书记，带着师生共同建设村庄，为乡村振兴贡献力量[③]，形成学校与村庄的良性互动关系。

（二）完善乡村教育的制度倾斜和资源保障

1. 进一步落实乡村教育发展的倾斜政策

在一系列历史因素的影响下，城乡教育发展形成巨大差距。2018 年，中共中央、国务院出台《关于实施乡村振兴战略的意见》，强调"优先发展农村教育事业"。这一"优先"应体现在两方面：一方面，在确保城镇教育

---

① 齐燕：《过度教育城镇化：形成机制与实践后果——基于中西部工业欠发达县域的分析》，《北京社会科学》，2020 (3)。

② 朱秀红、刘善槐、王爽：《乡村振兴背景下农村教师队伍建设的政策理路、执行陷阱与改革逻辑》，《华东师范大学学报（教育科学版）》，2022 (6)。

③ 章建升、吴丽明等：《有所为有所不为，守护乡村学校个性化自主发展》，《浙江教育报》，http://www.zjjyb.cn/html/2022-06-24/content_37616.htm，2022-06-24。

和乡村教育同等地位的基础上，给予乡村教育优先改革与设计、优先规划与资源配置、优先投资与增长经费、优先创新与发展等政策的倾斜[①]；另一方面，在乡村基本公共服务的保障中，乡村教育具有基础性和先导性作用，应切实保障乡村教育的倾斜政策落实。乡村教育的倾斜式发展会进一步促进乡村人口的回流和乡村建设的推进。

2. 多维度实现乡村教育发展的资源保障

首先，完善乡村教育发展的经费保障。当前基于"学生数"的公用经费标准并不能满足乡村学校的实际需求。除了满足乡村学校的基本运转需求外，还应考虑学校的发展需求和资源配置公平需求，应建立"基本＋拓展＋机动"三大功能模块的经费结构[②]，保证乡村教育发展的经济基础。其次，确保乡村教育发展的人才基础。教师是乡村教育事业发展的人才支柱，各地方须继续巩固乡村教师多元补充渠道，创新乡村教师公开招聘办法，推进乡村教师定向培养、"特岗计划"、退休支教等渠道联合发力，遴选乐教、适教、善教的优秀人才进入教师队伍。最后，提升乡村教育发展的技术支持。教育资源配置状况受自然条件、财政能力、城乡发展差距等诸多因素的影响，全面提升乡村教育资源的配置水平需要克服重重障碍。在智能时代，信息技术是提升乡村教育发展水平的重要潜力，应进一步加强乡村学校硬件设施配置和数字资源建设。

（三）激发乡村教育的内生优势和主体活力

1. 增强乡村教师的优势思维和主体性

长期以来，乡村教育实践的劣势思维导致乡村和乡村教育被标签化与污名化。[③]乡村教育作为一种教育实践方式具有独特优势，这一优势最应

① 戚万学、刘伟：《乡村教育振兴的内涵、价值与路径》，《国家教育行政学院学报》，2020 (6)。
② 刘善槐、韦晓婷、朱秀红：《农村学校公用经费测算标准研究》，《中国教育学刊》，2017 (8)。
③ 秦玉友：《新时期农村教育的取向选择》，《教育发展研究》，2019 (6)。

被乡村教师认识并予以挖掘。在乡村学校的优势挖掘力模型中，乡村教师的参与度、持续性和创造性等活力要素是最为关键的优势挖掘力。[①] 首先，营造乡村社区尊师重教的社会氛围，增强乡村教师的归属感和"主人翁"意识。通过家校社合作引导乡村家长、社区人员正确认识乡村教师在改变、塑造乡村学生上的重要、积极作用。同时，乡村教师应发挥新乡贤的示范引领作用，看到乡村的价值和乡土资源的优势，带来乡村教育发展的新面貌。其次，完善综合待遇体系，提升乡村教师的获得感。明确乡村教师综合待遇提升的弹性空间，完善待遇结构，按照艰苦偏远程度制定科学化的补偿标准，充分激发乡村教师的发展活力。最后，拓宽乡村教师职业发展渠道，结合乡村教育实际加大职称评聘倾斜力度，增强乡村教师培训的适切性，提升其挖掘乡土资源和发挥乡村小规模学校教学优势的技能。

2. 唤醒乡村儿童的自然天性和精神自信

当前在应试教育的裹挟和城市教育标准的侵蚀下，乡村儿童虽身在乡村，但缺少对乡土自然、社会的认同和亲密联系，在乡村生活中缺乏自我生存的自信。[②] 乡村教育的根本目标应是实现乡村儿童的精神成人[③]，实现乡村儿童全面、自由的发展。首先，应积极挖掘乡土文化中的教育资源，充分发挥儿童的自然天性，将乡土自然的丰富资源融入课程教学，让儿童认识家乡的文化变迁和历史传承，真正获得不同于城市教育的学习乐趣和生命体验，使乡村儿童在今后的人生发展中，能凭借乡村教育和乡村生活的经历获得源源不断的成长力量。其次，培育乡村儿童的精神自信和必备技能。乡村环境是乡村儿童成长发展的物理空间和精神家园，乡村学校不应把离开乡村作为乡村儿童的价值指引。理想的状态是乡村儿童能够根据

---

① 凡勇昆、杨锦丹：《优势挖掘如何助推乡村学校弯道超车》，《教育发展研究》，2021（24）。

② 杜尚荣、刘芳：《乡村振兴战略下的乡村教育：内涵、逻辑与路径》，《现代教育管理》，2019（9）。

③ 刘铁芳：《重新确立乡村教育的根本目标》，《探索与争鸣》，2008（5）。

自己的意愿，自由选择未来的生存空间和生活状态。^① 乡村教育应培养乡村
儿童具有扎实的知识基础、应对未来生活挑战的技能和心系家乡发展的热
忱，既具备"走出去"的能力和视野，也拥有"返回来"建设乡村家园的
信心和热情，在乡村发展中实现自我发展。

---

① 戚万学、刘伟:《乡村教育振兴的内涵、价值与路径》,《国家教育行政学院学报》,
2020 (6)。

高等教育进入普及化时代的改革与发展

熊丙奇 [1]

摘　要：中国高等教育已经进入世界公认的普及化阶段。然而，高等教育的普及化却没有缓减社会存在的教育焦虑，没有整体提高人力资源质量。文章指出，在此阶段，教育管理与评价仍停留在精英教育时代，由此导致高等学校的等级化、身份化以及学历通胀、学历高消费等问题。要进一步发展高等教育，就要形成与普及化时代相匹配的高等教育发展理念，聚焦高等教育质量提升，推进高等教育管理与评价改革。

关键词：高等教育；普及化；改革；定位

根据教育部公布的数据，截至 2022 年 5 月，中国接受高等教育的人口达到 2.4 亿，已经建成世界最大规模高等教育体系。2021 年，高等教育在学总人数超过 4430 万人，高等教育毛入学率从 2012 年的 30% 提高至 2021 年的 57.8%，提高了 27.8 个百分点 [2]，实现了历史性跨越，高等教育进入世界公认的普及化阶段。

中国高等教育从实现大众化到进入普及化阶段，用时未超过 20 年。高

---

① 熊丙奇，21 世纪教育研究院院长，博士，研究方向为教育制度、教育公平。
② 数据来源：教育部举行"教育这十年""1＋1"系列发布会（第二场），国务院新闻办公室网站，2022-05-17。

等教育规模的扩大，让更多受教育者获得接受高等教育的机会。2022年，中国高考报名人数达到1193万，高校招生人数有望超过1100万，平均录取率超过90%。然而，与高等教育普及化和高考录取率提高相伴的，不是全社会的教育焦虑缓减，而是日益严重；不是人才培养与社会需求的紧密接轨，而是高校毕业生就业难与用人单位招工难的并存。这是进入普及化阶段高等教育改革和发展必须直面的问题。

一、中国高等教育进入普及化阶段存在的三大问题

总体来看，中国高等教育进入普及化阶段后，在教育发展理念、发展模式上，存在以下三大问题：

（一）教育与人才观念仍旧停留在精英教育时代

中国高等教育毛入学率于2002年达到15%，按照国际标准，已进入高等教育大众化阶段。本来，进入高等教育大众化阶段后，就应以大众化教育观念发展高等教育，包括：淡化大学生的身份，将大学生作为普通劳动者；促进各类高校平等发展，办出特色，为受教育者接受高等教育提供灵活、多元的选择。但是，中国发展高等教育，依旧采取的是精英教育思维方式，还把大学生作为特殊的人才群体对待，并把学历作为评价人才的重要指标。这带来的直接问题是，虽然高等教育资源越来越丰富，但学生的成才选择道路并没有拓宽，"上大学独木桥"变为"上名校独木桥"，与此同时，高等教育的人才培养结构以及质量与社会需求脱节。

2022年，中国高校毕业生人数达到1076万，而2000年，中国普通高等教育毕业生只有103.63万人。2022年的高校毕业生人数相当于2000年的约10倍，可是，中国社会还按20年前的方式对待高校毕业生，认为高校毕业生应该从事某些工作，才能与其大学生身份匹配。这显然会制约高校毕业生的选择，也会影响用人单位的用人。随着高等教育进入普及化阶段，社会新增的就业人员都可能拥有大专及大专以上的学历，显然

不能再把高校毕业生作为特殊的人才群体对待，而应作为普通青年群体对待。

以精英教育观念对待大众化、普及化阶段的高等教育发展，会导致所有高等教育学校都想进行精英教育，而不安于自身的办学定位。与发达国家推进高等教育大众化、普及化，选择大力发展职业学院、社区学院不同，中国最初是通过进行精英教育的高校扩招来实现大众化的，这也就进一步强化了精英教育思维，例如中国的高职院校追求升本、地方本科院校追求申请硕士点、博士点，想办学术型大学，这不但影响合理的高等教育人才培养结构的形成，也影响人才培养质量。

（二）高等学校身份化、等级化

具体表现在两方面：一是将教育分层；二是将学校等级化、身份化。

将教育分层，是指把职业教育作为比普通教育低一层次的"层次教育"。职业高等教育包含专科层次、本科层次、硕士层次和博士层次，但在中国推进高等教育大众化、普及化的过程中，职业高等教育变为了"高职教育"，即专科层次的教育，这不仅让职业高等教育的层次低、地位低，而且也让本来应该进行职业教育、培养技能人才的地方本科院校都不进行职业教育，而进行普通教育。

2014 年，中国教育部曾推动 600 所地方本科院校转型进行职业教育，但效果不佳。基于此，教育部于 2019 年新批准建设一类职业本科院校——职业技术大学，到 2022 年，职业本科院校共有 32 所。但此举并没有转变社会对职业高等教育的认识，学生、学生家长以及社会舆论认为职业本科比普通本科低一等，针对独立学院转设职业本科以及"双一流"建设高校设置职业本科学院，近年来发生过多起学生与学生家长"抗议"事件；而应该以职业教育为办学定位的地方本科院校，也就心安理得地不再以职业教育为办学定位。

将学校等级化、身份化，则是指出发点为重点支持某些高校发展的教育工程、教育计划，变为了给学校划等级、贴标签。例如 20 世纪 90 年代推进的"985工程""211工程"，就存在身份固化、竞争缺失等问题，跻身"985工程""211工程"的高校，被称为"985"高校、"211"高校，不但获得更多的教育经费投入，更重要的是拥有比其他学校更高的身份，用人单位提出的非"985""211"不录，就源于"985工程""211工程"。针对这一问题，中国已经停止"985"与"211"建设项目，转而推进"一流大学""一流学科"建设。2022年2月，教育部、财政部、国家发改委公布第二轮"双一流"建设高校及建设学科名单。与第一轮"双一流"建设相比，第二轮"双一流"建设有一个重大变化，就是不再区分"一流大学"建设名单与"一流学科"建设名单，其用意是淡化"双一流"建设的身份色彩，引导学校聚焦建设。但是，能否真正淡化身份色彩，还有待观察。因为从"双一流"建设启动以来，中国有关部门就一再表明，"双一流"名单是建设名单，不是建成名单，不能把"双一流"作为学校的身份，但是，从公布"双一流"建设名单起，很多入围高校就把这作为学校办学的成就，而不少地方政府引进人才、用人单位招录人才，都把"双一流"高校毕业生作为新的标准。

为何建设工程会演变为给高校贴身份标签？这是因为遴选哪些学校入围建设工程，实行的是行政评审、行政评价，因此，入围一定程度上就表明学校办学得到了行政部门的认可，就可以拥有更高地位，获得更多资源。

中国高校热衷于把学院更名为大学以及申报硕士点、博士点，也是出于同样的原因。高校把校名从学院更名为大学以及申请硕士点、博士点，都是要经过行政部门审批的。通过审批，很大程度上意味着学校办学得到认可，这就成为学校办学的政绩。继续这种发展模式，就可能导致高校无法正视这种功利的办学行为，同时，哪怕进一步增加高等教育资源，也缓解不了社会的教育焦虑。2022年，某学院花1800万元引进23位菲律宾博士引发舆论关注。此举被质疑为"速成博士"，即与国外一所不知名、办学质量一般的大学合作，花两年左右时间，把在职教师的学历提升为博士。

而为何要"速成博士"？是因为教师博士学位比例是学校将学院更名为大学、申请硕士点的硬指标。这就是围绕行政指标功利办学。有类似办学行为的高校，远不止一所。

（三）学历通胀与学历高消费

高等教育进入大众化、普及化阶段，要求社会从"学历社会"转向"能力社会"，但我们非但没有转向"能力社会"，没有重视评价人才的能力，反而进一步强化了"学历社会"，包括党政机关、事业单位、国有企业在内的用人单位在招聘用人时，都存在明显的唯学历、唯名校用人导向。很显然，这会助推学历通胀与学历高消费。随着本科教育与研究生教育规模的扩大，用人单位招聘时提出的学历要求也越来越高，原来专科生就能胜任的工作岗位，现在要求应聘者必须有本科甚至硕士学位。

2022 年，中国考研人数达到 457 万，比 2015 年的 165 万增加了近 300 万，考研出现明显的高考化趋势。一是很多本科毕业生都如高中毕业生把高考作为必然选择一样，把考研作为必然选择；二是很多考研学生采取如高考应试一样的方式准备考研，只关注考研核心科目的学习，非考研科目则被边缘化。如果这一趋势加剧，中国的学历通胀和学历高消费问题会更加严重，中国整体教育，从基础教育到本科教育、研究生教育，都可能应试化。

高等教育进入普及化阶段后，下一步发展的重点和亮点是什么？有不少教育界人士认为，是研究生教育，并呼吁扩大研究生招生规模。从现实看，扩大研究生教育规模，确实可以解决诸多现实难题，包括：提高研究生招生录取率，满足更多学生读研的需求，也可应对本科毕业生就业难的问题；增加硕士点数量，满足更多地方本科院校发展研究生教育、提高学校办学层次的需求；提高中国研究生教育在高等教育中的比重，推进中国成为研究生教育大国、强国。然而，这都是短视与功利的。如果进一步扩大研究生教育规模，必然会刺激考研热。中国要发展研究生教育，但扩招规模必须适度，必须保障研究生培养质量。根据全国教育事业发展统计公报的数据，1998 年，全国共招收研究生 72508 人，其中博士生 14962 人，硕士生 57546 人；普通高等学校共招收本专科生 108.36 万人，其中招收本科生 65.31 万人，招收专科生 43.05 万人。2021 年，全国共招收研究生 117.65 万人，其中博士生 12.58 万人，硕士生 105.07 万人；全国普通、职业本专科共招生 1001.32 万人，其中普通本科生 444.60 万人，职业本科生 4.14 万人，高职（专科）生 552.58 万人。以此测算，从 1998 年到 2021 年，中国普通本科招生增加 5.8 倍，硕士招生增加 17.3 倍，博士招生增加 7.4 倍。硕士招生的增长幅度惊人。①

二、普及化时代的高等教育发展观：培养高素质的普通劳动者

在精英教育时代，每个考上大学的学生都是"天之骄子"，也被认为是社会精英。与之对应，就有高考改变命运的读书价值观。大学生是一个有别于普通青年的特殊群体。进入高等教育普及化时代后，同龄人中大学生人数已经超过非大学生，因此，高等教育的发展定位就不再是培养少数精英，而必须调整为培养高素质的普通劳动者。

（一）淡化精英情结，以培养高素质的普通劳动者定位高等教育新功能

早在 2006 年，针对高等教育毛入学率达到 22% 的高等教育发展形势，时任教育部部长的周济就指出，"大学生是普通劳动者"。这曾引起舆论广泛关注。有人认为，随着高考录取率提高，大学生确实不再是"天之骄子"，每个大学生都应该有"普通劳动者"的心态。也有人质疑，上了大学还是普通劳动者，那读大学的意义是什么呢？这是典型的精英时代教育思

---

① 熊丙奇：《该如何破解考研"高考化"倾向？》，《羊城晚报》，2022-03-28。

维，更在意通过上大学转变身份，而不是通过上大学获得能更好工作、改善自己生活的能力。每个大学毕业生都是普通劳动者，但上大学的经历可使人提升能力，获得相应的教育回报。

其实，在我国高等教育进入大众化时代后，就应该调整高等教育的发展观，不再强调高考改变命运以及大学给受教育者的"学历身份"，而应该强调"教育提升能力"，形成提升受教育者综合能力与素质的教育发展观。但遗憾的是，我国社会盛行的教育观和人才观，依旧是高考改变命运与唯学历。

高等教育进入普及化时代后，每个适龄学生都有机会接受高等教育，成为大学生。而显然，这一阶段的大学生就不再是精英教育时代的"大学生"。进入大学成为大学生，不能再让受教育者获得与众人不同的身份。当前有人认为，虽然高等教育普及化，但"寒门弟子"通过上大学改变命运越来越难。这也是精英教育观念。在精英教育时代，只要考上大学，就能获得大学生这一身份，就此改变命运。而在当前高等教育毛入学率接近 60% 的普及化时代，100 个 18 岁到 22 岁的同龄人，有接近 60 人上大学，此时还寄望考上大学就改变命运，是极为不现实的。继续这样的精英教育观，就会强调高等学校中的名校。名校情结，就是高等教育普及化时代的"精英教育情结"。

把大学生培养为高素质的普通劳动者，就要求所有高校都重视给学生高质量的教育，而不是只回报一纸文凭。客观而言，由于扩招速度过快，我国不少高校的人才培养质量不高，这也导致我国社会出现学历鄙视链，社会与用人单位认为，地方本科院校、高职院校的办学质量不如名校。只有让每所高校在各自的办学定位基础上都办出高水平，才能引导社会转变对待高等教育的观念。而与之对应的是，全社会要建立新的以能力为导向的人才评价体系。

（二）增加生均经费拨款，让每个大学生都享有相对均衡的高等教育资源，促进高校平等竞争

进入高等教育普及化时代后，不宜再有集中优质资源办学的思维，而要重视高等教育的相对均衡发展，缩小地区间的高等教育发展差距与校际差距，尤其要减少乃至取消各种由行政主导的教育工程。

根据部属高校公布的 2021 年度预算，清华大学预算总收入为 317.28 亿元。而学生规模远超清华大学的很多地方院校，一年的预算不到 10 亿元，例如山东省 153 所高校中，2022 年预算收入超过 10 亿的只有 20 所。

在教育资源相对匮乏时期，中国要集中资源办好少数高校，而进入高等教育普及化时代，高等教育发展也要逐渐强调均衡布局，以此促进教育公平。值得注意的是，近年来，中国中西部、东北地区的部分高校到发达地区办分校或研究院，其目的是利用发达地区的区位优势获得更多办学资源，可是，这却加剧了高等教育资源的不均衡布局，导致更多的不发达地区、欠发达地区的高校去发达地区发展高等教育。对此，教育部已经叫停高校异地办学。2021 年 7 月 28 日发布的《关于"十四五"时期高等学校设置工作的意见》明确规定，"从严控制高校异地办学。不鼓励、不支持高校跨省开展异地办学，特别是严控部委所属高校、中西部高校在东部地区跨省开展异地办学，原则上不审批设立跨省异地校区"。但是，还是有高校有异地办学的冲动。

高等教育进入普及化阶段，应减少项目式拨款，而增加面向所有高校的生均经费拨款。这有诸多好处。首先，可以减少围绕项目立项的行政评审、行政评价，引导高校把精力用在办学上。其次，可以改善地方高校的办学条件。中国绝大部分大学生在地方高校接受高等教育，地方高校的人才培养质量决定着中国高等教育的整体质量，办好地方高校，才能从根本上解决高校毕业生就业难问题以及消除社会存在的学历歧视。

（三）落实新《职业教育法》，把职业教育建设为类型教育，促进高校合理定位

2022 年 5 月 1 日实施的新《职业教育法》明确规定，"职业教育是与普通教育具有同等重要地位的教育类型，是国民教育体系和人力资源开发的重要组成部分，是培养多样化人才、传承技术技能、促进就业创业的重要途径"，"高等职业学校教育由专科、本科及以上教育层次的高等职业学校和普通高等学校实施"。

这对推进高等教育、形成合理的人才培养结构具有十分重要的作用。新《职业教育法》把职业教育的定位从"层次教育"调整为"类型教育"，赋予职业教育与普通教育平等的地位。而要办好作为类型教育的高等职业教育，首先要推进普职融通发展，不宜把某所高校称为职业院校，因为就是在普通院校中，也有部分专业进行职业教育，培养技能人才。如果能做到职业教育与普通教育真正平等，那么高校培养什么样的人才就该进行什么样的教育，不必强调是"普通"还是"职业"。

其次，要建立与普通高考完全平等的职教高考制度。其关键在于，应该鼓励职业本科、应用型本科院校以外的其他普通本科院校，以及综合性院校的部分培养技能人才的专业，通过职教高考招生，由此给职业院校毕业生更广阔的升学选择，让职业院校学生拥有与普通院校毕业生一样的升学、就业与发展机会。

再次，必须按类型定位的要求，加大对职业教育的投入。从全世界范围看，职业教育的投入通常为普通教育的 3 倍，但中国对职业教育的投入却低于对普通教育的投入。根据教育部发布的 2020 年全国教育经费执行情况统计快报，2020 年高职高专、中职教育经费总投入分别为 2758 亿元、2872 亿元，当年高等教育、高中阶段教育经费总投入分别为 13999 亿元、8428 亿元。高职高专经费投入占高等教育总经费的 19.7%，中职教育经费投入占高中阶段教育总经费的 34.08%。当年，专科在校生人数占普通本专科在校生人数的 44.4%，中职在校生人数占高中阶段教育在校生总数的 39.96%。

三、普及化时代的高等教育发展模式：
聚焦质量、自主办学

从高等教育精英化时代到普及化时代，高等教育最突出的成就是丰富了高等教育资源。但扩大高等教育规模，也带来优质高等教育资源被稀释、学历含金量降低的问题。进入普及化时代后，发展高等教育的主要任务是提高高等教育的质量，使中国从高等教育大国成为高等教育强国。

（一）从重视规模发展转向重视质量提升

高等教育进入普及化阶段，意味着中国高等教育已经完成数量积累，要进一步发展高等教育，必须重视质量提升。客观而言，不到 20 年时间，高等教育从大众化阶段进入普及化阶段，有的高校的人才培养质量是存在水分的。另外，由于不少高校在办学中追求发表论文、申请项目、申请专利等有利于提升学校排名的显性指标，因此对人才培养的重视程度不够，存在"重学术研究，轻人才培养"的现实问题。地方本科院校和高职高专也存在这一倾向，在教师职称评审中，更看重教师的论文发表，而不是教师的教育教学能力与教育教学贡献。

2022 年 5 月，"中国人民大学退出国际大学排名"引发关注。据媒体报道，中国人民大学校方领导层已形成共识并做出决定，中国人民大学不再参加国际排名。除中国人民大学外，南京大学、兰州大学也表示"退出"国际大学排名。4 月 15 日，在中央纪委国家监委网站发布的《中共南京大学委员会关于十九届中央第七轮巡视整改进展情况的通报》中，南京大学校方明确提出，在《南京大学"十四五"规划》和《南京大学"双一流"建设高校整体建设方案》编制中，学校发展和学科建设均不再把国际排名作为重要建设目标。[①] 其实，这并非真正"退出"国际大学排名，而是转变对国际大学排名的态度，不再围着排行榜指标办学，重视学校的规模、体量等显性指标，把学校办成"排行榜中的大学"，而是要聚焦学校内涵建设，办出学校本身的特色。

中国一些地区也在新建大学，包括引进境外知名的高水平大学合作办学。例如 2022 年 6 月，教育部依法批准正式设立香港科技大学（广州），

---

① 汪宁：《网传"知名高校退出国际大学排名"引关注 记者求证：属实》，央广网，2022-05-09。

该校是广州大学和香港科技大学举办的具有法人资格的合作办学机构，是教育部建设高水平示范性合作大学的有益尝试。显然，新建大学与引进境外知名大学合作办学，都不能再追求扩大高等教育规模，而要探索推进高等教育改革，提高中国高等教育的国际竞争力。

（二）落实高校办学自主权，推进高校建立现代大学制度

要办好高校，还必须落实和扩大高校办学自主权。2022 年初，教育部公布了 2021 年度普通高等学校本科专业备案和审批结果，新增 1961 个专业点，撤销 804 个专业点，31 种新专业被列入《普通高等学校本科专业目录》。据统计，2012 年以来，教育部聚焦全面提高人才培养能力这个核心点，主动适应经济社会发展需求变化，支持全国高校增设了 1.7 万个本科专业点，撤销和停招了近 1 万个专业点，推动了高等教育专业结构不断优化。

分析高校新增和撤销专业，不难发现一个事实，就是高校存在盲目增设热门专业的情况。近年来被撤销数量最多的专业，就是 10 年前的热门专业，但由于没有办学特色或因开设学校过多而被撤销；而新增数量最多的专业，也是近年来热门的专业，这些专业很可能在 10 年后又成为被撤销数量最多的专业。要解决这一问题，就必须在落实和扩大高校办学自主权的同时，建立现代大学制度，由大学的教授委员会、学术委员会负责教育与学术事务的管理。例如对于新增专业，就应该由教授委员会结合本校的办学定位、办学条件进行严密论证，不符合学校办学定位、不能保障培养质量、不能办出特色的专业，就坚决不办。

总而言之，进入高等教育普及化阶段，要聚焦建设高质量的高等教育体系这一目标，形成适应普及化阶段的高等教育发展理念，破除高等教育等级化、身份化问题，给所有高校创造平等的办学环境，实行教育家办学，优化高等教育人才培养结构，提升人才培养质量。

教育新观察
New Education Observation

走向全面依法治教的深处

——2021—2022 年度重大教育法制建设工作回顾

周 详 刘植萌①

摘 要: 全面依法治教是我国教育治理现代化的核心命题,离不开法律制度的完善。在进入新时代、贯彻新理念、适应新格局的大背景下,教育立法与修法等法制建设工作积极回应现实问题和社会关切、适应现实改革发展需要,在 2021—2022 年度取得了一系列成果:颁布出台三部新修法律法规、一部新立法,公布两部意见征求稿。回顾 2021—2022 年度教育法制的发展与实践,展现了教育法律体系逐步完善的总体特征。随着社会经济的持续发展,教育立法与教育法制化成为保障和规范教育高质量发展的重要手段。

关键词: 依法治教;发展;规范;教育立法

一、教育立法与法制建设进入"提速期"

全面依法治教是我国教育治理现代化的核心命题,也是教育现代化的典型特征之一。随着我国经济社会快速发展,教育事业在取得巨大成就的同时也出现了诸多新问题,产生了新矛盾,《教师法》《教育法》《职业教育

---

① 周详,中国人民大学教育立法研究基地研究员,北京市炜衡律师事务所兼职律师;
刘植萌,全国高校信息资料研究会研究部副主任。

法》等法律中的某些条款已经不能适应时代发展的要求。^① 新时代改进教育立法模式，提高教育立法质量，完善教育法律体系是我国当前教育法制建设中极为重要的问题。

早在"十二五"期间，全国人大就已经确定"六修五立"的立法计划。甚至为了加速立法进程、提升立法质量，教育法制部门创造了"一揽子修法"的方式，不断按下立法"快进键"，进入教育立法的"提速期"。在面对进入新时代后教育领域主要矛盾的变化，教育管理的模式和方向也发生了变化，从行政管理走向依法治理阶段，教育法律法规开始专注于体系化、整体化的教育治理法治化发展，逐步迈向构建依法治教的新格局。

2021 年以来，我国颁布出台三部新修法律法规、一部新立法，公布两部意见征求稿，这些立法活动积极回应人民群众对教育的根本关注，也顺应了改革发展趋势。而针对社会热点领域，包括"双减""公参民"等问题的综合治理，也致力于用法律方式根本性解决教育领域中的难点、焦点和痛点问题，让教育领域中的法律法规真正发挥实效，成为筑牢我国教育高质量发展的制度基石。

二、新修《教育法》：完善教育基本法

（一）修订的背景与意义

习近平总书记指出，"培养什么人，是教育的首要问题"。围绕"培养什么人、怎样培养人、为谁培养人"这一根本问题，党的十八大以来已经形成丰富论述。在剧烈变化的教育格局中把握教育发展的基本方向、抓好教育的根本问题是教育法修订的核心，这既是对教育基本法律制度的进一步完善，更是在解答"立什么法、怎样立法"的重大命题。

---

① 从时间上来看，《教师法》是 1994 年正式施行的，《教育法》是 1995 年正式施行的，《职业教育法》是 1996 年通过施行的，《高等教育法》是 1999 年施行的，《民办教育促进法》是 2003 年施行的，《学位条例》（修正）是 2004 年通过施行的。

《教育法》是教育领域的基本法,构筑了我国教育体系的基本框架,对其他教育法律法规具有统领和指导作用。根据时代环境变化适时对《教育法》做相应的修订,是保持教育体系与时俱进的必然要求,也是贯彻落实党的十九大精神、全国教育大会精神的重要举措。

(二)修订的主要内容

2021 年 4 月 29 日,第十三届全国人民代表大会常务委员会第二十八次会议通过《关于修改〈中华人民共和国教育法〉的决定》。本次共修订了五大条款,丰富了教育指导思想、凸显了教育重要地位、完善了教育方针、充实了教育内容、健全了德智体美劳全面培养的教育体系,对推动教育高质量发展意义重大。五个条款的修订可以分为以下两类:

1. 第一类是原则性、指导性的内容修订

这类条款的修订包括了第三条、第四条、第五条和第七条,分别是对教育指导思想、教育战略地位、教育目的和教育内容的进一步强调、完善与丰富。

(1)第三条新增党的指导思想和宪法新增内容,全面确定了党对教育事业的领导地位。

(2)第四条第一款中增加教育"对提高人民综合素质、促进人的全面发展、增强中华民族创新创造活力、实现中华民族伟大复兴具有决定性意义"的表述,强调了教育在经济社会中的基础性战略地位。

(3)第五条新增德智体美劳中"劳"的发展要求,是对我国教育目的表述的完善和对马克思主义教育理论体系的进一步丰富,有利于培育我国青少年和广大受教育者的劳动观念、意识、技能、习惯,对于新时代创新型人才培养和健康人格的塑造有着重大意义。

(4)第七条丰富教育内容,新增继承和弘扬文化范畴,丰富了教育对于国家发展的最新定位。

2. 第二类是回应社会关切,进行针对性立法调整

从 2001 年"齐玉苓案"到 2009 年"罗彩霞案",再到 2020 年山东"农家女"陈春秀、王丽丽、苟晶等事件,"冒名顶替入学"被推向舆论风口。

针对冒名顶替入学法律责任规定不充分的现实，第七十七条从"一条一款"扩充到"一条五款"，从调整内容、责任主体和法律后果承担方式三个方面进行了修订和补充：①调整内容从学校招生环节扩展到学生入学环节，使法律责任的介入环节更加完整；②责任主体包括顶替者、被顶替者和帮助顶替者，认定更全面、更科学；③法律后果相应增加了责令停止参加有关考试、责令撤销相关资格及证书、开除公职以及没收违法所得等方式，完善了受教育权保护体系。①

三、新修《民办教育促进法实施条例》： 规范民办教育发展

自 2016 年《民办教育促进法》修订通过实施后，与之配套的《民办教育促进法实施条例》（以下简称《实施条例》）经多次调研并向社会公开征求意见，于 2021 年 9 月开始施行。《实施条例》历时 5 年修订出台，充分显示出修法工作的复杂性。

从条文结构来看，新修《实施条例》共九章六十八条，相比原《实施条例》八章五十四条，篇幅增加较大，删除了"民办学校的举办者"章节，增加"教师与受教育者"和"管理与监督"章节，并将"扶持与奖励"章节改为"支持与奖励"。

公益性是我国教育发展的法定内涵，也是基本特征。新修《实施条例》进一步强调了民办教育的公益属性，总体上从党的领导、规范管理、鼓励发展三个维度来强化和制度化保障民办教育的公益性属性。

（一）将党的领导根本要求制度化、具体化

新修《实施条例》新增第四条，提出"三个坚持"，强调对受教育者加

---

① 申素平、王子渊：《〈教育法〉第 77 条修订之解读：动因、变化及意义》，《中国人民大学教育学刊》，2021（3）。

强社会主义核心价值观教育，落实立德树人根本任务。这不仅是对"积极鼓励、大力支持、正确引导、依法管理"方针的原则性深化，也为坚持正确的办学方向确定了指针。第十九条和第二十六条分别就党组织政治核心作用的发挥设计了具体制度规则，明确了法律责任。

（二）强化行业监管，护航规范发展

1. 强化规范义务教育阶段办学行为，保障义务教育的国家性

新修《实施条例》首先通过设置禁止性条款，禁止资本进入义务教育阶段和对非营利性民办学校的干预行为。其次，规范招生、教学、治理等办学行为，确保义务教育的公益性、高品质。

2. 严格监管关联交易、协议控制、不合规收费等行为

新修《实施条例》限制以资本运作方式控制非营利性学校，明确限制关联交易，禁止以赞助费等名目向学生、家长收取与入学关联的费用，同时增加非营利性民办学校及其相关责任人承担行政责任和刑事责任的条款，加强监管力度。

3. 构建相互支持、多方协作的日常监管机制，完善民办教育治理机制

新修《实施条例》第四十七条明确了地方政府及相关部门应当建立民办教育工作联席会议制度、民办学校年度检查和年度报告制度、民办学校信用档案和举办者、校长执业信用制度，实现民办学校信用信息的共享，健全日常监管机制。同时，第四十八条、四十九条规定的信息公开制度和专业评估制度，有助于促进民办教育评估专业化发展。

（三）鼓励民办教育健康有序发展，构建协调发展新格局

新修《实施条例》突出了促进民办教育健康、有序发展的立法原意。第三条明确规定各级政府负有支持和规范社会力量举办民办教育的义务。

1. 落实民办学校与公办学校在招生方面的同等法律地位

针对提前招生、掐尖招生等突出的招生生态异化的问题，第三十一条规定了"公民同招"的基本原则，要求实施义务教育的民办学校在审批机

关管辖区域内招生，纳入审批机关所在地统一管理，不得提前招生。

2. 落实民办学校教职工和受教育者权益保障

新修《实施条例》新增章节"教师与受教育者"重点落实关于民办学校教师权益保障的规定，包括按时足额支付工资，足额缴纳社会保险费和住房公积金，建立聘用合同备案制度，建立统一档案，同时确保在培训、考核、专业技术职务评聘、表彰奖励、权利保护等方面平等对待。

3. 有侧重地加大对民办教育的支持力度

第五十二条第三款、第五十四条、第五十五条第二款、第五十九条明确了对民办教育在财政扶持、税收、优惠、用地保障等方面的支持措施，尤其是对非营利性民办学校的支持力度。同时，衔接职业教育发展的大背景，积极鼓励民办教育参与到职业教育的建设中，支持公办学校和民办学校在职业教育领域的合作。

四、新立《家庭教育促进法》：家庭教育的归位

（一）立法的背景

近年来，家庭教育问题一度成为人民群众热议的话题，党和政府也越来越关注家庭教育问题。2016 年 11 月 2 日，全国妇联、教育部等九部门共同印发的《关于指导推进家庭教育的五年规划（2016—2020 年）》提出了加快家庭教育法制化建设，稳妥推进家庭教育立法进程。《家庭教育促进法》通过前，重庆、山西、江苏等九省（市）已经陆续出台家庭教育的地方性法规。家庭教育逐渐从私有领域向公共领域过渡，这既是私事亦是国事。

2021 年 10 月 23 日，第十三届全国人民代表大会常务委员会第三十一次会议正式通过《家庭教育促进法》，家庭教育作为一种重要的教育形式在国家层面被正式纳入法制化轨道，鼓励家庭、学校、国家和社会都在家庭教育上积极发挥作用，对不当家庭教育行为进行合法干预。

（二）立法的主要内容

《家庭教育促进法》分为六章五十五条，规定了家庭教育的主体责任、政府主导责任和社会协同责任，规范和明确了家庭教育的任务、内容、方法、特点和规律，确定了家庭教育的基本法制框架。

1. 明确了家庭教育的责任主体

教育学和心理学的研究表明，父母积极参与子女生活学习与子女认知、情绪等能力发展呈正向相关关系。《家庭教育促进法》第四条第一款、第十四条、第二十一条不仅明确了父母或者其他监护人的家庭教育责任，而且也规定了其他家庭成员的家庭教育协助配合责任。

《家庭教育促进法》第四条第二款、第六条、第八条明确了国家、政府及相关部门的指导、支持、服务和督促的职责。同时，该法专门设置"社会协同"一章，明确提出了不同机构在家庭教育方面的功能职责。

2. 明确了家庭教育的根本任务与基本原则

《家庭教育促进法》第三条明确了家庭教育的定义，确定了家庭教育"以立德树人为根本任务，培育和践行社会主义核心价值观，弘扬中华民族优秀传统文化、革命文化、社会主义先进文化，促进未成年人健康成长"。第五条提出了家庭教育的五项基本原则，与个性化、科学化、一体化、灵活性等教育原则保持一致，对家庭教育的具体实施有重要指导意义。

3. 明确了家庭教育的内容与方式方法

《家庭教育促进法》第十六条和第十七条分别规定了六个方面的重要内容和九条教育方式方法，是社会主义核心价值观在家庭教育中的具体细化和落实，以尊重子女为前提。

（三）体现国家家庭教育发展要求的发展性法律

《家庭教育促进法》"是一部调动全社会力量共同做好家庭教育工作的法律，一部以立德树人为主线的法律，一部促进未成年人全面健康成长的法律"①。从条文结构及特点来界定，其属于发展性法律，区别于传统管理型立法，其倡导政府主导下的社会参与。②

家庭教育旨在实现少年儿童德智体美劳的全面发展，但道德教育居于首位，这与立德树人的教育根本任务相一致，有利于扭转当前家庭教育内容偏智育、轻德育的社会现象，更是在法律层面支持全面推进教育综合改革的政策体现。

五、新修《职业教育法》：
夯实现代职业教育的法律基石

（一）修订的背景与意义

职业教育是与经济社会发展关系最为密切的教育类型，近 30 年来，职业教育获得了前所未有的大发展。《职业教育法》于 1996 年 9 月 1 日起正式颁布施行，但随着我国经济社会发展进入新阶段，产业转型升级、新旧动能转换、数字经济崛起等新因素，法律中许多条款已不能适应新时代职业教育发展环境。同时，《国家职业教育改革实施方案》提出的"职业教育是与普通教育不同类型、同等重要的教育"的重要论断以及改革开放以来大量的职教实践工作亟须立法加以确认。此次修订，可以用 12 个字来概括：恰逢其时、来之不易、影响深远。③

（二）修订的主要内容

新修《职业教育法》由原来的五章增加到八章，新增了"职业学校和

---

① 《栗战书在家庭教育促进法实施座谈会上强调 深入学习贯彻习近平总书记关于注重家庭家教家风建设的重要论述 推动家庭教育促进法宣传普及和贯彻实施》，新华网，https://baijiahao.baidu.com/s?id=1717144149400252892&wfr=spider&for=pc。
② 李艳芳：《"促进型立法"研究》，《法学评论》，2005（3）。
③ 杜玉波：《聚焦关键 把握要义 推动职业教育高质量发展》，《中国教育报》，2022-05-10，第 5 版。

职业培训机构""职业教育的教师与受教育者""法律责任"三个章节;内容由3400余字增加到1万字,篇幅达到原法的近3倍;条文由原来的40条增加到69条,通过新增或者由原条文拆分,共增加了29条,使得法律的结构体系更系统完整。

1. 清晰界定职业教育的内涵并法定化

新修《职业教育法》第一条规定了立法依据,直接援引宪法,提升了《职业教育法》的法律地位。第二条首次在法律层面清晰界定了职业教育,为职教领域政策提供援引和解释的依据。第三条突出了职业教育的类型定位,这是党的十八大以来我国职业教育领域最重要论断的法定化。

2. 理顺职业教育的管理体制

职业教育的多元化属性和与经济社会紧密联系的特点决定了职业教育的改革发展必须跳出教育看教育、跳出部门管教育,要综合动员协调经济金融、社会稳定、劳动就业、行业企业、社会团队等部门和机构的力量建设、治理职业教育。

第六条规定我国职业教育实行政府统筹、分级管理、地方为主、行业指导、校企合作、社会参与的实施体制。第七条规定各级政府统筹职业教育与经济社会发展的职责,要求各级政府在统筹经济社会发展全局的高度重视和发展职业教育。第八条明确界定各级政府部门的职责,强调统筹与分工,调动各方积极性。

3. 完善互通、融通、贯通的现代职业教育体系

新《职业教育法》第二章集中围绕构建现代职业教育体系而设置,现代职业教育体系的特点可以综合概括为职业学校教育和职业培训互通、职业教育与普通教育横向融通、不同层次职业教育纵向贯通、服务全民终身学习。

针对社会上"普职分流"的热点问题,第十四条改变了原法实施以初中后不同阶段分流的政策,而是强调不同阶段、不同地区统筹推进、协调发展,目的在于构建相互交流融入的发展立交桥。

4. 完善企业参与职业教育以及产教融合机制

新《职业教育法》将企业举办、参与举办职业教育作为该法的总则条

款之一。第二十一条强化企业办学权利，企业可以利用资本、技术、知识、设施、设备、场地和管理等要素，举办或者联合举办职业学校、职业培训机构。第二十三条确定产教融合型企业制度，明确条件和优惠政策。第二十四条规定了各级政府要积极出台鼓励措施。第二十六条、二十七条、二十八条规定了支持鼓励行业组织、企业参加职业教育实习实训基地建设，开展学徒培养，开发专业教材和网络课程等学习资源，创新教学方式和管理方式。

新法特别提出对非营利性职业学校予以政策倾斜。第五十八条对企业参与职业教育提出了两条明确的激励举措：一是扩大职工教育经费的用途，可用于举办职业教育机构；二是企业建立的实习实训基地可以享受相应优惠。

六、《教师法（修订草案）（征求意见稿）》： 筑牢高素质教师队伍建设的法律保障

（一）修订的背景与意义

现行《教师法》正式施行后的近 30 年来，我国教育面貌以及教育所处的社会环境发生了巨大变化。教育高质量发展的目标和任务对教师队伍建设提出了新的、更高的要求，现行《教师法》的某些条款内容已经不能适应新形势发展的需要。

2019 年，《教师法》的修订工作被正式列入全国人大常委会的教育立法议事日程。2021 年 11 月，教育部发布《中华人民共和国教师法（修订草案）（征求意见稿）》（以下简称"征求意见稿"），面向社会公开征求意见。征求意见稿进一步明确了教师的身份、责任、权益，将党中央相关文件精神纳入法律之中。征求意见稿共九章五十七条，篇幅近九千字，相比现行《教师法》九章四十三条、四千余字的篇幅，有了大量修改与充实。虽维持原有框架，但各部分名称调整较大，例如"资格和任用"修改为"资格和准入"，"考核"修改为"聘任和考核"，"待遇"修改为"保障和待遇"，"奖励"修改为"奖惩和申诉"，既体现了教师队伍建设理念与方式的与时俱

进，也是新时代教师队伍建设的重要举措。

（二）修订的主要内容

征求意见稿的修订内容可以概括为两大维度：一是提高教师从业要求；二是保障教师权益。

1. 提高教师从业要求

征求意见稿提高了教师职业的准入门槛，尤其是学历门槛，同时设置了从业禁止，第十九条以不完全列举的方式规定了不得取得教师资格的情形，从正反两个方面完善了我国教师职业的任职标准体系，对于强化教师队伍的管理、提升队伍素质、保护学生合法权益具有积极作用。

同时，征求意见稿强化了师德师风管理，强调入职考核、年度考核和聘期考核应对教师的师德师风进行重点考评，存在严重问题的，应当认定为考核不合格。

2. 保障教师权益

征求意见稿对于教师权益的进一步保障，主要体现在以下三个方面：

一是教师地位的清晰界定。 现行《教师法》明确了教师作为"履行教育教学职责的专业人员"的身份，但未能清晰界定教师的法律地位，导致教师的法律关系模糊，对实践中出现的各类纠纷难以起到定纷止争的作用。征求意见稿将公办中小学教师明确为国家公职人员的法律身份，为界定教师的权利、义务以及保障待遇确立了基础性法律支撑。

二是完善教师待遇、职务职称聘任制度。 征求意见稿第三十八条进一步明确了"中小学、幼儿园教师的平均工资收入水平应当不低于或者高于当地公务员的平均工资收入水平，并逐步提高"。第三十七条还明确提出"国家分类建立教师工资待遇保障机制"。尤其值得关注的是，第四十一条新增"为农村中小学教师解决住房给予一定支持，并根据需要建设教师周转宿舍"的规定，这在一定程度上能够降低农村教师的住房压力，同时也有助于吸引青年教师到农村执教。

征求意见稿完善了教师职务和岗位聘任的制度，统一了职务序列，取消了初级、中级职称的竞聘制度，明确规定"根据教师履行职务的年限和要求"进行晋升，同时不受比例限制。

三是维护教师依法履职、依法执教的职业权利。征求意见稿第九条第一款将"自主开展教育教学活动并获得相应设施设备支持和资源保障"纳入教师的基本权利中，确立了教师依法履行教育教学职责的职业权利。

针对过去数年出现的教师正当履职却遭到侮辱、谩骂或非法侵害等乱象，征求意见稿第四十五条明确提出了五项保障教师依法履职的措施，为教师依法履职提供了保障。其中第三款明确了教师拥有依法实施教育惩戒、制止学生违法违规行为的职权。将教育惩戒权赋予教师，是对教师依法履职行为的认可与保护，也是对其专业职责的约束。

七、《学位法草案（征求意见稿）》：推进学位与研究生教育高质量发展

（一）修订的背景与意义

1980 年正式颁布施行的《中华人民共和国学位条例》（以下简称《学位条例》）是我国教育领域的首部法律，奠定了我国学位制度的法律基础，施行 40 余年来对高端人才培养发挥了重要作用。随着教育发展和环境变化，《学位条例》已不能完全满足改革实践与现实的需要，有必要对《学位条例》予以修订，并以"学位法"的形式对我国的学位制度予以规范。[①] 改革开放以来，围绕学位的纠纷不断出现，学位授予标准、学位撤销、学位授权审批等实务难题迫切需要得到妥善解决，理论界与实务界一直在呼吁修

---

① 《教育部对十三届全国人大一次会议第 5430 号建议的答复》（教建议〔2018〕第 91号），中华人民共和国教育部，http://www.moe.gov.cn/jyb_xxgk/xxgk_jyta/jyta_zfs/201812/t20181218_363894.html。

订《学位条例》、制定《学位法》。2018 年 9 月，《学位条例》的修订被列入十三届全国人大常委会立法规划项目。2021 年 3 月 15 日，教育部发布《中华人民共和国学位法草案（征求意见稿）》（以下简称"征求意见稿"），面向社会公开征求意见。

（二）主要内容

征求意见稿首先将名称定为"学位法"，解决了名称不规范的问题。征求意见稿有 38 个条文，比现行《学位条例》多了 18 个条文，扩容近一倍；相比《学位条例》部分章节的体例，征求意见稿分为总则、学位管理体制、学位授予权的取得、学位授予条件、学位授予程序、学位质量保障与救济以及附则共 7 章。征求意见稿的主要内容有以下几点：

1. 明晰学位制度的基本概念

征求意见稿第一条即明确了立法的依据是"宪法和教育法"，确立了学位法在教育法律体系中的独特重要地位。第二条明确了学位的国家属性，同时增添专业学位类型，以适应我国目前研究生教育体系的运行现状，有利于深化多样化人才培养模式的教育改革。

2. 理顺学位管理体制

征求意见稿第二章对学位管理体制进行修改，明确了国务院学位委员会、国务院教育行政部门、省级学位委员会、学位评定委员会的职责以及相互之间的关系，在此基础上明确列举了国务院教育行政部门在学位管理领域的七项法定职责，确定了省级学位委员会的管理权限和职责。

3. 夯实处理学术不端的制度体系

学术不端是学位管理领域的突出问题，征求意见稿第六章对学位内部质量保障、指导教师要求、质量合格评估、学术不端处理和争议解决等做出专门规定，尝试构建学术纠纷处理和学术不端纠错的制度体系。

第三十三条规定了学术不端行为的构建要件、法律后果、法律程序；区分了学位申请人和已获得学位者的学术不端情形的处理措施。对学位申请人的学术不端，学位评定委员会可以做出不授予其学位的决定；对已获得学位者列举三种情形，经学位评定委员会审议决定，由学位授予单位撤销学位，收回学位证书或者宣布学位证书无效。

八、总结与展望

习近平总书记强调，法治是国家治理体系和治理能力的重要依托。法治是发展的可靠保障，要实现教育治理体系和治理能力的现代化，就要坚持在法治轨道上不断推进。教育事务关系到政治、经济、社会、文化等社会子系统的运行，具有复杂性，教育治理问题既是法治问题，更是发展问题。保障和促进教育事业高质量发展是教育立法与法制化建设的根本目标，也是党中央提出的"建设高质量教育体系"的时代要求与建设任务。

科学立法是我国进入新时期后提出的法制建设的新方针之一。从对2021—2022年度新修、新立法律法规的分析可以看出，我国教育修法、立法活动充分回应了教育领域治理的热点难点问题，在严格规范教育活动的同时，促进和鼓励了教育事业的发展，为高质量发展保驾护航。我国教育修法、立法活动充分聚焦教育制度的空白点和冲突点，同时也努力把握教育法律与教育改革的关系，将教育改革的行之有效的经验做法纳入法律，完善教育法律法规体系，形成法律与发展之间的良性互动关系。但是，也应该认识到，面对千变万化的复杂的教育生活与现实，教育立法仍存在滞后性和缺陷。法律的生命在于实施，在法律实施的过程中，通过法律解释可以弥补立法稳定性带来的灵活性不足的缺憾，也需要通过司法、行政各部门的配合，完善教育治理的良好秩序和体系构建，从而及时应对新时代主要矛盾变化对教育领域带来的影响。

新修、新立法律法规对于教育公益性的强调以及围绕公益性的法律体系化制度设计是本年度教育立法的重要特点，体现了新时代教育发展的重要导向。体现公益性的法律规定及相关政策行动，也引起了社会群众的关注。本年度持续开展的校外培训治理和规范民办义务教育发展，就是对校内教育与校外教育发展失衡、公办义务教育和民办义务教育发展失衡现象的纠偏扶正，是回归教育本位、切实履行政府发展职责、实现基本教育服务均等化的必然要求，是"以人民为中心"的发展理念的体现。规范民办义务教育发展，清理义务教育阶段"公参民"学校，是发挥公办学校在义务教育中的主体地位，确保义务教育公益属性的必然之举，也是新修《实施条例》的法律要求。

同时也应该看到，教育立法工作的滞后在教育改革实践中暴露出一些矛盾和问题，例如在校外培训治理取得阶段性成效的同时，也存在"发现难、取证难、查处难"等新问题，目前主要采取的是依靠专项治理行动集中整治、以防堵为主的宏观管控模式，尚未形成统一、长效的校外培训监管模式。因此这方面的教育立法工作仍需要进一步加强，亟须通过校外教育监管的立法来构建疏堵结合的综合性校外教育监管体系，为彻底减轻学生负担构筑起法律的屏障，打造可持续、更健康的治理生态。

教育质量监测：
从"结果审视"走向"实践指导"

陈荣荣　张　丰①

摘　要：教育质量监测必须是善意的、综合视角的，是以促进学校发展与学生进步为立场的发展性评价，必须从基于区域质量健康体检的"结果审视"，走向视角更加综合、内涵更加丰富的"实践指导"。为进一步发挥教育质量监测的实践指导功能，浙江省形成了有浙江特色的"学生发展＋成长环境"的教育质量监测评价指标框架及指标设计原则；从组合分析、专题深入、国际比较、模型构建四个方面开展专题分析；从揭示学生成长机制、聚焦学习品质及影响机制、透视学业负担的实质、改善家庭"软环境"等方面阐述浙江教育质量监测的结论与发现；体现了浙江教育质量监测的实践透视能力、基层发展立场与实践指导取向。

关键词：教育质量监测；学生发展；成长环境；实践指导

　　教育质量监测是构建基础教育高质量发展体系的重要环节，是体现方向引导、实现科学取证、支撑教育决策、服务实践改进的区域教育质量管理的重要抓手。教育质量监测是关于教育质量的测量，以及对质量形成过程的监察，因此在国家教育管理的工作框架中，教育质量监测是教育督导

---

①　陈荣荣，浙江省教育厅教研室评价教研员，副研究员，硕士研究生；张丰，浙江省教育厅教研室副主任，研究员，博士，研究方向：课程教学与评价。

的制度安排之一。但从基础教育改革与发展的整体实践，以及地方推进教育治理现代化的视角来看，教育质量监测不能只注重结果审视的第三方监管，而应有更专业的实践透视能力、更明确的基层发展立场、更有力的实践指导参与。在国家基础教育质量监测的指导下，浙江省积极探索彰显实践指导意义的省级义务教育质量监测，建立起综合评价指标体系与质量监测工作机制，通过体现"四个关注"①的基础分析与多元视角的专题研究，形成了基于数据实证的教育机制描述与实践指导建议。

一、教育质量监测的功能与意义

区域教育质量监测是国家教育质量保障机制的一部分。在国家建立义务教育质量监测机制后，各省、市，包括县（市、区）都开始进行类似的或异化的地方实践。教育质量监测通常以学生发展及培养实践的质量为核心指标，通过对基础教育多主体、多层面、各环节的全面监测，来系统反映区域基础教育的发展状况。不过，有的地方将其内涵扩大，在开展学业水平监测的同时，将以政府、学校为主体的专项督导包含其中。有的地方强调对学生学业表现以及教师配备、条件保障和社会资源等影响因素的监测。②也有一些地方将其异化为区域性统考的别称，过度关注学生学业，公开进行结果的横向比较并与绩效挂钩。这是国家政策所不允许的。

教育质量监测的本质是综合评价，是破除"唯分数"的着力点。从地方实践看，它是基于综合评价指标，对区域或学校教育状况进行评价分析与问题寻策的、面向随机抽样学生进行的学业测试与学习状况调查。它既要了解学情，也要了解教情和学校管理；既要评价学生学习水平，也要评

---

① "四个关注"指关注学生的全面发展、关注学生的学习品质、关注学生的成长过程、关注影响学生成长的环境因素。
② 李迅：《福建省构建质量监测体系　科学评价基础教育发展水平》，《中小学校长》，2021（12）。

价学习过程和学习环境；既要面向区域教育的整体，又要关注特殊群体和重点问题。它应该采用"点对点反馈"来保证其善意与建设性，恪守诊断与改进功能[①]，还要通过社会传播指导实践，并引导社会理解。

但在现实中，一些地方的教育质量监测过度聚焦学业比较，忽视其综合评价的本质；过度重视评估问责，忽视其实践指导的主旨；评价指标相对固化，未能根据时势进行调整；频繁进行数据采集，但分析应用效益较低；分析反馈缺乏对象意识，忽视针对不同教育主体的差异引导。

为此，浙江省在省级监测试点四年后，于 2017 年启动教育质量综合评价监测的新周期，按照"一年监测，两年改进"的规划轮次进行小学与初中监测，并希望达成以下目标：

通过教育质量监测，克服唯学业的评价惯性，以学生德智体美劳全面发展的关键要素为切入点，反映学生品德行为、学业水平、身心健康、兴趣爱好、实践创新等方面的发展，既兼顾整体，又有所聚焦。

通过教育质量监测，探寻学生进步的机制，形成优化学生成长环境的建议。通过对学生家庭、教师、学校与区域等层面的影响因素进行分析，梳理描述学生进步成长的机制，突出在教育管理、教育教学活动和家庭教育指导中起积极作用的影响因素，突出教师的教学方式和师生关系的重要性，突出学校对教学管理以及教师专业发展的重视，体现综合评价的引领作用。[②]

通过教育质量监测，开展切合教学实践的研究，形成基于实证改进教学的工作机制。通过开展数据挖掘、解读与再调查，总结规律，促进区域教育管理和学校教育教学工作的反思，科学关注教育教学质量的过程性管理。通过指导学校和教师提高评价能力，建立以校为本的"诊断—改进"机制，进一步理解学科素养评价的方向与方法，了解学生学科学习的特点

---

① 张丰：《让被异化的考试"反身"回归——对加强义务教育学校考试管理的思考》，《人民教育》，2021 (19)。
② 张丰、沈启正：《教育质量综合评价改革的浙江实践》，《基础教育课程》，2020 (14)。

与方式，了解学科教学的相关因素，促进教师教学方式的转变与改进。

教育质量监测是一把"双刃剑"，必须明确其"可为"与"不可为"。它不是以横向比较的惯性思维进行区域或学校评估问责的依据，不是向学校和教师转嫁办学压力和升学压力的手段，而是对区域与学校教育过程和结果的"健康体检"及综合诊断，在呈现现状及其背后的结构性、机制性问题的同时，揭示教育规律，指导实践改进。因此，教育质量监测必须是善意的，是综合视角的，是以促进学校发展与学生进步为立场的发展性评价，其核心目的应是推动端正教育质量观，从基于区域质量健康体检的"结果审视"，走向视角更加综合、内涵更加丰富的"实践指导"。

二、教育质量监测指标体系的系统设计

教育质量监测通常采用"学生学业发展＋影响因素"的分析模式，从学生、教师、学校、家庭四个层面分析相关因素对学生学业发展的影响。浙江教育质量监测在指标体系架构上做出突破，构建起"学生发展＋成长环境"的指标框架。[①]

（一）构建"学生发展＋成长环境"的评价指标框架

"学生发展＋成长环境"的指标体系（见表1）较好地体现了浙江教育质量监测关注学生全面发展、关注学生学习品质、关注学生成长过程、关注影响学生成长的环境因素等"四个关注"的核心精神。

1. 丰富学生发展的内涵与内在逻辑，更好地刻画学生成长的机制

将品德行为、学习品质、实践创新、身心健康、兴趣特长和学业水平一起视为学生发展的重要方面，体现德智体美劳全面发展的综合性；从学生发展的多维指标定义"健康发展学生"，突破"唯学业""唯分数"的桎梏。

---

① 张丰、陈荣荣：《中小学教育质量监测的"浙江模式"》，《中小学校长》，2021（12）。

表1 浙江省中小学教育质量监测指标框架

一级指标	二级指标	三级指标
学生发展	品德行为	理想信念；公民素养；人格品质；行为习惯
	学业水平	学业达标；高层次能力
	学习品质	学习动力；学习习惯；学习方法
	实践创新	劳动实践；创新素养
	身心健康	体质健康 运动习惯 心理健康（涉及同伴关系、学校归属感、自我认知、主观幸福感等方面）
	兴趣特长	指向体育、艺术、学科等各方面的特长
成长环境	教师层面	教师职业认同；教师教学方式（品质）；师生关系
	学校层面	学校教学管理；教师研修发展；学校办学活力
	家长层面	家长参与；亲子关系
	区域层面	教育均衡（包括学业均衡、结构型质量） 学业负担（包括指向睡眠、作业、补课的客观负担和主观负担感受） 教育满意度（包括学生满意度、教师满意度、家长满意度）

2. 将促进学生成长的教育实践统称为成长环境，以体现教育生态意义

浙江省教育质量监测一方面从教师、学校和家庭这三个实践主体的角度分析这些因素对学生发展的影响，另一方面又将教师、学校、家庭和区域视为有活力的研究对象，嵌入教师教学品质、学校办学活力、家庭教养方式、区域结构型质量等关键指标，在现状描述的基础上分析其对教育实践的影响，为改进教育实践提供方向与方法。

指标框架的具体测评通过基础性指标和若干观测点进行数据采集。数据采集工具主要有学业测试、实践测评与问卷调查等。

（二）基础性指标的设计

浙江省采用"一年监测，两年改进"的工作模式，指标设计以三年为

一周期。基础性指标的设计主要基于以下原则：

1. 综合性

教育质量监测是对区域教育质量全面、系统的体检，其指标设计应当覆盖区域教育质量最核心的内容，须体现教育质量的全要素特征，不仅要在教育产出上注重学生的全面发展，还要考虑影响学生发展的背景要素、投入要素和过程要素等多维度因素。[1] 为此，在前期的指标设计中，我们对教育质量监测核心指标做了全面的梳理。考虑到学生适应终身发展和社会发展所需的必备品格和关键能力，将学生发展指标聚焦在品德行为、学习品质、实践创新、身心健康、兴趣特长和学业水平六个方面。而学生成长环境指标则聚焦在对学生成长有重要影响，且区域、学校、教师、家庭仍有可努力改进空间的相关要素上，例如学校层面指向学校教学管理、教师研修发展等指标，家庭层面指向亲子关系、家长参与等指标。

2. 诊断性

考虑到教育的复杂性，教育行为的分析需要从多种视角加强对教育质量监测数据的横截面分析，相关因素的布局要提前策划和锚定。例如对学生学业成绩的影响因素分析，不仅要从学生层面来分析，包括学习投入、学习品质和学习体验等方面；还要从教师、学校和区域层面来剖析。这突破了学业成绩分析的结果取向，从更加多元的视角来诊断学业成绩背后的影响因素。

3. 追踪性

重要指标年年测，确保纵向可比性。学业负担就是质量监测的固定指标，包括反映学生学习投入的睡眠时间、作业时间、补课时间和反映学生主观负担感受的指标等。教育满意度指数是反映区域教育发展质量、是否均衡发展的晴雨表，也是质量监测的固定指标。

---

① 赵茜、钱阿剑：《基础教育质量监测评价的基本模式——基于我国及国际大型教育测评项目的分析》，《中小学校长》，2021（12）。

4. 引领性

教育质量监测指标、监测方式也是引领教育发展与实践的"风向标"。正如 PISA（The Program for International Student Assessment，国际学生评估项目）通过增加问题解决能力、财经素养、全球胜任力、创造性思维等测试引领世界教育实践一样，浙江省重视培养学生的创新实践能力，通过设置二级指标"实践创新"引领实践。浙江省在 2018 年、2021 年的小学监测中引入科学实践操作、学生信息素养测评等项目，意在完善素养评价，引导课程学习。特别是通过引入信息素养测评项目，探索基于表现性行为捕捉的在线测评方式，尝试实现面向全过程的数据收集与分析。

（三）自主观测点的设计

除了对教育质量核心要素保持持续关注外，浙江省教育质量监测通过设置自主观测点，体现了省级层面的发展导向与需求。观测点的设计主要基于以下考虑：

1. 教育改革与发展的热点问题

在近几年的质量监测中，浙江省引入当下社会发展、教育发展关注的热点问题，诸如学生学业负担、劳动实践、网络成瘾、父母焦虑、家庭教养方式等，通过大样本的数据支持，为这些问题的现状分析和实践指导提供实证依据。在 2021 年的小学监测中，浙江省特别关注"双减"工作背景下的学生学业负担和"双减"工作落实过程中学校、教师和家长各层面遇到的困惑与困难，并以此为基础分析学业负担对学生发展的影响，分析影响学业负担的相关因素等。

2. 重视 PISA 与国家监测中反映出的短板问题

2018 年 PISA 结果表明：浙江省教师教学热忱度不高，教师教学策略得分低于我国四省市（北京、上海、江苏、浙江）均值；教师一周工作时间、周课时数高于 OECD 成员国均值；浙江省学生幸福感不强，学校归属感低，生活满意度不高，均略低于我国四省市均值。基于上述结果，浙江省在监测中就上述问题设计了追踪研究，增加学生主观幸福感、学校归属感指标，深入了解教师教学品质、工作时间和工作压力等方面的现状与问题。

3. 体现浙江省教育发展导向、发展需求

为进一步落实与体现浙江省提出的三维一体的区域教育质量模型，浙江省教育质量监测在指标设计中不断完善结构型质量、过程型质量和结果型质量的测算模型。通过监测平台采集反映学生身体素质的 BMI、近视率、肺活量的数据和反映学生运动技能的运动指标数据，科学评估学生在学业成绩、学习品质和身心健康方面的发展情况，以完善对结果型质量的测算。

不管是基础性指标还是自主观测点，浙江省教育质量监测都采取"监测需求＋文献研究＋实践探索"的方式开展前期预设规划，基于监测需求，明确指标内涵、确定分析变量、形成具体观测点，确保监测指标的设计更加科学，以实现预期目标。

三、聚焦实践指导的分析

针对以往教育质量监测数据分析与报告中存在的分析思路单一、分析结论抽象、报告结构固化、实践指导意义不强等问题，浙江省采用"基础报告＋专题研究"的思路，淡化技术取向，突出问题意识，实现专题聚焦，加强指导功能。"基础报告"从关注学生全面发展、关注学生学习品质、关注学生成长过程、关注影响学生成长的环境因素四个视角展开相应指数的现状分析、问题揭示与改进建议，全面、客观地反映教育质量监测结果，充分体现"四个关注"的内涵。"专题研究"则针对基础报告撰写过程中发现的典型问题进行分析、整合与聚焦，形成更深刻的结论与积极的建议，指导教育实践，引导社会正确理解。专题研究的分析思路主要有以下四类：

（一）组合分析

在基础报告单一指标分析的基础上，将多个高敏感指标组合起来，探索不同指标间的相互作用与影响路径，以更加综合的视角看待教育系统的"投入—过程—产出"。例如，通过对学生学业达标水平与高层次能力水平进行组合分析，可以评估某区域／学校的日常教学是相对灵活的还是相对死板的；通过对学生自我认知、责任感、学习品质（学习动力）与学业成绩进行组合讨论，可以分析某区域／学校的学生学业进步的内在状态，评估某区域／学校是否重视激发学生的学习内驱力，是否重视积极心理辅导和责任感培养；通过教师职业认同、教师满意度、教学方式、师生关系、教师研修发展等反映教师工作状态的指标，可以回溯分析该区域／学校的教学管理状态与类型；特别是通过对学生主观负担感受与客观负担（学习投入）进行组合分析，可以更深入地揭示学生的学习体验状况。

（二）深入剖析

专题研究则借助复杂的高级分析技术，实现多层面、多维度指标的链接，就关键问题、典型问题和社会关注的热点问题进行深入挖掘研究，客观、全面地分析现状与剖析问题，回应社会与专业关注，指导实践改进。已开设的专题研究包括：学生学习品质与学生学业负担问题的专题分析，学生阅读素养、用数学解决问题的能力与科学探究能力的专题分析，学校体育教学与学生体育运动现状分析，中小学生劳动实践现状调查，初中生网络依赖现状及对学生成长的影响，家庭教养方式、家长期望对儿童成长的影响等。特别是关于如何促进教育公平与均衡发展议题，研究从农村教育状况与对策、流动儿童与留守儿童成长状况、抗逆学生学业逆袭影响因素、家庭社会经济地位与学生学业发展的相关性等多个视角展开分析，形成建设"共同富裕"示范区的优质教育改革建议。

（三）国际比较

在监测工具中加入 PISA、TALIS（Teaching and Learning International Survey，教师教学国际项目）等共同关注的观测点，是基于从国际视野角度诊断浙江省教育质量现状以及影响因素。例如，在校长问卷中设置校长工作时间及工作满意度、领导行为、学校工作氛围、学校办学活力等观测点，在教师问卷中加入教师工作量、教师专业发展、教师教学品质等观测点，以诊断分析中小学教育发展状态、教师工作状态与专业品质，为促进教师专业发展、学校内涵发展提供国际视野下的分析。

（四）模型构建

为充分发现问题、形成对策，专题研究以创造性、自定义的方式进行对象分类与模型构建，将问题剖析得更为透彻，将价值导向揭示得更为深刻。例如，运用结构方程，构建中小学学习品质影响因素的模型[①]；通过聚类分析，进行学校发展类型的分类分析与精准施策[②]；从控制性管理与指导性管理两个维度，构建学校教学管理风格的模型[③]；以"健康发展学生"与"良性发展学校"重新定义"好学生"与"好学校"的标准。我们强调区域教育的"结构思维"与"生态意识"，构建以教育生态为核心的区域教育质量评价体系[④]，通过对区域内城乡、公民办学校之间的资源差异、教师差异和生源差异，以及不同家庭背景学生的学业差异、机会差异等结构意义上的指标进行分析评价，揭示区域层面教育发展的深层次问题。[⑤]

每一个专题分析都按照从问题界定到数据选择再到技术实现的研究路径，从理论阐述、指标构建（分组分类）、结果呈现、规律探寻、改进建议的思路开展相应的分析，充分体现了教育质量监测的价值取向，聚焦问题、深入诊断，为改进教育教学提供实证依据。

---

① 李强：《初中学生学习品质及其影响机制的实证研究——基于 2019 年浙江省初中教育质量监测的数据分析》，《考试研究》，2021（2）。

② 马海燕、冯娉婷：《精准施策是初中提质强校的关键——基于大数据的初中学校聚类分析及改进建议》，《上海教育科研》，2021（5）。

③ 陈荣荣、张丰：《学校教学管理的转型：从"控制性管理"到"指导性管理"——基于浙江省 2019 年中小学质量监测的数据分析》，《上海教育科研》，2021（5）。

④ 张丰：《构建以教育生态为核心的区域教育发展评价——破解"唯分数""唯科学"问题的建议》，《教育发展研究》，2019（12）。

⑤ 马海燕、李强、张丰：《结构型质量：区域教育生态水平的评价创新》，《教育发展研究》，2021（10）。

四、基于数据实证的实践改进建议

基于 2018 年以来的三次自主监测，浙江省通过专题研究获得许多重要发现并进行创新性构建，深入揭示了学生成长的机制，探寻教学与管理的改进对策，探索科学的家庭教育方式，发挥教育质量监测的实践指导价值。

（一）揭示学生成长机制，科学助力学生成长

教育质量监测是探寻规律的实践，通过对学生综合素养的评价与分析，揭示学生成长机制，探寻学生成长"助力器"。研究发现：学习习惯是对小学生学业成绩影响最大的因子；而对于初中生来说，学习动力则是影响最大的因子。加强劳动教育是培养学生责任感的重要途径，而责任感又可以通过对学习品质（学习动力、学习方法与学习习惯）的提升，对学业发展产生显著作用。①

从人际关系看，对于小学生而言，师生关系是最容易出现问题的人际关系类型；在学业水平较高的学生中，也有师生关系、同伴关系与亲子关系均不佳的问题；亲子关系受子女成绩的影响最小；师生关系和学生学业成绩的关联最为显著；同伴关系和亲子关系均不佳对自我认知的负向预测作用最大；师生关系和亲子关系均不佳对主观负担感、网络依赖和责任感有一定的负向预测作用。

这些结论进一步揭示了学生成长的密码，引导教育工作者、家长和社会更加客观地了解学生发展规律，引导社会和学校关注学生的全面、健康发展，实现从单纯"育分"向全面"育人"的转变。

（二）聚焦学习品质及影响机制，追求更有品质的学与教

浙江省教育质量监测关注对学生学习品质的评价，基于对学生学习动

---

① 周鸿：《初中生劳动教育的现状、问题及对策研究——基于浙江省综合评价监测数据的分析》，《基础教育课程》，2021（10）。

力、学习方法与学习习惯的群体特征与发展趋势的分析，把握教育教学改进的方向。研究发现，从小学到初中，学生学习动力存在明显的退步，女生与县城学生的学习动力退步更为明显；小学阶段存在较为明显的"男生抑制现象"，城市小学生学习体验的性别差异比县城与农村更为突出，城乡小学生在学习信心与学习习惯上存在较为明显的差异。要改变这些现象，就需要学校教育与家庭教育做出积极调整。

研究还发现，学生学习品质、学业成绩、教师、家庭等因素之间存在错综复杂的关系，其中学生学习品质是影响学业成绩的重要中介变量。要让教师教学方式与师生关系转化为提升学生学业成绩的推力，就必须借助提升学生学习品质这一"中间桥梁"。①

这些结论表明，要更加关注学生学习品质的形成与发展机制，以及教师教学—学习品质—学业成绩的转化机制，要给予学校专业引领与技术支持，帮助教师更优质地教、学生更优质地学。

（三）透视学业负担的实质，探寻减负的多维对策

学业负担的实质是学生面对学习压力时的消极体验，不同个体面对学习压力（主要源于学习任务与学习生活环境）时的体验是有差异的，产生消极体验的阈值并不相同。对此，我们构建了包括客观负担事实（学习投入）与主观负担感受的学业负担的分析模型。理论上，学生的主观负担感受与客观负担是高度正相关的，但也有部分学生的主观负担感受与客观负担的趋势不同。如表 2 所示，有 7.4% 的学生面对较重的客观负担，但主观负担感受较轻（"负重耐苦型学生"）；有 13.8% 的学生面对较轻的客观负担，主观负担感受却较重（"畏难惰性型学生"）。县城和乡镇农村学生中疲怠消极型、畏难惰性型的比例更高；而城市学生中轻松积极型和负重耐苦型的比例更高。客观负担与主观负担感受的组合分析，可以进一步揭示区域／学校的教育教学状态、学生的学习体验。

---

① 李强：《小学生学习品质实证评价——基于浙江省 2018 年小学教育质量监测的数据分析》，《考试研究》，2019（6）。

表 2　学生客观负担与主观负担感受的组合分析

		主观负担感受		
		较　轻	一　般	较　重
客观负担	较　重	负重耐苦型 7.4%	15.5%	疲惫消极型 22.6%
	较　轻	轻松积极型 19.7%	20.9%	畏难惰性型 13.8%

　　研究还发现，对于小学生来说，除客观学业负担外，师生关系、教师教学方式对学生主观负担感受的影响相对较大，其中师生关系直接影响学生主观负担感受，而教师教学方式主要通过学习品质这个中介变量来影响学生主观负担感受。对于小学生来说，客观负担中的作业时间对学生主观负担感受的影响相对最大；而对于初中生来说，学生主观负担感受与学习投入的相关性不显著，影响学业负担的机制较为复杂。学生运动健康的状况与兴趣爱好得到满足的程度对学生的主观负担感受有一定的调节作用。[①] 只有在学生主观负担感受不重的情况下，适当的课外补习对于学生学业成绩的提高是有效的。

　　这些研究揭示了学业负担的实质、来源、有限功能及对学生的负面影响。"减负"不能只是简单地减少作业量，更要关注学生的学习生活体验，减少主观负担感受，并通过加强体育锻炼与培养兴趣爱好来"曲线减负"，提高学生对学习压力的耐受力。在客观负担不高的情况下，主观负担感受较重的背后是学生被动学习严重。学校须在激发学习意愿、唤醒成长内驱力上下功夫，而不能简单地强调压力传导。

（四）关注学校办学活力，推动学校教学管理的转型

　　浙江省教育质量监测将学校办学活力、学校教学管理作为观测点，综合关注学校的发展运作状态，寻找影响学校发展的关键因素，深入分析学校教学管理的特点及对师生发展的影响等。

---

① 　马婷：《小学生学业负担来源、影响及减负对策分析》，《考试研究》，2019（6）。

通过对 20 余个综合评价指数的聚类分析，我们将初中学校分为均衡发展型、高分重负型、欠缺活力型和整体薄弱型。特别是对欠缺活力型学校的特点进行的描述，揭示了在当前"唯分数"的评价中，存在一批被忽视的问题学校（约占 35%），它们因学校教学管理问题而表现出较差的教师工作体验，虽学生学业成绩尚可，但消极态势不容忽视。[①]

浙江省教育质量监测构建了学校教学管理的新的分析框架，以控制取向与指导取向为两个维度将学校分成强控制强指导、弱控制强指导、强控制弱指导和弱控制弱指导四类。研究发现，强指导学校的学生发展相对更加全面、健康；虽然控制性对学生学业有一定的促进作用，但它对教师工作状态有消极作用；在指导性管理倾向相当的情况下，弱控制学校的教师状态和除学业之外的学生发展状况均优于强控制学校。[②]

（五）改善家庭"软环境"，改进家庭教育方式

在家庭层面，浙江省教育质量监测聚焦亲子关系、家长参与、父母教养方式等因素，引导家长正确认识陪伴与参与，以科学的方式进行教育和引导。研究发现，当父母对子女的期望和子女对自己的期望相契合的时候，子女的网络依赖程度最轻，学业发展最好；偏差越大，情况越差。父母对子女期望相对偏低要比期望偏高带来的负面影响小，父母对子女期望相对偏低对女生的保护作用比对男生的大。[③] 父母与其对孩子的成长过分关注，不如适当参与，"父母与子女聊学习的事情""父母与子女聊学校的事情"和"父母与子女聊身边同学"对子女学业成绩均有显著正影响。[④]

---

① 马海燕、冯娉婷：《精准施策是初中提质强校的关键——基于大数据的初中学校聚类分析及改进建议》，《上海教育科研》，2021（5）。
② 陈荣荣、张丰：《学校教学管理的转型：从"控制性管理"到"指导性管理"——基于浙江省 2019 年中小学生质量监测的数据分析》，《上海教育科研》，2021（5）。
③ 张丰：《透过数据 探寻教育发展的力量——浙江中小学教育质量监测新构建》，杭州：浙江教育出版社，2022：377—393。
④ 陈荣荣：《父母参与对子女发展的影响——基于浙江省中小学教育质量综合评价监测项目的数据分析》，《教育测量与评价》，2020（10）。

　　浙江省中小学教育质量监测工作从 2011 年开始，历经十余年探索，实现了从"基本规范"迈向"品质提升"：在实现"教育质量健康体检"功能的基础上，通过加强指标设计、聚焦专题分析，进一步深化了对区域教育教学行为的研究和解释，为改进学校管理、教师教学和家庭教育提供了实证依据，提高了教育教学的科学性，进一步体现出教育质量监测对教育实践的指导功能，为其他区域开展区域教育质量监测提供了可借鉴的视角和路径方法。

关注内生活力，培育健康区域教育生态

郭婷婷 [①]

摘　要：文章结合我国"以县为主"的基础教育体系特点，从教育生态的视角解读区域教育质量。文中阐述了区域教育生态的概念、内在结构和基本特征，探讨教育生态建构过程和行动路径。文章提出健康的区域教育生态应具备三个基本特征，包括：教育资源布局上具有均衡性和发展性；教育管理中注重自主性和内在动力，鼓励探索和创新；学校教育实施中注重学生的身心健康和全面发展。具有良好教育生态的区域教育体系，同时也具备一定的抗压弹性和容错机制，有利于在利益最大化的基础上促进整体教育系统可持续发展，更有利于实现有质量的教育公平。

关键词：区域教育生态；教育治理机制；行动路径

一、构建良好教育生态是基础教育发展的必然趋势

（一）育人为本：发展教育生态的政策支持

教育事业是国家社会经济发展的支持性动力，九年义务教育更是重中之重。在全社会完成脱贫攻坚工程、社会进入"十四五"发展新阶段后，

---

① 郭婷婷，21 世纪教育研究院研究总监，研究员。

我国基础教育的发展不再是单纯追求投入产出比的效率主义，而开始关注构建教育生态的方向，逐渐注重基础教育的整体性、持续性、内涵性发展，追求有质量的教育公平。

教育以人际关系作为基础，既要服务于社会整体利益进步的需要，也离不开对个体性的尊重和呵护。如果说只关注分数的标准化教育是工业时代单纯追求效率与结果的典型方式，那么在社会文化和经济向人文化、科技化、生态化转型的过程中，教育生态也需要更加尊重个体与社会发展的规律性。为了培养创新人才，符合社会转型的需要，教育发展模式有必要从效率化的单一量产模式走向更加人性化的生态模式。

近年来我国颁布的一系列教育政策为建设区域教育生态奠定了坚实基础。2019 年中共中央和国务院发布《中国教育现代化 2035》，提出"推进教育治理体系和治理能力现代化"。2020 年教育部等八部门联合出台《关于进一步激发中小学办学活力的若干意见》，明确要求"落实学校办学主体地位"和"保障学校办学自主权"，并提出"各地要坚持基础教育优先发展，把激发中小学办学活力作为加快推进教育治理体系和治理能力现代化的重大任务，摆上重要议事日程"。2021 年 7 月中办、国办印发《关于进一步减轻义务教育阶段学生作业负担和校外培训负担的意见》，在指导思想部分明确提出要"构建教育良好生态，有效缓解家长焦虑情绪，促进学生全面发展、健康成长"。这一系列教育政策都在指引义务教育超越应试化、功利化目标，引导义务教育回归本质和自身规律。

（二）提升教育质量：发展教育生态的现实意义

首先，发展区域教育生态符合青少年发展的长远利益。建设教育生态的核心是以学生为本，以培育青少年核心素养为本，尊重儿童天性，守护儿童身心健康，以符合学生身心发展规律的科学方式探索"双减"时代"五育"并举的素养教育之路。

其次，发展区域教育生态有利于改善区域教育公平。生态化视角强调教育发展的持续性和整体效能最大化，要求以长期主义的视角全面培养学生终身学习的动力和能力，反对"掐尖""抢跑"式教育和资源垄断的"超级中学"等功利性短视行为。教育生态视角注重在合理的新陈代谢前提下，以合理的内在结构、有效的行动路径支持区域教育系统获得长期发展的韧性和稳定性，以持续发展的方式追求有质量的教育公平。

再者，区域教育生态体系提供了一种良好的资源整合框架，有利于行政力量和社会力量有机地嵌合到一起，让教育行政管理机构、公立中小学、社会教育机构及公益性社会组织按照其在教育生态系统中不同的"生态位"实现各自的社会功能，在区域生态这一整体框架中形成有机的合作关系，共同拓展教育发展资源，提高区域教育的影响力和品牌力。良好的教育生态也能吸引更多具有相同理念的优秀人才和社会力量聚合到当地，形成人才流、能量流、物资流等健康的循环机制，促进教育生态持续发展。

最后，发展区域教育生态有利于激发各个教育主体的内在动力。健康的区域教育生态系统整合多元化社会力量，以现代化的教育治理结构创造灵活自主的发展空间，既可促进政校之间、家校社之间的平等对话，促进多元化的思想观念交流碰撞，也有利于激发多元教育主体自主发展动力，挖掘各自潜能，追求更优的教育品质，从而激发整个教育区域的生机与健康向上的教育发展氛围。

二、区域教育生态的初步框架

（一）区域教育生态概念框架

教育生态学（Educational Ecology）这一科学术语由美国哥伦比亚师范学院院长劳伦斯·克雷明（Lawrence Creming）在 20 世纪 70 年代出版的《公共教育》一书中提出 ①，这也标志着这一学科的正式出现。我国的教育

---

① 范国睿：《教育生态学》，北京：人民教育出版社，2000：16。

生态研究起步于 20 世纪 80 年代 ①，从研究对象上可分为两大方向：一类侧重从教育系统外部分析教育和生态环境（例如文化、人口、资源、环境等）之间的关系；另一类侧重从教育系统内部研究教育生态系统的构成要素及其相互关系。②

教育生态理论目前仍处于较为初步的阶段，但可以形成共识的是教育生态这一概念并非简单套用生态学概念，而是重在借助生态发展的思路和概念范畴，更好地理解区域教育的各个主体、结构、关系，从人本主义的向度描述区域教育系统的理想状态。

美国学者布朗芬布伦纳（Urie Bronfenbrenner）提出了生态同心圆结构（见图 1）③，认为影响区域教育生态的主体包括教育局、学校、教师、学生及父母、社区、校外培训机构等，当地的自然环境和社会环境对其也有影响。本研究中的"区域教育生态"，主要从县 / 区角度看待特定地域范围内义务教育系统④ 中，教育行政机构、中小学、社区家庭及社会组织等多个主体的功能发挥和相互关系，及其在互动中共同构建的整体教育态势。从区域生态的主体层面看，以学生为核心可以按照涉及主体的层级分为微观、中观和宏观角度。

微观角度的教育生态主要由学生个体与教师、家长、同学之间的互动构成，这种教育生态可能是某个班级或某个社群或某个家庭呈现出来的教育氛围与教学互动模式，类似自然生态中的多个个体构成某个种群；中观角度的教育生态由特定区域内的各类学校、家庭、社区、课后服务机构之间的互动共同构成，每个机构以自身的教育生态特征，在相互交流合作中形成更为复杂的互动模式和上下游关系，类似自然生态中的不同生物群落；

① 范国睿：《教育生态学》，北京：人民教育出版社，2000：19。
② 邓小泉、杜成宪：《教育生态学研究二十年》，《教育理论与实践》，2009（5）。
③ 这种同心结构，最早由美国学者布朗芬布伦纳在 1979 年出版的《人类发展生态学》中提出。（参见：范国睿：《教育生态学》，北京：人民教育出版社，2000：12。）
④ 由于县 / 区域行政级别的限制，本文中的教育系统指涉基础教育系统。

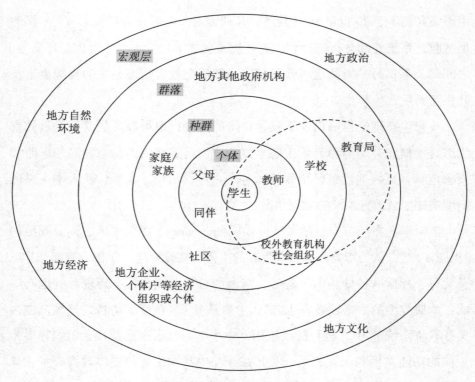

图 1　教育生态同心圆结构

宏观角度的教育生态指涉教育局及文体、卫生、科技等相关地方行政机构，以及企业、社会组织等教育系统之外的各类组织形态之间的互动；特定区域的地方经济、自然环境、地方文化与地方政治则为教育生态的形成提供了更为基础性的社会背景。

实际上，教育生态的互动关系比图 1 更加动态，教育行政机构、学校、社区、课后服务机构、地方企业及学生、教师等个体都可能发生关联与交互，在多层级互动中，特定区域的教育生态特征逐渐形成。本研究中的区域教育生态侧重中观层面，即教育行政机构与学校、家庭、社区及各类教育机构之间的关系。

（二）区域教育生态内在结构

区域教育生态是具有高度实践价值的概念，其根本指向是提升教育质量，因此本文在讨论区域教育生态体系时也要基于概念，从各主体的行动层面剖析教育生态的内在结构。结合多年对各区域基础教育的实践观察，聚焦于教育资源布局、教育治理机制及学校教育实施三个角度，从这三个层面对教育生态进行深入观察。

从地方政府角度看，教育资源布局是影响区域教育生态表征的基础条件。资源布局应保证公平性，适度向薄弱学校、弱势儿童倾斜，同时具有多元性，满足不同群体的多元需求。在资源开发上，应采取主动、开放的态度与外界合作或挖掘自身，寻求一切机会积极拓展区域教育发展空间。在资源利用上，具有健康教育生态的区域会采取与自身经济、文化、环境相匹配的方式，呈现一定因地制宜的特色。

从教育行政管理部门的视角看，健康的教育生态需要以现代化教育治理机制为支撑，在学校管理方面呈现出充足的自主性、互动性和开放性，善于从社会力量中获取优质教育资源，设置合理的激励机制和制度空间，鼓励学校探索创新；在教师管理上注重合理性、专业性和人文性，注重以适当的教育评价方式推动教育变革，构建有活力的政校关系。

从中小学学校角度看，在教育实施过程中，各校可在保证卫生、健康的校园生活的基础上，从构建平等友好的师生关系、搭建互动性强的家校协作平台、贯彻以学生为中心的教学理念、实施人性化的教学方法、引入多元化的教学资源等角度，落实"五育并举"的教育政策，在学校日常教学过程中构建健康而有活力的区域教育生态。

在区域教育生态体系中，教育资源布局是基础性条件，教育管理体制是支持性的中坚力量，学校教育中鲜活的日常教学活动是对教育生态的直接反映。这三个层面相互关联，彼此影响，在多元互动中不断充实着区域教育生态的内涵。

（三）区域教育生态基本特征

首先，区域教育生态具有长期性。教育生态涉及地方政府、学校、社区、家长、学生及多种社会机构，是在规范性的政策框架中由多种复杂的互动关系经历长期发展而共同建构出来的，具有相对稳定性。同时，区域教育生态体系如同一个有机体，每时每刻都在生长发展，也具有微观上的动态性。如果要改善区域教育生态，就需要发动各个环节在既定目标下进行系统性联动，通过长期持续的努力逐渐实现变革。

其次，区域教育生态具有综合性。教育生态的形成既受到宏观规划和行政管理的影响，也体现了基层教育需求与教育供给的真实矛盾。因此，构建健康的教育生态既需要预留灵活、自主的空间充分释放人的主观能动性，也需要进行适当的顶层设计，合理规划各教育主体的位置和关系，从整体主义和长期主义的角度实现系统效能的最大化，以自上而下与自下而上相结合的双向策略助力区域教育生态的发展。

再者，区域教育生态具有内隐性。教育生态的概念涵盖了宏观的教育资源规划、中观的教育治理机制及微观的课堂教学生态，具有多个层级且抽象程度很高。但特定区域的教育生态水平也可以通过一定的关键指标得以显现。要了解区域教育生态评估，就要依靠专业手段系统性地收集并汇总分析多方面资料，深入理解区域各教育主体的互动关系和教育理念。了解区域教育生态现状，有助于从生态理性的角度为行政管理者提供教育改革的理论参照，并结合教育生态的理论框架结构化地总结优势、弥补短板、挖掘潜力，找到顶层设计的关键切入点。分析和研究区域教育生态过程也有利于促进教育行政管理者、学校和社会力量达成共识，相互加深理解并加大支持。

三、区域教育生态的发展过程

在"以县为主"的基础教育管理体制之下，县域作为教育管理的主要行政单位，具有基本的财权、人事权和规划权。县域教育具备了比较完整的教育生态要素，既具有较好的系统联动性，也具备相对独立性，便于行动者在一定范围内实践合作，也便于研究者进行观察。因此本文以县域为单位，讨论塑造教育生态的关键要素和行动路径。

（一）教育资源利用与开发：构筑教育生态的基础力量

教育资源的开发和利用是县域教育生态的基础。虽然各县域的教育资源受到各种先天条件的限制，但如何利用和开发、引进教育资源，也会受到教育理念、教育治理和实践技能等多种因素的影响，因而呈现出更多的可能性。对于华北、东部地区等各类社会资源相对丰富的县域，构建教育生态具有更多便利条件，但中西部地区也可以在创新的教育管理体制及教育理念支撑下，构建更具发展动力和潜力的教育生态。

由于自然环境和历史原因，一些偏远乡村或山区中的县域基础较为薄弱，并不适宜发展高竞争、高效率的规模化教育生态，而更适合探索小而美的乡村教育生态特色。针对当地教育资源不足的情况，县域可积极调动社会资源，在县政府和县教育局的组织下与社会力量合作，在提升乡村教育质量的共同目标指引下，在相互理解和价值认同的基础上，开展系统性的生态建设，共创有机嵌入的协作形式。

在基础设施方面，我国乡村中小学校的面貌已得到极大改善，但在一些高寒高海拔地区和极度偏远地区，学校的教学设备更新、互联网搭建等还有待提升。各县域可通过与对口援建地区、教育公益组织等合作，因地制宜地设计基础设施升级方案，升级师生宿舍、食堂、教学楼等基本设施，改善学前和中小学的办学条件。

在人力资源开发上，乡村学校普遍面临教师留不住、专业性有待提升的问题。为此，县域教育应把建设师资队伍放在战略位置加以重视。一方面，县域教育应创新教师队伍治理方式，推进教师"县管校聘""岗位双向选择"等机制改革，实现教师资源合理流动。在教师资源匮乏的欠发达地区，探索"一校多用""走教送教""教师轮岗"等方式，着力解决区域内师资不合理配置与使用问题。同时随着生源减少、学校布局的调整，从前瞻性角度合理规划教师队伍学科结构、年龄结构。另一方面，县域教育可充分借助社会力量，引进能够长期持续在地工作的教育专家团队，对本县学校管理和教学发展问题进行专业诊断、实践指导，持续开展校本化的听评课、课题研究等教研活动，在日常教学中引领当地教师逐渐转变教育理念，学习更适合当地学生的教学方法。

在教学资源开发上，虽然很多县域没有大城市那么多样化的培训班、博物馆、图书馆等文化资源，却又都拥有本乡本土的自然、民俗、文化特色甚至非物质文化遗产，本县中的种植园、养殖场、采摘基地都可成为有特色的教育场景，乡村中的乡贤、能工巧匠、新型农民等也都可以成为特色课程中任教的师资。各县域可以积极开发在地资源，设立具有乡土文化特征的课程，既作为提升学生总体素养的途径，也可为校园文化增加生机与活力。

（二）教育治理机制：支持教育生态的中坚力量

在合理开发和利用教育资源的基础上，教育治理机制更是支持教育生态发展的中坚力量。为了建设有活力的教育生态，县域教育治理可充分发挥治理智慧。

首先，构建多元主体治理结构，发动多元社会力量参与县域教育治理。在县域教育生态建设过程中，县政府、县教育局可联合援建单位、公益基金会和专业研究机构等社会力量，跨越地域、行业限制，发挥各单位在人才、资金、管理机制上的优势，共创解决方案。县域教育行政系统作为规划和统筹的角色，应改变以往"查遗补漏"式的零散合作，而是以前瞻性、发展性视角进行系统筹划，合理利用外部社会力量的优势并为其适度赋能、赋权，促使教育行政机关、学校与社会力量在彼此理解和认同的基础上深度合作，将引入的社会力量整合入本地教育生态系统之中，成为稳定持续的教育支持力量，形成多方共赢的多元治理模式。

其次，推进上下结合的治理策略，赋予各类教育主体适度自主权。为了调动当地学校自我发展的主动性，县域应从每所学校不同的学情和校情出发，以自上而下的县域发展目标为引领，鼓励学校自下而上地设定适合自身的发展目标与路线，进行内涵式发展，促进学校从"要我发展"转变为拥有一定自主权前提下的"我要发展"。同时，各校教师是县域教育生态的重要构成单位，教师队伍的专业水平和稳定性是制约很多县域教育发展的关键问题。在上下结合的教育治理策略中，县域教育应创新教师评价机制和激励机制，例如采用教研培训、研学旅行等非物质奖励提升本地师资队伍的职业认同感和价值感，促进当地教师积极提升自身教学水平，创设丰富有趣的教学活动乃至校本课程。

再者，建立多向度的沟通交流机制，赋予教育生态更多生机。县域教育因当地人口、经济体量有限，教育主体往往限于公办村小、中心校、初中和幼儿园等，结构上较为单一，互动较为有限。教育行政单位可支持当地学校开展多种形式的发展共同体或联盟，以较为松散的形式打破学段、学校的限制，结合学校发展的特定主题共享资源，交流经验。此类学校共同体也可走出县域进行更广泛的交流，从而将外界的新鲜理念与方法带到本地，丰富教育生态的元素。

（三）学校教育实施：丰富教育生态的实质内涵

各种类型的学校作为县域教育生态的主要载体，其教学和育人的方式就是县域生态最直接的呈现。学校教育改革的过程，也是不断充实、完善教育生态内涵环境的过程。从教育生态的视角看，首先是发挥环境育人的功能，建设安全、整洁、美观的学校环境和健康、有活力的饮食结构及时间安排，让师生在校园里自如交流、安心学习，进而能够发现并享受学习的美好。

其次是培育平等、温暖的人际关系。县域教育生态正是在校长与教师、教师与学生、学校与家庭的日常互动中逐渐生发的。而校长与教师的关系也影响着教师与学生的关系。建立在相互尊重和信任基础上的人际关系，是营造积极健康的教学氛围和育人环境的必要条件。教师要学习发现每个学生的优点与进步，真诚赞美和鼓励；校领导鼓励教师们学习和创新。在这样平等而温暖的环境里，教师和学生都能获得更丰富的教学体验，且更加开放、专注和富有创造性。

再者，在良好的人际关系基础上，学校的教学理念和方式也要体现教育生态特征。教学过程中注重协作、表达等基本能力的培养，鼓励学生思考探究；积极开发教育资源，开展多种形式的综合素养教学活动；教学成果上表现为学生身心健康、自信开朗；更多学生共同进步，而不是个别学生的"拔尖"。教学方式的转变也依赖于课程设计、评价方式的转变。在教学过程改善各个环节，渐进性完成系统变革。

四、区域教育生态的形成机制

（一）区域教育生态多元化机制

如同自然生态在不同气候和地理条件下呈现雨林、荒漠、湿地等多种样态，教育生态也不存在统一标准，应因势利导，基于自身教育需求偏好与资源特征培育出适合本地的生态类型。健康、有活力的区域教育生态也并不适合用统一标准衡量。

本研究尝试提炼教育生态发展的不同类型，如表1所示，在资源利用、管理机制和教育实施三个维度上，不同类型可进行多种组合，从而形成多种样态的教育生态。

表 1 教育生态发展的不同类型

维　度	特　征	特　征	特　征
资源利用	引入型	挖潜型	均衡型
治理机制	顶层设计型	自主发展型	重点突破型
教育实施	基础普惠型	综合素养型	创新精英型

在教育资源利用方面，各地可采取多种方式："引入型"适合教育基础比较匮乏，期望在有限时间内快速提升质量的地区；"挖潜型"利用技术创新、机制创新等方式盘活现有资源，实现自身持续发展；"均衡型"则突出强调均衡与公平，尤其向弱势群体倾斜。

在教育管理机制方面，各地模式归结为顶层设计型、自主发展型、重点突破型等。例如四川成都地区的"两自一包"给学校充分的自主权；江苏镇江地区的学校自主发展实验，教育行政部门一年之内不干涉学校教育实施过程，都属于自主发展型的管理机制，较适用于各校基础条件和师资水平较成熟的区域。再如浙江台州地区围绕教学评价、教研提升等关键问题采取突破创新手法进行重点突破，并借以撬动整个区域教育生态的变革。教育基础尚为薄弱的地区更倾向于采取摸底调研基础上的整体规划、统筹安排，以最大化地发挥资源效益。

在教育实施方面，也可大致分为基础普惠型、综合素养型和创新精英型。教育条件薄弱的地区注重普惠型教育建设，改善学校教学、住宿、饮食与运动等基础条件，保证常规教学和教研的正常实施。教育资源更为丰富的地区可向更加全面发展的综合素养型发展。在完成国家课程的基础上，通过拓展课程、社团活动、校园文化活动等为学生提供丰富的学习场景，促进学生身心健康及各方面能力发展。部分教育理念、资源和管理机制都较为创新的区域可追求创新精英型教育生态，更多尝试个性化、体验式的教学方法和拓展课程，发展学生的创新能力，带动整个区域在相应领域形成有特色的竞争力。在这种精英型教育生态下，要注意保持区域发展的协同性，避免功利性和竞争性。

由于各地教育基础和社会经济条件的差异，上述三个维度的特征并非一一对应，例如在资源利用上仅能做到均衡发展的区域，在治理机制上可能更加侧重突破创新，在教育实施上也可能偏向综合素养型。例如河南濮阳的小规模学校发展共同体，在资源有限的前提下呈现出了积极自主的发展态势，在探究式、混龄教学等方面进行突破创新。这种分类只是为了便于理解各地教育生态而提供的一种参考框架。

（二）各类型教育生态发展方向与重点

健康的教育生态呈现出来的样态是多样的，现实的教育情况往往更为复杂。不同区域由于内在条件和具体发展目标上的差异，可以选择不同的教育生态发展重点。

在教育基础薄弱地区，重点是保持区域教育生态的"持续发展力"，在外界援建力量有序撤出后更能保持稳定发展态势。为此，首先需要从教育行政机构、学校管理团队中培育区域教育发展的内生动力，并辅以合理的资源整合；注重对外在资源的学习、吸收，将其转化为内在能力。

对于重点培育教育生态中"创新发展力"的区域来说，教育管理机制需要强调对学校等教育机构的赋权与赋能，一方面为学校留下充分的制度空间，赋予学校适当的自主权；另一方面在教师专业能力提升方面投入充足资源和配套机制，减少教师的行政事务负担和生活待遇上的后顾之忧。

有些区域更加重视教育生态中的"人本发展力"，注重在身心平衡前提下全面培育学生的素养。区域教育管理者要在教育资源和管理机制的基础上，与各校管理者反复研讨并确定人性化的育人目标，并通过课程教学方法革新与拓展性课程，配套多元化、人性化的学生成就评价方式，按照青少年身心发展规律为学生营造健康而有活力的基础教育环境。

五、区域教育生态的行动建议

（一）理念革新，多层级涟漪式变革

区域教育生态可以从宏观（教育系统与社会文化经济系统）、中观（教育资源开发与布局、管理机制、学校与社会力量合作）、微观（校园内、班级内）层面构筑多个不同层级的生态圈，这些生态圈相互嵌套，彼此影响。区域教育生态的改善方式是涟漪式的系统性变革，无论是顶层规划的自上而下推进，还是学生、教师、学校个体的自下而上发展，区域教育生态都需要在合理的激励形式及发展空间中，引导微观生态圈中的学校提升内驱力，从"要我发展"转变到"我要发展"；促进中观层面教育治理现代化，有效取长补短整合资源；加强宏观层面教育系统与社会、文化、经济系统的交流与沟通。培育健康的教育生态需要各层级的教育主体和子系级相互干涉、相互带动，从而逐渐改善整个区域、省级更大范围的教育生态。无论哪个层级的变革，首先都需要该层次的教育主体转变教育理念，树立生态化、人本化的教育观，以点带面，引发区域教育生态的涟漪式变革。

（二）"五育并举"，重视素养导向学校教育实施

为构建良好的教育生态，中小学校在教育实施过程中应以人的全面发展为目标，尊重学生成长的发展规律，培养具备相应关键品格和必备能力的终身学习者，而不以追赶应试成绩为唯一目标。教育实施中在整体提升教育质量的同时，也要注重学生的个体差异，遵循多元智能的理念，尽量做到因材施教。在教学方式上，各地可根据自身条件与资源，结合新课标要求，融入探究式、体验式的学习方法，鼓励学生在学习过程中拓展沟通表达、独立思考、团队合作等多种能力。

（三）因地制宜，开发区域内教育资源

从区域教育长期健康发展的需求来看，教育生态在资源布局、管理机制、教育实施过程中的不同类型之间并不存在优劣之分，只要是适合当地教育发展实际情况，能够因地制宜支持基础教育体系长期稳定发展的形式，便是健康的教育生态。

区域教育生态要达到健康状态，首先要依托教育系统的内在需求整合内外资源，植根于本地的社会经济资源、师资、生源特点和需求、乡土文化资源，充分发挥区域教育行政管理者、校长教师的主动性和积极性，持续拓展发展空间，保证充分的内在生命力。尤其是乡村在建设教育生态时，更需要立足自身乡土资源，挖掘自然、历史、文化方面的信息，从社会背景出发省察自身的优势与短板，重视实践效果，探索形成因地制宜的教育生态建设方案。

（四）多元合作，推进现代化教育治理

健康的教育生态建立在各教育主体之间良好合作的基础之上，不仅包括微观层面学校内部教师与学生、校长之间的互动关系，也涵盖中观及宏

观层面教育系统与其他社会系统的有效整合。而多元主体参与的教育治理现代化的表征，也代表着区域教育生态的良好活力。建设区域教育生态，需要该地区以开放、积极的心态，设计合理有效的教育治理机制，适度引入公益组织、研究机构等社会力量。

对于培育区域教育生态，地方教育行政管理机构即便有较高的价值认同，也经常面临缺乏相应的操作手法和专业资源的问题；如果能引入目标一致的多元社会力量，在开放、积极的治理模式支持中构建县域教育整体行动体系，就有助于以打开教育治理的视野、丰富教育发展的专业手法为区域教育生态注入更多活力。

"共享教育"助力区域教育优质
均衡发展的实践研究

——以四川省成都市为例

罗清红　薛　涓　李沿知 [1]

摘　要：优质资源的广域均衡共享是缓解教育焦虑、从根源上解决教育现存问题的关键所在。"共享教育"将优质教育资源通过云端进行穿越时空的信息传递，构建出线上线下多维互动的良性学习生态，改变了以教师和学校为主的传统教育模式，转为受众基于需求选择学习内容、学习方法的个性化教育。文章以四川省成都市为例，分析了"共享教育"在促进区域教育优质均衡发展方面的实践经验、相关成效、反思与展望。

关键词：共享教育；共享课堂；共享教研；共享评价；优质均衡

2021年7月24日，中共中央办公厅、国务院办公厅印发《关于进一步减轻义务教育阶段学生作业负担和校外培训负担的意见》。文件指出，"大力提升教育教学质量，确保学生在校内学足学好"，"促进义务教育优质均衡发展……扩大优质教育资源"。提质是减负的前提与重要保障，"共享教

---

① 罗清红，成都市教育科学研究院院长，正高级教师；薛涓，成都市教育科学研究院教研员，文学博士；李沿知，成都市教育科学研究院教研员，四川师范大学教育科学学院博士研究生。

育"理念旨在提取优质教育资源,将优质教育资源通过云端跨时空传递,解决当下优质教育资源不足、分布不均、流通不畅等现实难题;构建线上线下多维互动的良性学习生态,改变以教师和学校为主的传统教育模式,转而以受众的需求为导向,由受众自主选择学习内容、学习方法,以此促进个性化教育的发展。

一、成都教育优质均衡面临的问题、挑战与机遇

(一) 区域教育优质均衡亟须破解的难题

由于我国中西部以及区域内不同圈层间客观存在的人口差距和经济差异,西部地区优质教育资源供给不足、分布不均等问题仍较为突出。从教育扶贫到教育振兴,从改善贫困地区、边远地区、民族地区相对滞后的教育条件、理念和方式,到缩小东西部间和城乡区域间教育质量标准及成效的差距,是"扶智"向"提质"的转变与跨越。打破传统教育资源传播的时空阻碍,提高中西部及区域间优质教育资源建设和使用的内生动力,是缓解社会压力、有效减轻负担、塑造良性教育生态、实现教育现代化的迫切诉求。

实现区域教育优质均衡发展,是成都市亟须破解的教育难题。成都市下辖 23 个区(市)县,截至目前,全市共有中小学校幼儿园 3505 所、在学人数 264 万,在职教师 20 余万。[①] 成都基础教育体量居全国城市第二、副省级城市第一,既有比肩东部的城区名校名师,也有十分落后的农村教育,是典型的大城市带大农村。面对基础教育体量大、层次多、结构杂的现实状况,成都市以教育"现代化、均衡化、国际化、信息化"推进整体改革,取得突破性成效。但各区(市)县的教育理念、教学条件和师资配置等依

---

① 数据来自成都市教育局官方网站,http://edu.chengdu.gov.cn/cdedu/c112991/jygk.shtml,2022-06-06。

然存在显著差距，影响并直接制约着区域教育均衡发展。以 2013 年成都市教育均衡和发展水平指数为例，郊区新城的大邑、金堂等 7 个区（市）县明显低于中心城区的青羊、锦江等 5 个区（市）县，成了教育洼地（见图 1）。

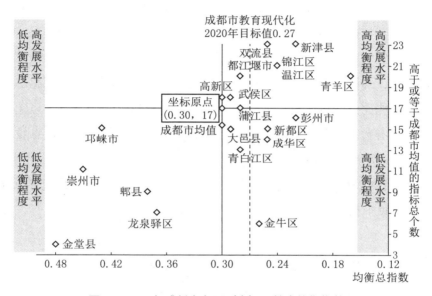

图1　2013 年成都市各区（市）县教育均衡指数

（二）数字教育的机遇与现实挑战

在智能时代，各种资源上传至云端，优质教育全域共享成为可能。利用云技术及边缘计算，通过数据挖掘、数据画像和 AI 赋能，全面捕捉学习者全范围、全过程的学习行为数据，为群体性的个性化教育提供了现实可能。《中国教育现代化 2035》等文件指出，要扩大优质教育资源覆盖面，完善优质教育资源共建共享共用格局，构建起利用信息化手段提高教学效益的有效机制。充分利用智能时代的技术和平台，聚合区域内网络系统势能，助力优质教育资源的生产、传输以及有效使用，助力良性教育生态形成，是新的时代特征为教育现代化发展提供的机遇。

当前，数字教育在全国各地渐成气候，区域优质资源上传至云端，网上授课已经成为师生熟知的教学模式。然而，资源集中化、散点化、孤岛化等弊端逐步呈现，成为阻碍数字教育充分发挥应有功能的现实难题。一是有资源，但不共享。地域经济差异导致优秀教师向中心城区过度集中，形成教育资源的"虹吸效应"，致使远郊区域优质教育的空心化，客观上形成物理社会空间优质教育资源稀缺，制约了教育的绿色可持续发展。二是有共享，但不适切。教育资源建设经历了不同阶段，各地前期建设了大量的资源库，却因资源传输方式单一、有效资源切割不清、学习疑惑解答滞后等，未能充分发挥个性化学习的导向功能，导致资源闲置，甚至无人问津。三是有数据，但不融通。"教育信息化 2.0"明确指出，让信息技术与教育实现深度融合，但是融合面临巨大障碍：数据形态多样，相互不兼容；数据平台各自为战，造成数据"断头"，形成数据孤岛，致使数据资源难以在教育配置中充分发挥积极效能。

二、"共享教育"助力成都教育生态改善的实践案例

"共享教育"借助教学科研机构的区域引领功能，常态化汇聚区域名校名师，实现优质教育教学资源数据化并上传至云端，形成资源信息空间，由此构建起 OMO[①] "共享教育"的三元空间，以实现优质教育资源的无限分享，满足师生对优质教育资源的迫切需求。共享课堂采用直播教学，共享教研紧跟教学进度，共享评价强化随师随堂、随生随试反馈。

成都市"共享教育"实施已 20 年，坚持聚焦"教育信息化"主线，持续深耕课堂，以发现问题和解决问题为导向，在实际行动中不断迭代升级，创建出系统化、结构化的"共享教育""七朵云"，主要包括"共享课堂"主

---

① OMO: Online-Merge-Offline，即线上与线下的混合式学习。

阵地（网校云、数校云），以及支持其问题解决的"共享教研"（继教云、师培云、培通云）和"共享评价"（乐培云、观课云）。共享评价与共享教研相互影响，并作用于共享课堂，三者共同构建起信息技术支持下"共享教育"的成都区域模式（见图 2）。

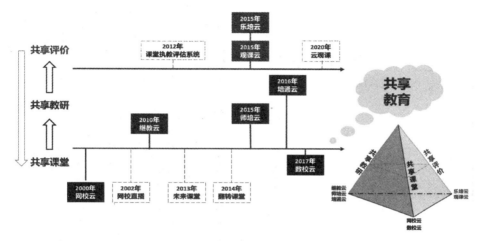

图 2　成果发展来源矩阵图

（一）提升学生之学的共享课堂路径探索

1. 高质量教育资源覆盖全域成都，并辐射全国

"共享课堂"实现了从"传统名校名师"到"全域名校名师"优质资源共享的跨越，从"全日制"到"周末、寒暑假"的拓展，很大程度上破解了学生学习优质资源匮乏的难题（见表 1）。

共享教育的"七朵云"为师生提供了"全学段、全时空、全覆盖、常态化"的教育资源和支持服务。例如，网校云实现了 11 省 2 区 1 市 309 所学校的协作联动，累计 78.3 万余师生受益；数校云课程学习累计超过 2000万人次，应用到成都市 1529 所学校；以直播方式为边远民族地区薄弱学校提供"同步课堂"服务，实现"异地同堂"，例如将前端学校成都七中的优质教育资源输送到教育资源匮乏的边远民族地区，如四川省甘孜藏族自治州、阿坝藏族羌族自治州、凉山彝族自治州等。

表1 "共享课堂"发展历程

共享课堂	问题解决	时间节点	过程与方法
网校云	全日制、常态化直播教学,共享名校优质资源	2000	向民族地区辐射优质教育资源,解决线下资源数据化问题
		2002	成立网校,同步卫星远程直播教学,实现数据实时共享
		2005	形成"四位一体""四个同时"远程教学模式,实现"异地同堂"资源使用
		2013	构建未来课堂,实现移动终端常态化采集学生学习数据,解决反馈及时性问题
		2014	构建翻转课堂,实现课前、课中、课后各环节数据采集、分析、反馈与应用,通过数据导航,解决万人课堂的学情捕捉,实现个性化精准教学
		2018	未来课堂升级为生生课堂,通过数据挖掘分析,实现学生大数据画像
数校云	周末、寒暑假直播教学,共享名师优质资源	2017	数校云上线,聚合全市600余位名校名师;线下教学与公益直播同步,支持学生周末、节假日居家在线同步学习,构建起"优质资源、全域共享"学习样态
		2018	探索出"双名一磨""双反一调"教学机制,形成"四无四不"数校云资源淬炼策略和品控机制;与继教网统一认证接口,实现学分互认、学习数据融通
		2019	迭代升级直播工具,增强直播连麦、视频沟通等方式,提升师生在线学习互动性
		2020	启动"三分屏"教学,增强学生具身体验;疫情期间,承担全省高三、初三直播教学,服务1600多万人次;构建起跨界融合、双线并行、三级协同运行保障机制
		2021	形成"微课预习+直播互动+回放巩固+协作答疑"学与教新生态,构建起完整的资源信息空间

2. 促进学生精准学习,助推个性化成长,助力减负提质效能

"七朵云"有利于满足学生个性化的学习需求,激发其学习兴趣。以

2021 年 6 月第三方机构对 88951 名成都学生在"七朵云"平台的使用效益抽样调查的结果为例（见表 2），在控制无关变量后，使用网校云、数校云的频率对学生学习兴趣的影响显著。

表 2　网校云、数校云的使用频率对学生学习兴趣的影响

影响因素名称	多元回归模型中 p 值	多元回归模型中的回归系数（标准化 beta）	影响因素名称	多元回归模型中 p 值	多元回归模型中的回归系数（标准化 beta）
使用网校云频率	< 0.001	0.108	同住人为祖父母	< 0.001	− 0.025
是否使用数校云	< 0.001	0.056	同住人为其他亲戚	0.195	− 0.008
圈层	0.004	0.019	是否寄宿	0.365	0.006
区县	0.380	− 0.006	和同住大人（父母等）的关系	< 0.001	0.061
年级	0.855	− 0.001	家长对在线教育态度	< 0.001	0.064
师生关系	< 0.001	0.297	家长对孩子的未来期望	< 0.001	0.107
同伴关系	< 0.001	0.118	父亲的文化程度	0.210	0.013
所在的学校类型	< 0.001	− 0.025	母亲的文化程度	< 0.001	0.030
所在学校的整体氛围	< 0.001	0.082	学生性别	0.815	− 0.001
所住地区的社会风气	< 0.001	0.084	是否独生子女	0.184	0.009
同住人为父母	0.855	− 0.002	社会赞许性	< 0.001	0.154
使用数校云频率	< 0.001	0.097	同住人为祖父母	< 0.001	− 0.032

（续表）

影响因素名称	多元回归模型中 p 值	多元回归模型中的回归系数（标准化 beta）	影响因素名称	多元回归模型中 p 值	多元回归模型中的回归系数（标准化 beta）
是否使用网校云	< 0.001	0.034	同住人为其他亲戚	0.103	− 0.010
圈层	< 0.001	− 0.024	是否寄宿	< 0.001	
区县	0.001	0.020	和同住大人（父母等）的关系	< 0.001	0.061
年级	0.033	− 0.014	家长对在线教育态度	< 0.001	0.057
师生关系	< 0.001	0.297	家长对孩子的未来期望	< 0.001	0.106
同伴关系	< 0.001	0.126	父亲的文化程度	0.328	0.009
所在的学校类型	0.843	0.001	母亲的文化程度	< 0.001	0.037
所在学校的整体氛围	< 0.001	0.097	学生性别	0.246	0.007
所住地区的社会风气	< 0.001	0.102	是否独生子女	< 0.001	0.023
同住人为父母	0.103	0.043	社会赞许性	< 0.001	0.141

注：

1. p 值小于 0.05 表示影响因素在统计学上对学习兴趣的影响显著，即不是偶然产生的影响。

2. 回归系数代表影响因素对学习兴趣的影响力程度，回归系数的绝对值越大，影响越大。

3. 有底色的因素为显著影响因素。

调查显示，使用"共享教育"平台（七中网校、数字学校），可以促进学生更快完成作业，减轻学生学业负担。多元逐步回归分析发现，在控制了其他因素后，使用成都七中网校、成都数字学校的学生，完成书面作业的时长显著低于不使用的学生，学业负担显著低于不使用的学生。

（二）改善教师之教的共享教研体系建构

1. 服务教师科学育人，引领教师专业发展

继教云、培通云破解了线上线下混合式继续教育的难题，师培云突破了传统教师培训"一次性、集中式、成本高、效率低"的困境，它们共同构筑起共享教研的教师成长路径。

2010 年建成的成都市中小学教师继续教育网变身为继教云，将教师继续教育学习管理与混合式研修融为一体。该平台突破传统教师培训局限，共筑网上教师家园；着眼于教师专业成长，形成教师基础信息海量数据，实现教师专业成长轨迹全记录；通过对各类研培活动大数据进行分析，为决策提供有力的支持依据。培通云源于 2016 年开发的师培通，它实现了继教网 PC 端内容向移动端的迁移，打通了线上线下教师培训场景；并开通第三方统一认证接口，对接继教云、师培云、数校云，实现数据流通和学分互认，初步探索多平台融合，构建共享共建共育生态。培通云现已成为成都地区教师移动端直播学习的主要平台，随时随地、陪伴式助力教师专业成长。师培云自 2015 年启动以随身随堂为特征的"微师培"以来，汇聚学科专家，利用微课开展以学科知识点教学为对象、以教学进度为时点、以教学课时为基本单位的培训内容，重点阐释一节课的"重点、难点"及"怎么讲、怎么练"，形成"解读、示范、实践、点评"的循环式微课师培模型，让名师在云端伴随青年教师成长。2018 年以政务云数据为依托，建成观课教师区域分布大数据可视化看板（见表 3）。

表 3 共享教研发展历程

共享教研	问题解决	时间节点	过程与方法
继教云	OMO 混合研修共享学习资源	2010	平台诞生,建立起教师学习的资源信息空间
		2014	教师个人成长档案板块上线,形成教师基础信息海量数据
		2019	通过成都云教研区域试点,逐步实现市、区、校三级教师线上线下学习资源共享
		2020	构建教师成长学习资源库,形成教师专业发展数据看板,实现教师成长大数据画像
培通云	线上线下培训实现多云融通	2017	多终端在线学习和考勤打卡;对接继教云、师培云、数校云,初步实现多平台融通
		2018	市、区、校三级学分互认,构建多层级研培管理系统
		2019	以在线选课、活动直播、互动教研等方式,实现教师线上线下混合式研修
		2020	疫情期间,开启线上研培直播模式,实现"陪伴式"教师学习
师培云	随身随堂学习共享教学技能	2015	针对薄弱地区教师重难点把握不准、课堂随意性大等问题,汇聚名师用微课阐释每节课的"重点、难点""怎么讲、怎么练",形成"解读、示范、实践、点评"的微师培
		2018	新增职业教育等 11 个学科,共 26 门课程;建成师培云可视化数据看板
		2019	以成都市政务云数据为依托,扩大数据融通范畴,实现智慧城市的教育表达
		2020	新增小学音乐、体育、美术等 20 个学科,共计 46 门课程,实现优质资源全学段、多学科、满覆盖共享

2. 教师自身教学理念与教学成就得以提升

"七朵云"通过提供优质教学资源和典型教学案例,赋能教师专业成长。2021 年 6 月,第三方机构对 9135 名成都教师在"七朵云"平台使用效益进行抽样调查发现,继教云、师培云、数校云使用频率高的教师,其工作成效显著高于不使用或较少使用的教师。在控制了其他变量后,教师使用继教网越频繁,对"双减"的整体把控度与落实效果越好(见表 4)。

表 4　继教云、师培云、数校云教师使用效益情况

影响因素名称	多元回归模型 p 值	多元回归模型中的回归系数（标准化 beta）	影响因素名称	多元回归模型中 p 值	多元回归模型中的回归系数（标准化 beta）
继教云使用频率	0.001	0.034	职业压力	0.289	0.011
是否使用师培云	＜ 0.001	0.048	教学能力	＜ 0.001	0.331
是否使用数校云	＜ 0.001	0.045	职业幸福感	＜ 0.001	0.155
区县	0.042	－ 0.021	社会赞许性	0.152	－ 0.015
圈层	0.098	0.018	是否为语文教师	0.412	－ 0.012
性别	＜ 0.001	0.061	是否为数学教师	0.011	－ 0.027
教龄	＜ 0.001	0.121	是否为英语教师	0.002	－ 0.033
学历	＜ 0.001	0.043	是否为物理教师	0.771	－ 0.033
职称	＜ 0.001	0.134	是否为化学教师	0.461	－ 0.008
职务	＜ 0.001	0.179	是否为生物教师	0.703	－ 0.004
收入范围	0.006	0.029	是否为历史教师	0.383	－ 0.009
所教学段	＜ 0.001	－ 0.099	是否为地理教师	0.233	－ 0.012
所教班级个数	＜ 0.001	0.045	是否为政治 / 思想品德 / 道德与法治教师	0.033	－ 0.022
编制情况	＜ 0.001	0.058			

注：

1. p 值小于 0.05 表示影响因素在统计学上对工作绩效的影响显著，即不是偶然产生的影响。

2. 回归系数代表影响因素对工作绩效的影响力程度，回归系数的绝对值越大，影响越大。

3. 有底色的因素为显著影响因素。

（三）关注教学反馈的共享评价系统研制

乐培云、观课云实现了教学过程的诊断和评估由模糊向清晰转变，由定性向定量转变，由单一维度静态分析向多维度动态分析转变，并由教师单独应用向多群体共享评价结果转变，充分发挥了大数据的优势，为精准、个性化教学提供了可能（见表5）。

表5 共享评价发展历程

共享评价	问题解决	时间节点	过程与方法
乐培云	个性化精准分析学生学习，共享学习评价结果	2012	乐培云平台上线，包括学业质量基础分析、家校调查问卷、学习效能分析等系统
		2015	实现全市高三学生诊断考试可视化数据分析；乐培家长 APP 上线，合理定位学生成长
		2016	乐培教师 APP 上线，促进教师教学行为改善
		2017	开发教学质量监测分析报告，增加基于成长值和分级模型的深度分析
		2018	研发出基于选课走班的学业质量监测反馈系统
		2020	开通公众号查询；形成学生个性化学习资源包；提供生涯规划指导
观课云	常态化采集观课数据，共享实证教研路径	2012	开展循证教学，创编"课堂观察动态记录单"，研发"课堂执教评估系统"
		2015	观课云 1.0 上线，实现多维度数据采集及常态化课堂观察
		2016	观课云 2.0 上线，支持观课可拍照、录音、录像、手写，课堂数据可量化、追溯、分享
		2020	升级为"云观课"，云观课 APP 上线，完善后台管理系统和加强移动端研发

乐培云源于 2012 年研发的"乐培生教学质量监测平台"，包括学业质量基础分析系统、家校调查问卷系统、学习效能分析系统等，为学生、家

长、教师、校长和教育管理部门提供教学、教研、管理等领域大数据服务。2015 年乐培生系统上线，针对全市高三学生诊断考试进行可视化数据分析；2016 年乐培家长 APP 上线，旨在满足家长查询学生考试试卷的要求；2020 年开通成都市高中学业质量查询公众号，系统可自动生成错题集并辅导志愿填报。

乐培云赋能教师因材施教，利用大数据技术采集学生发展的数据，实时、动态、精准分析学情，以帮助教师针对性地调整教学策略，为学生提供个性化指导。自 2015 年以来，乐培云完成了高中调研考试的学业质量数据监测分析和评估工作，服务人次超过 120 万，成效如图 3 所示。

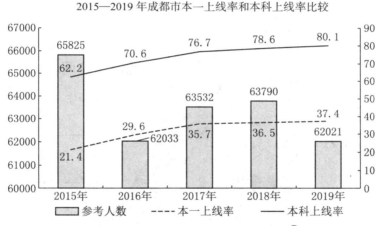

图 3　使用乐培云后全市学生学业情况 [①]

观课云始于 2012 年研发的基于课堂观察的"课堂执教评估系统"。2015 年形成基于数据实证的观课云，支持在线听课观察、离线推门观课、网络环境上传；支持导入课堂实录进行课堂观察，实现观课数据常态采集；支持可拍照、录音、录像、手写输入的课堂原始记录活动，课后自动生成观课记录。2020 年观课云 APP 上线，它完善了后台管理系统并加强了移动端

---

① 从 2015 年到 2019 年，在成都市高考参考人数整体呈下降趋势的情况下，本一上线率及本科上线率逐年提高。相对于 2015 年，2019 年本一上线率提高 16 个百分点，本科上线率提高 17.9 个百分点。

研发，为教师的专业成长提供客观数据和证据支持。

（四）建立助力优质均衡发展的共享融通生态

从2000年至今，成都先后建立"七朵云"，分别在教、学、研、培、评等领域深耕发展。2016年，继教云开通第三方统一认证接口，对接师培云、数校云，"三朵云"实现数据互通、学分互认。2020年，将大数据、云计算、云储存、人工智能、自适应学习等技术综合运用于"七朵云"，建成共享教育智慧大脑，形成多维融合、数据融通的全业务融合生态（见图4）。

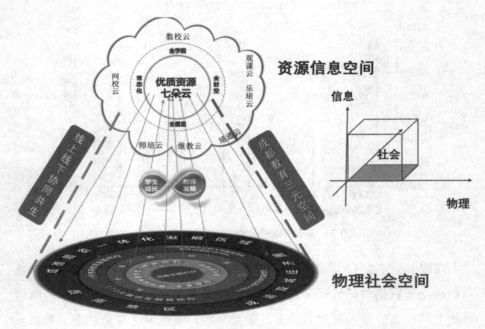

图4 "共享教育"三元协同样态

如图5所示，调查显示，处于同一地区的两所学校，在控制了网校云使用情况等变量后，A校教师比B校教师在数校云三年平均每人多使用390分钟，在师培云三年平均每人多使用50分钟，A校学业监测在三年间提升了21名，而B校学业监测下降了5名。

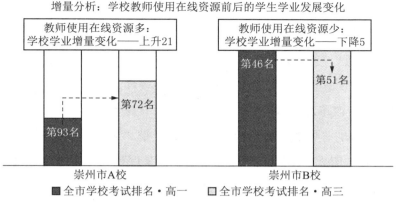

图5 "七朵云"数据融通分析案例

三、成都"共享教育"的创新分析与反思展望

（一）成都"共享教育"新模式创新分析

成都"共享教育"聚焦师生发展，聚集全市各类优质学校，借助互联网资源平台，汇集起信息空间的"七朵云"，利用信息技术，将优质教育资源辐射到区域内外，建构起"全学段、全时空、全覆盖、常态化"的"三全一常"的"共享教育"样态，实现了传统学校物理、社会与信息空间的三元协同。

1. 理论创新：聚焦教研主体，创建"共享教育"理论体系

成都市发挥教科研机构的"智库、引擎"功能，研究规律，明确了"共享教育"的内涵及特征，探索出"唯淬炼、方优质；唯优质、可共享"的"共享教育"约束条件，因应了"重构教育生态、消减代际贫困、回溯优秀传统与构建人类命运共同体"的社会"大同"价值主张，为推动信息技术成为教育教学内生变量、顺应教育信息化2.0时代诉求提供了典型范例。

2. 实践创新：凝练出"多元共生、四无四不"的资源生产、淬炼策略

"共享教育"致力于优质资源的萃取与打造，借助"七朵云"构建"多元共生"的教学研培评一体化体系，打磨满足师生需求的优质资源；坚持

深耕课堂，探寻物理社会空间优质教育资源，将资源数据化并上传至云端，形成信息资源空间；通过迭代升级，凝结成教学研培评全闭环的资源信息空间"七朵云"。在大数据、人工智能、自适应学习等技术支持下，打通"七朵云"的数据壁垒，突破现实限制，解决教育信息化高投入、低产出难题，摆脱教育改革发展高期待、缓进展困境，促进教育良性发展。

"优质"是"共享"的通行证，"淬炼"是"共享"的关键词。对此，我们建构出"四无四不"资源淬炼策略：一是课程设计，坚持无调研不课程；二是师资选拔，坚持无双名不选拔；三是磨课研讨，坚持无磨课不试镜；四是直播教学，坚持无反馈不直播。师培云、培通云和观课云等坚持"随身、随堂、随时、随地"的教师培训理念，构建起跨越课堂、学校、区域边界，融入课程、教学、评价、教研、师训全要素的教师培训体系。

3. 机制创新：厘清层级主责，催生上下贯通协同系统

"共享教育"构建起"政府引导、教研引领、多方参与、事企合作"的运行机制，形成"跨界融合、双线并行、三级联动、多元共赢"的保障机制，有力促进了教育公平；多层级融通技术、业务、模式、数据、理念，系统性、深层次地推动教育高质量发展，构建出新型教研模式，促进教研机构转型升级，凸显出教研机构上通下达的重要作用，丰富了中国特色教研制度。

（二）"共享教育"的反思与展望

"共享教育"在落地过程中遇到了一些问题：一是"七朵云"数据收集仍有障碍，距全面融通尚存差距；二是优质资源的品控机制和应用激励机制有待完善；三是共享教育的指数开发与应用仍须深入探究并进一步应用于"双减"工作。

在后续的发展中，我们要持续更新教学目标，转变教学理念，以个性适应与素养提升作为课堂培养的核心，以数据挖掘与有效使用作为教研转型的抓手，完善评价制度，以双向反馈与循证研究作为评价升级的目标，以数据化的循证研究弥补单纯经验教学的不足，真正落实因材施教，助力"双减"目标的达成，全面促进区域教育生态良性发展。

"双减"后中小学课后服务的创新实践与发展建议

刘胡权 ①

摘　要：课后服务是一项"顺民意、暖人心"的民生工程，历经不同发展阶段。"双减"之后，课后服务升级为立德树人根本任务下的重大决策部署，走向"全覆盖""常态化"与"高质量"。中小学课后服务在特色"赋能"、服务内容、内部治理、资源整合、教师关爱等方面做了积极的实践探索，提质增效明显，但仍存在系统性谋划不够、整体性推进不足、关键性问题尚未突破、教师课后负担加重、经费保障不足等问题，须进一步深化对课后服务的认识，完善课后服务综合管理，提升教师课后服务的能力。

关键词："双减"；课后服务；一体化；质量；管理

一、课后服务的发展历程

（一）2017 年之前的"课后托管"

2014 年前后，为解决放学后双职工、进城务工人员、单亲家庭等无暇看护孩子的问题，学校每周一至周五（寒、暑假及法定节假日除外）正常

---

① 刘胡权，北京教育学院副研究员，教育学博士，研究方向为教师教育、教育政策等。

放学后延长两小时，开展课后免费托管服务，利用课余闲置的校园资源开展主题活动和自主学习活动等，并提供相应的管理服务。[①] 由此可见，"课后免费托管"最初是作为政府教育综合改革的民生项目提出的，以解决家长无暇照看孩子的问题。

之后，"课后托管"从单纯的免费看护向减轻学生过重课业负担、发展素质教育的"课外活动"方面发展。例如，根据北京市 2014 年印发的《北京市教育委员会关于在义务教育阶段推行中小学生课外活动计划的通知》，课外活动主要偏向于体育、艺术、科技等，相关费用按照城区 400 元 / 人 / 年、远郊 500 元 / 人 / 年的标准，由政府财政买单。"经费主要用于学生体育、艺术、科技等活动，包括外聘教师费用、场地租用费、低值易耗品购置费，以及购买社会服务产生的费用等。"[②] 这开启了政府购买课后服务的模式，但是对于课程安排、经费使用比例等并无明确规定。

（二）2017—2021 年"双减"前的课后服务

2017 年 2 月，教育部办公厅印发《关于做好中小学生课后服务工作的指导意见》，明确指出，中小学应该发挥课后服务的主渠道作用，要合理确定课后服务的内容和形式，帮助家长解决无法按时接送学生的问题，增强教育服务能力。对于课后服务的内容，文件要求，学校主要组织学生做作业、自主阅读，参加体育、艺术、科普、娱乐游戏、拓展训练等活动，以及开展社团及兴趣小组活动、观看适宜儿童的影片等，提倡对个别学习有困难的学生给予免费辅导帮助。[③] 较之前一阶段的课后托管、课外活动，这一阶段的课后服务内涵得到较大拓展，不再是一般性的服务提供，而是走向辅学育人。

这一阶段的课后服务有效解决了"课后三点半"的难题——学生放学

---

① 佚名：《山东省威海市 48 所学校开展课后免费托管服务》，《学苑教育》，2016 (14)。
② 李立勋：《免费课外班能否破题中小学生托管难》，《北京商报》，2014-01-27。
③ 罗生全、卞含嫣：《高质量课后服务课程的体系建构与实施路径》，《北京教育（普教版）》，2022 (2)。

早、家长没时间管理，也为学生个性、特长的发挥提供了平台。然而，这一阶段的课后服务依然存在服务时间短、服务功能单一、服务主体权责不明晰、配套措施和标准缺乏、质量无法保障等问题。①

（三）2021年"双减"后的课后服务

2021年7月24日，中共中央办公厅、国务院办公厅印发《关于进一步减轻义务教育阶段学生作业负担和校外培训负担的意见》，对课后服务提出了更高要求。例如，从整体看，要"着眼建设高质量教育体系"，"构建教育良好生态"；从学校角度看，要强化"学校教育主阵地"，"整体提升学校教育教学质量和服务水平"。在对校外教育培训机构的态度上，由原来文件中提到的"中小学校要主动提醒家长选择有资质、有保障的课后服务机构"，转变为"双减"政策下的新要求："学校课后服务基本满足学生需求，学生学习更好回归校园"，"学生过重作业负担要在一年内有效减轻、三年内成果显著"。课后服务已升级为中央立德树人根本任务下的重大决策部署，走向"全覆盖""常态化"与"高质量"。

"双减"是社会关注、群众关切的民生实事，是解决家长急难愁盼问题的一项重要民生工程，是利国利民的国策、好事。在"双减"政策的指导下，学校从学生的全面发展和个性成长的实际需求出发，在"家长自愿，公益免费，校本特色"的原则下全面部署、系统设计、重点挖潜、精准发力，增强服务意识、精选服务内容、优化服务流程、建构服务体系，全面提升课后服务品质与育人实效。

二、"双减"后中小学课后服务的实践探索

"双减"是党中央国务院实施的一项重要政策，事关高质量教育体系的

---

① 刘登珲、卞冰冰：《中小学课后服务的"课程化"进路》，《中国教育学刊》，2021（12）。

建设，事关千家万户的利益，事关每个孩子的健康成长。学校要积极落实"双减"政策，从"整体规划、精准服务、优化供给、创新活动、拓展资源"等方面对课后服务工作进行积极探索，并以"课后服务"促"减负提质"，进一步转变教育教学理念，推进学校管理系统性变革，重构学生美好学校生活，不断提升学校育人质量。

（一）因校制宜，特色"赋能"服务品质

"双减"政策的实质是对教育观念的纠偏，是对"立德树人"根本任务的强化。这就需要教育者再次深入思考教育本质和教育规律。许多学校在落实"双减"政策过程中或多或少会遇到一些困难。例如，课后服务使学生在校时间延长，所以教师工作时间的调整、教师资源的调配是学校首先要解决的问题；课后服务不是单纯"看孩子"，如何科学设置课程也是学校必须解决的问题，如何统筹社会资源为校内所用也是学校要思考的问题。针对以上问题，各学校应从自身的资源和优势出发，为学生开发最适切的服务内容。

四川省成都市全面实施"托管＋拓展"课后服务模式，以更好地满足学生个性化发展的需求。广东省中山市推行"基本托管＋素质拓展"课后服务模式，课后服务课程涵盖艺术、体育、科普、劳动、阅读、心理等十三大类、237 门特色课程，新建校内运动队 87 支、艺术团 97 个。山东省日照市将课后延时服务和学校配餐相结合，把学生在学校就餐后的午休时间纳入课后延时服务范围，实现了"午餐＋午休＋课后延时服务"的无缝对接。

上述案例通过提供高质量的课后服务，增强学生校内学习的获得感，以满足减轻校外培训负担后引发的新的个性化学习需求。此外，很多学校将课后服务纳入学校整体建构，课内课后整体思考、有效联动，通过"五统筹"——统筹课程、统筹时间、统筹地点、统筹人员、统筹方式，实现"五提升"——提升课程设计能力、提升教学指导能力、提升学生学习能力、提升学生核心素养、提升学生参与活力，以"升"促"减"。

例如，北京市海淀区中关村第二小学（以下简称"北京中关村二小"）在学习目标引领下，将教学设计、学习过程、作业反馈和教学改进整合形

成一体化的"教学评改"体系。此体系置于课前、课中与课后，保障课后服务学业辅导的有效性，同时突出一个核心内容，即将"作业"作为检验学生学习目标是否达成的核心内容。学校制定作业"三步走"原则，即把作业设计作为教学设计的重要部分，把作业实施作为学习评价的重要依据，把作业效果作为教学改进的核心标准，共同勾勒出教与学的同心圆，实现"课前课中课下一体化"，课堂教学与课后服务有效衔接。

（二）丰富课后服务项目，提升课后服务质量

"双减"之后，根据课后服务的功能定位，实践中将课后服务划分为两种主要类型：一类是针对完成家庭作业有困难或者学业上需要个性化指导的学生，提供的适切、有针对性的课后服务指导；另一类是为了丰富、完善和强化学校教育，突出强调国家课程标准中的核心内容，为学生提供的兴趣、能力方面的菜单式拓展活动，以供学生自愿选择，增强课后服务的吸引力，促进学生个体的可持续性发展。

北京市广渠门中学把课后服务作为"五育并举"的重要抓手，纳入学校整体课程建构，从学生和家长需求出发，以"四段式"服务做"实"课后供给：体锻时光时段——在下午增加一次体育锻炼，实现全员户外活动；学科辅导时段——帮助学生在校完成作业，各学科教师提供查漏补缺式辅导服务；兴趣延伸时段——通过"兴趣＋自选"的方式，拓宽学生成长途径；温馨托管时段——根据学生和家长需求，安排静心阅读、伙伴交往、师生谈心等内容。

浙江省宁波市以课程建设为抓手，将课后服务标准化、体系化，中小学课后服务已经形成9612门课程，其中德育安全类360门，体艺特长类3807门，科普科探类1107门，人文阅读类1325门，多样化的课程深受学生欢迎。[①]北京市怀柔区宝山镇中心小学根据寄宿制学校的特点，将课后服

---

① 《浙江省宁波市系统发力、综合施策　推进"双减"工作落实落地》，《教育部简报》〔2021〕第 22 期，2021-11-16。

务与寄宿生在校教育教学进行一体设计，"五育并举"安排课外育人活动，把"课后服务"概念延伸为"寄宿生活服务"，致力于安排好课堂以外的每一项活动，营造在校 24 小时浸润式教育环境。学校施行了住宿生一日生活三唤醒，即：清晨安排 30 分钟晨练，早餐时听 30 分钟的中英文儿童歌曲，午休后上课前 10 分钟习字，晚饭后 30 分钟自主文体活动。

许多学校加强线上学习资源平台建设，着力打造或充分利用"双师课堂"，实现跨校课程线上资源共享，提供线上免费学习服务，这极大缓解了农村中小学存在的师资结构性缺编严重的问题。河南省信阳市贤山小学借助社会力量，依托"双师素质课堂"，利用科技手段，让农村孩子享受到高质量素质教育资源。北京东城区成立"1＋8＋X"立体网状的实践共同体，以教育科学研究院为引领，以 8 个学区为基本单元，联动 X 个学校（集团），在全区内进行双师课堂实验，建立区域内首批 78 个双师课堂教室，形成了"1＋1＋1（X）"的教研共同体。教研员引领，龙头校名师作为主讲教师，X 个成员校教师参与，采用跨校备课、师徒带教、名学科基地、名师基地教研等"双师课堂"应用模式，在区域内构建"双师"教育教学改革模式，为课后服务保驾护航。

（三）一体化系统构建，完善内部治理

课后服务是一项系统工程，既需要统筹课内、课外，又需要统筹多个主体，这就需要加强内部治理，进行一体化系统构建。课后服务应在充分调研的基础上，整体规划设计，确定服务目标，丰富服务内容，增强吸引力；统筹多个主体，分工协作，协同育人；完善内部治理结构，加强相关制度建设，促进课后服务规范化，保证课后服务稳定运行，实现课后服务的高质量发展。

北京教育研究院丰台实验小学通过设立课后服务规划部、课后服务发展部、课后服务保障服务部、课后服务监督测评部，完善课后服务的内部治理结构，保障课后服务的高质量发展。北京景山学校加强教研组建设，修订《北京景山学校教研组管理办法》，将课后服务纳入教研组教研计划，

与课内教研进行一体化研究，各教研组定期研究作业设计、作业辅导、课程开发等课后服务相关工作。北京中关村二小打破了以往固有的学科教研组管理体系，对全校教师重新组合，将所有行政干部、教师分到六个年级组，实行年级组制，每个年级都有一名行政干部进组，与年级大组长形成"双组长"负责制，实现对年级工作的"双统筹"。

（四）搭建平台打通渠道，统筹资源共建共享

课后服务是一项民心工程，民心工程不是简单的供给，而是从学生的发展出发，调动多方积极性，重新统筹学校、社会等资源，激发教师、学生、家长、社区的潜能，实现共建、共治与共享。

1. 盘活属地优质资源，精准对接

天津市建设"学生综合素质拓展课程资源库"，进一步扩大线上优质资源供给，满足学校对优质课后服务资源的多样化需求。同时，出台《关于发挥高校实践育人功能 提高中小学课后服务质量的实施方案》，将"高校元素"引入中小学课后服务，建立中小学与高校常态化合作机制，共建课后服务实践共同体。

2. 打破校地资源壁垒，汇聚资源

北京中关村学区编制了《中关村学区教育资源共享手册》，在汇聚"场馆资源、课程资源、在线资源、人才智库、定制资源"五大类基础上，又增添了"课后服务资源"，524项资源均呈现了资源的所属单位、适用范围、开放时间、使用要求等，供学校根据所需自主选择，学区协助对接，促成资源转化，为教育教学助力。《中关村学区教育资源共享手册》为学校提供了全方位、多维度、丰富立体的资源库，切实打通了学校与社会间的资源壁垒，在为学校精准对接资源、发挥资源效益、丰富课程供给等方面发挥了重要作用。

3. "大师资"的支持

丰富可选择的课后服务供给，对学校的师资形成很大挑战。大面积提高教师比例不太实际，应该探索其他可行路径。北京市丰台区长安新城小学的体育老师与有体育爱好的老师一起上体育课，体育课实行走班形式，

一个班学生能够上不同的体育课，见到不同的体育老师，解决了体育师资缺乏的问题。同时，学校应坚持"开门办学"，不做孤岛，引进社会力量扩充师资来源，邀请各领域的名家大师进校园，开设家长讲堂、名师讲堂、名生讲堂、学生影院等，集合家长、社会资源为学生提供开放式的学习方式。例如，江苏省教育厅联合省直有关部门，在南京市 5 个区开展科学家、院士、体育教练员和专业人士参加课后服务试点工作；山东省日照市组织开展少年宫进校园、体育艺术科技工作者进校园、家长和大学生志愿者进校园服务活动，实现了校内外联动。[①]

（五）关爱教师，保障教师权益

教师是学校课后服务全覆盖的主力军。随着"双减"政策的推进，"双减"给学生减轻负担的同时却给教师带来了很大压力。要为教师减负，就要善于从课后服务中去精心挖掘教师的需求，关爱教师，建立制度化的激励和保障机制，保障教师权益。

1. 探索弹性工作制，为教师"松绑"

有的学校规定每位教师每周两次可以 16:40 下班，有的学校规定每位教师每周可以有 4 个小时的弹性时间，以缓解教师的疲劳，保障教师休息和学习权益。中国音乐学院附属北京实验学校完善了《弹性工作制工作办法》，推迟上班时间，错后一小时上班解决了高峰期上班难的问题；增加存休时间，按 20 元 / 课时的标准，每学期一次性进行奖励，保障无法及时弹性上下班教师的合法权益。天津市和平区第二十中学附属小学实施素质拓展课程 AB 岗，保证教师休息时间。浙江省宁波市慈溪市横河镇教办为全镇近 400 名教师建立了课后服务"时间银行卡"，鼓励教师把参与课后服务的工作时间积攒至"时间银行卡"[②]，教师可以将其折算成自由支配时间，用于学习和调休。

---

① 李佳蕾、陈慧娟、刘祎莹：《"双减"背景下的"双增"——对课后服务和校外培训实效性的反思》，《少年儿童研究》，2022（6）。
② 白羽：《课后服务面临的困境及对策研究》，《辽宁教育》，2022（6）。

2. 进一步优化教师绩效工资方案，落实补贴政策，激励教师参与

由于一些地方财政紧张、配套政策还未落实等，部分参与课后服务的教师报酬偏少甚至没有报酬。江苏以及广东深圳、甘肃兰州等地陆续出台相关文件，明确对参加课后延时服务的教师的补贴标准。深圳市明确提出，各学校课后服务专项经费预算以每生每年 1000 元标准作为控制数，对参与课后延时服务的教师按照每人每次不低于 150 元、不高于 300 元的标准进行补贴。江苏省则明确提出，义务教育学校教师在法定工作日的课后服务报酬按照每课时不低于 60 元的标准核定发放。[1]

此外，有的学校减少了集中开会的次数，每次会议不超过 40 分钟；有的学校开设解压小屋，每天下午准备点心和水果，让教师补充能量、舒缓情绪，工会还举办各种活动，促锻炼送温暖，守护教师身心健康；课题研究也在一定程度上激发了教师在教育教学中持续的热情和动力，进而帮助教师收获成就感和幸福感。

三、课后服务存在的问题

"双减"之后，中小学课后服务尽管提质增效明显、成绩显著，但在实践探索过程中仍存在对课后服务的认识及定位不清、整体性推进不足、关键性问题尚未突破、教师负担加重、经费保障欠缺等问题。

（一）对课后服务的认识及定位不清，服务内容系统化不够

究竟是将课后服务只视作给有接送需要的学生提供的课后延时服务，还是将其作为所有学生都需要参加的素质教育平台？课后服务与家庭教育的关系是什么？课后服务是属于学校教育的延伸，还是在校园里开展的社会教育？对这些问题的认识，直接影响着课后服务的顶层设计、经费保障、

---

[1] 焦以璇：《如何保障参与课后服务教师的权益》，《中国教育报》，2021-10-11。

师资建设以及活动设计等。在实践中，难免存在"5 + 2"课后服务全覆盖走调、变形、打折扣的问题，一些地区或学校也存在"应付式""强制式"课后服务的问题。由于对课后服务的认识或定位的不同，相关主体在开展课后服务的实践过程中，所提供的服务内容往往是碎片化的，系统性不够。

"双减"对课后服务提出了更高的要求。如何从过去传统的随意式、碎片化的服务内容向系统化、课程化转变，突出育人导向，突出"五育并举""五育融合"，是"双减"后提升课后服务质量的关键。课后服务课程化就是要提升课后服务的吸引力，落实"五育并举"，把课后服务内容融入学校整体课程体系建设，彰显学校育人特色。从中小学的实践探索来看，大部分学校提供的课程和项目的种类有待丰富、品质有待提升，它们尚未纳入学校整体课程体系，存在课程设计水平不高、"课程化"程度偏低和安排不合理等问题，难以满足学生和家长多样化和专业化的需求。

首先，课后服务实施时间尚短，缺乏整体的课程目标设计，课后服务的育人方向还不清晰，没有与学校整体的育人目标形成呼应，课后服务课程与常规课程未能形成完整的课程体系。其次，在课程结构方面，横向上缺乏联结，课后服务课程内部模块的划分及各模块的关系等问题尚未厘清；纵向上缺乏梯度设计，课后服务课程内部模块之间衔接不够，尤其是高质量、长时段的探究性活动的数量和品质有待提升。[1] 再次，在课程实施上，通常由班主任或学科教师根据自己的学科进行指导，受师资问题的制约，重"服务"轻质量，对不同类型的课程缺乏针对性的教学指导。最后，课后服务还没有形成合适的课程评价机制，评价随意、简单，评价设计的科学性、有效性以及对评价数据的处理应用尚显不足。[2]

（二）教师负担重，专业发展亟待提升

2022 年 3 月 2 日在北京发布的全国"双减"成效调查报告显示，60.3%

---

① 刘登珲、卞冰冰:《中小学课后服务的"课程化"进路》,《中国教育学刊》,2021 (12)。
② 同上。

的受访教师认为开展课后服务后工作量加大，70.9% 的受访教师呼吁减轻非教学负担。"双减"后的课后服务工作延长了教师的工作时间，增加了教师的工作量，对教师的工作和生活有一定影响，教师连续工作 9 个多小时，身体负担重，精神和情绪压力大；因个别学生课后服务后不能被按时接走，教师打扫卫生、消毒完毕回家太晚，无法照顾自己子女；下午时间，多数教师忙于指导社团、辅导课业等，教师集体教研、学习的时间无法保证，而教师自身的专业发展亟待提升，否则将难以满足学生多样化的学习需求。此外，专业师资缺乏，尤其是艺术类、科技类教师短缺，而对外聘教师的资金支持不足，不能聘请高端教师授课，课后服务在质量提升方面还有很大空间。

为保证课后服务的质量及可持续性，学校应优化教师绩效工资方案，将教师参与课后服务的付出纳入工作量，并及时给予补贴，认可教师的劳动。同时，还应建立鼓励性激励机制，将教师参加课后服务的情况纳入评优、评先、职评，形成人人关注、人人参与、人人支持课后服务的局面。然而，这些尚未得到有效落实。

（三）课后服务管理亟待优化，经费保障机制亟待健全

开展课后服务带来诸多学校管理问题，需要尽快进行研究和解决：课后服务中的日常管理工作量大，存在安全隐患等问题，与之相关的管理制度和工作流程亟待更新、完善；教师弹性工作制的管理亟待细化和落实；学生参加课外学习时的纪律、注意力和学习效率等问题需要引起重视；学校专业教室和非正式学习空间较少，学校硬件设施设备等相关资源无法满足学生课后服务需求，如何整合、拓展学校现有教学资源并加强有效管理这一大难题亟须解决。此外，家长在思想认识、行为参与和协同配合等方面，需要学校和教师做大量的解释和沟通工作，协同育人的机制尚待完善和健全。

2022 年 3 月 2 日在北京发布的全国"双减"成效调查报告显示，课后服务经费保障机制尚未健全。有关调查显示，12.7% 的受访学校反映，课后服务教师补贴没有任何经费保障，涉及 73 个县（市、区），占 34.2%；19.5%

的受访教师参与课后服务未收到报酬。① 实践探索发现，经费方面的主要问题是资金数量短缺和使用标准不明确，具体体现在：校内教师承担超课时工作量但绩效总量未增加，补贴经费没有落实，补贴标准不明确；校外专业教师劳务费标准低，学校难以聘请到高水平专业教师；受制于经费数量，学校社团和兴趣特长课程无法充分开展。

四、课后服务的反思与建议

"双减"后的课后服务旨在回归教育初心，有效减轻因"超纲抢跑""超量的机械训练"带来的作业负担、因"过量考试""简单排名"和家庭教育不当带来的心理负担、因靠"拼时间拼体力"带来的身体负担等，真正把学生健康全面发展作为第一要务，丰富服务内容，切实增强课后服务的吸引力。"双减"后的课后服务整体规划设计，对于提升学校整体的教育教学质量、提升学校的治理水平、提升学校全体教师的育人理念具有重要意义。

（一）深化对课后服务的认识

课后服务供给需要从教育治理、教育资源的供给侧进行结构性改革，从课后服务的性质和价值定位考虑，而不仅仅只关注课后服务的细节性措施，需要做到标本兼治。课内教育是学校教育的基本供给，课后服务是延时供给，两者在学校全过程育人的完整链条上具有一致性和协同性。需要强调的是，课后服务历经不同发展阶段，不再只是学校提供的额外的、附加的、一般性的教育服务，而是基于"五育并举"、全面实施素质教育、实现立德树人根本任务的育人活动。因此，不能割裂地看待课后服务，要以整体、系统的思维，将其纳入学校整体课程规划，构建课内、课后一体化

---

① 熊丙奇：《如何构建课后服务经费保障机制》，《陕西教育（综合版）》，2022（4）。

课程体系，实现课后服务的育人价值。①

（二）完善课后服务综合管理

地方政府要进一步完善课后服务管理机制②、经费保障机制③、师资队伍选聘和权益保障机制、社会力量准入退出机制、课后服务质量考评机制④等，促进制度优势向服务效能的高质量转化。⑤学校要坚持问题导向与目标导向相结合、部门实施与整体推进相结合、普及与提高相结合、校内资源与校外资源相结合、过程监督与评价相结合，要充分借助信息管理平台⑥提升管理效能。学校要在适当提高课后服务指导薪酬的基础上，进一步健全和完善课后服务指导教师人员选聘、薪酬分配、职称评审、绩效考核和

———————

① 北京市西城区教育委员会：《整体设计　五育并举　护航学生健康快乐成长——北京市西城区关于"升级版"课后服务的思考与实践》，《中小学信息技术教育》，2021（12）。

② 山东、广东等地相继出台课后服务规范，制定服务标准，规范服务监管，加强制度建设，对服务时间、服务内容、组织实施、经费保障等做了具体规定，值得参考借鉴。上海市教委发布《上海市义务教育课后服务工作指南》，围绕课后服务意愿征询、服务活动内容设计与安排、校内管理与保障、校外资源利用、质量保障与监控等课后服务重点环节，设计了规范性标准和针对性指导。

③ 天津率先建立课后服务经费保障机制，通过"财政拨款＋服务性收费"的方式，保障参与课后服务教师的合理劳动所得。山东省教育厅等四部门联合印发了《山东省义务教育学校课后服务经费保障办法》，对课后服务工作的经费来源、经费使用、监督管理等进行了较为系统的规范，规定每生每课时收费乡村学校不超过 3 元，其他学校不超过 3.5 元，教师从事课后服务一般按照每课时不低于 50 元的标准核定补助，为做好课后服务工作提供了有效的经费保障。广西明确乡镇及以上义务教育学校课后服务主要以收费或代收费的方式筹措经费，乡镇以下义务教育学校课后服务由财政兜底解决，各地按照不高于每生每月 120 元的标准预收课后服务费，待自治区收费标准明确后按照"多退少不补"的原则进行结算。

④ 宁波细化指标观测点，将义务教育阶段学校作业布置是否分层，是否将社会和家长吸收到校内督导队伍中来等内容纳入了评价，共有 71 项指标、211 个观测点，值得参考。

⑤ 王敬杰：《新时期我国小学课后服务发展成效及改进建议》，《内蒙古教育》，2021（7）。

⑥ 广东省中山市印发《关于建立义务教育阶段课后服务管理平台的通知》，以课后服务管理平台为抓手，实现对市、镇（街）、学校、教师、学生、家长及符合资质的校外培训机构"一网管理"，不断优化管理流程，提升课后服务管理规范化水平。

权益保障等措施[1]，尤其是对课后服务指导教师的关爱措施和工作经历认定措施。

（三）提升教师课后服务能力

"双减"不减"责任"、不减"质量"、不减"成长"，这对学校课程建设、教育教学和教师发展提出了更高要求。[2] 课后服务的"课程化"，也为教师们的专业成长搭建了很好的平台。教师要加强对"双减"工作核心要义的理解，坚持以学生发展为本，落实立德树人根本任务，积极回应家长和学生的需求，把开展课后服务作为提高教育教学质量、减轻学生过重作业负担和校外培训负担的重要举措；在全面提高课堂效率和质量的基础上，充分发挥课后服务的育人功能，通过培训学习掌握专业技能，全面提升综合素养，内化于心，外化于行，不负时代使命。

---

[1] 山东省日照市中小学在对教职工参与课后服务给予收入奖补的基础上，还将参与课后服务的工作量、教研创新、服务质量等情况纳入教职工工作评价考核，将考核情况作为评优树先的参考条件，调动了教师参与积极性，提升了服务质量和水平。

[2] 朱国花：《以学校课程建设支持教师专业发展》，《上海教育》，2021（33）。

新时代劳动育人的实践与探索

黄　琼 ①

摘　要：《中共中央　国务院关于全面加强新时代大中小学劳动教育的意见》、教育部印发的《大中小学劳动教育指导纲要（试行）》等文件明确了新时代劳动教育的新要求，各级政府积极推动大中小学劳动教育蓬勃开展，取得了积极的成效。新时代劳动教育的重点从单纯的劳动技术掌握转向劳动素养提升。推动劳动教育高质量发展，要在深化劳动育人机制研究、丰富劳动教育实施途径、加强劳动教育支持保障体系建设等方面持续努力。

关键词：劳动教育；政策要求；实践创新

劳动是人类基本的实践活动和存在方式，是人类创造物质财富和精神财富的基本途径。在中华文明五千年的历史长河中，正是无数的劳动人民用勤劳的双手和智慧的大脑创造了辉煌的历史，铸就了灿烂的中华文明。中国自古就有劳动教育的传统，劳动文化作为中华优秀传统文化的重要组成部分，绵延不绝，历久弥新。"耕读传家久，诗书继世长""技可进道，艺可通神""黎明即起，洒扫庭除"等流传至今的语句记录着中华民族对劳动和劳动育人的理解。进入现代社会，随着生产力的发展，人们认识到劳动不仅能创造财富，更具有育人的价值，"生产劳动要同智育和体育相结

---

① 黄琼，中国教育科学研究院课程教学研究所助理研究员，中央及教育部劳动教育文件研制组专家，教育学博士。

合""使读书的动手，动手的读书，把读书和做工并起家来"等观点相继提出，并以此改革学校教育，推动社会生产、社会政治发展进步。

一、近年来劳动教育发展的重要举措

中华人民共和国成立后，国家始终在教育方针中坚持马克思主义关于教育与生产劳动和社会实践相结合的原理，并将其作为指导教育工作的一贯要求，培养了数以亿计的德、智、体、美、劳多方面和谐统一发展的劳动者。进入新时代，劳动教育的理论与实践围绕着"培养什么人、为谁培养人、怎样培养人"等根本问题不断探索，为劳动教育赋予了全新的育人价值意蕴。

（一）完善劳动教育体系

针对青少年学生群体中出现的"轻视体力劳动，看不起普通劳动者，不珍惜劳动成果"等问题，党和国家充分认识到劳动育人的重要性，提出要全面加强劳动教育。在 2018 年召开的全国教育大会上，习近平总书记明确提出"要努力构建德智体美劳全面培养的教育体系，形成更高水平的人才培养体系"。2020 年 3 月《中共中央　国务院关于全面加强新时代大中小学劳动教育的意见》（以下简称《意见》）发布，明确指出"把劳动教育纳入人才培养全过程，贯通大中小学各学段，贯穿家庭、学校、社会各方面，与德育、智育、体育、美育相融合，紧密结合经济社会发展变化和学生生活实际，积极探索具有中国特色的劳动教育模式，创新体制机制，注重教育实效，实现知行合一，促进学生形成正确的世界观、人生观、价值观"。

2020 年 7 月教育部发布《大中小学劳动教育指导纲要（试行）》（以下简称《指导纲要》），再次强调劳动教育是中国特色社会主义教育制度的重要内容这一基本性质，要全面提高学生劳动素养，使学生树立正确的劳动观念、具有必备的劳动能力、培育积极的劳动精神、养成良好的劳动习惯和品质。2021 年 4 月，《中华人民共和国教育法》修改施行，其中第五条明确规定："教育必须为社会主义现代化建设服务、为人民服务，必须与生产劳动和社会实践相结合，培养德智体美劳全面发展的社会主义建设者和接班人。"

系列法律、文件指出，应对新时代中国发展面临的历史挑战与发展机遇，劳动教育作为社会主义教育制度的重要内容，应在人才培养过程中扮演更加重要的角色，通过劳动育人不限于具体内容，但要注重使劳动教育与整个国民教育过程、与社会经济发展的需要相适应。

（二）丰富劳动教育内涵

新时代的劳动教育应具有三个基本特征：一是具有鲜明的思想性，必须将马克思主义劳动观贯彻始终，强调劳动是一切财富、价值的源泉，劳动者是国家的主人，一切劳动和劳动者都应该得到鼓励和尊重；倡导通过诚实劳动创造美好生活、实现人生梦想，反对一切不劳而获、崇尚暴富、贪图享乐的错误思想。二是具有突出的社会性，必须加强学校教育与社会生活、生产实践的直接联系，发挥劳动在个人与社会之间的纽带作用，引导学生认识社会，增强社会责任感；同时注重让学生学会分工合作，体会社会主义社会平等、和谐的新型劳动关系。三是具有显著的实践性，必须面向真实的生活世界和职业世界，引导学生以动手实践为主要方式，在认识世界的基础上，获得有积极意义的价值体验，学会建设世界、塑造自己，实现树德、增智、强体、育美的目的。①

尊重劳动、热爱劳动、崇尚劳动是社会主义的先进文化，学校有责任将其传承发扬。青少年脱离了劳动，脱离了劳动人民，甚至看不起劳动和劳动人民将是非常危险的事，引导青少年学生建立起与劳动、劳动者之间的情感，正确认识劳动的价值是劳动教育的根本宗旨。另外，实践中的学习是当前学校教育欠缺的，这带来了学生的实践能力、创新精神、社会责

---

① 《把新时代大中小学劳动教育落到实处——教育部教材局负责人就〈大中小学劳动教育指导纲要（试行）〉答记者问》，中华人民共和国教育部，http://www.moe.gov.cn/jyb_xwfb/s271/202007/t20200715_472807.html，2020-07-15。

任感等多个方面发展欠缺的问题，经验、观念、态度、价值的培养更应该发生在真实场景之中，通过劳动开展教育正弥补了这一短板。

劳动教育倡导通过劳动或在劳动中进行教育，但我们要清楚地认识到，不是组织学生开展了劳动就等于让学生经历了有意义的教育过程。各级各类学校开展劳动教育不是简单地开设几节课、搞几次活动，而是要强调，学生应在参与劳动实践中感悟劳动的价值，培养与劳动、劳动人民的情感，唤起内在劳动意愿，促进劳动中的学习成长；通过参与劳动认识到，人世间的美好梦想实现、人类社会发展中的各种难题解决都要依靠劳动，每一个人都可通过劳动实现自己的人生价值，从而逐渐实现自立自强、奉献他人和社会，成为高素质的劳动者、社会主义的建设者和接班人。

（三）加强劳动教育保障

为保障各级各类学校劳动教育正常开展，《意见》结合劳动教育实施面临的实际问题，从场地设施、人员安排、经费筹措、安全保障等角度提出了提升劳动教育支撑保障能力的要求：一是多渠道拓展实践场所，满足各级各类学校多样化劳动实践需求；二是多举措加强人才队伍建设，建立专兼职相结合的劳动教育师资队伍；三是健全经费投入机制，多种形式筹措资金，加快建设校内劳动教育场所和校外劳动教育实践基地，加强学校劳动教育设施标准化建设，建立学校劳动教育器材、耗材补充机制；四是多方面强化安全保障，建立政府负责、社会协同、有关部门共同参与的安全管控机制，建立健全安全教育与管理并重的劳动安全保障体系。《指导纲要》还提出，要通过加强劳动教育研究与指导、组织开展劳动教育课程资源研发、加强对学校劳动教育实施情况的督查、建立健全劳动教育激励机制等方式，整体提高大中小学劳动教育质量和水平。

二、劳动教育的实践探索和基本经验

劳动教育在过去一段时间内被弱化、淡化，现阶段，劳动教育依然面临着"不知道如何教""不愿意教""没有人教""没有地方教"等诸多现实问题。劳动教育涉及的领域广,工作头绪多,尤其需要从整体上、全局上认识问题,着眼于整体性、关联性、结构性的系统谋划,对其发展的相关要素和外部环境进行深入分析、全面把握,建立长效机制,推动运行顺畅的劳动教育支撑体系建设,才能真正确保劳动教育实践"不落空、不跑偏、不走形式"。

(一)整体规划设计劳动教育工作

各级政府、教育行政部门作为推动劳动教育开展实施的重要力量,在破解劳动教育面临的重视程度不够、资源缺乏、师资不足等难题上发挥着重要作用。为落实劳动教育要求,各省对开展劳动教育情况开展摸底调研,以研制推进劳动教育实施方案为抓手,系统规划设计劳动教育体系,对全省大中小学开展劳动教育的课程设置、内容安排、评价制度等工作提出明确要求,明确劳动教育的重点工作。截至2021年底,全国大部分省级劳动教育工作的实施方案或推进意见已经发布,其中北京、河北、陕西、广西等23个省(区、市)由省(区、市)委、省(区、市)政府发文,内蒙古、辽宁、江西、重庆、陕西等五省(区、市)的省(区、市)委、省(区、市)政府、教育厅均下发相关文件,吉林、四川两省由教育厅发文。同时,全国所有的省级教育行政部门都明确了主管劳动教育的处室,由专门人员统筹协调劳动教育工作。各省(区、市)比较清晰地勾画出了适应各地教育发展状况、符合学生发展需求的劳动教育实施蓝图,积极推进大中小学劳动教育的良好局面逐渐形成。

(二)多途径保障劳动教育工作开展

近年来劳动教育条件得到改善,资源缺乏、师资不足、经费不足等问题在一定程度上有所缓解。北京市自2015年启动实施市级学工学农劳动教育实践活动,通过盘活职业教育资源和购买社会资源服务等形式,强化劳动教育基地建设,完成"三农一工"劳动教育基地布局。广西提出各地要健全劳动教育经费投入机制，为学生劳动教育提供可持续的经费保障，加快建设校内劳动教育场所和校外劳动教育实践基地，加强学校劳动教育设施标准化建设。常州市统筹全市各类优质社会资源，梳理现有 467 个学生社会实践基地，建立"农业 +""工业 +""科技 +""生态 +""企业 +"等行业劳动实践基地，形成"一体四翼"格局。

（三）着重完善激励机制

到 2021 年底，各省都将劳动教育纳入督导体系，将各级政府和有关部门履行劳动教育职责、保障劳动教育情况以及学校实施劳动教育情况纳入督导范围，作为衡量区域教育质量和水平的重要指标，并作为地区、部门和学校及其主要负责人考核奖惩的依据。上海市《关于全面加强新时代大中小学劳动教育的实施意见》提出，"教育督导部门负责对各区和有关部门保障劳动教育情况以及学校组织实施劳动教育情况进行督导……将支持学生劳动教育情况纳入国有企业履行社会责任报告事项"。北京市发布《北京市普通中小学校劳动教育督导评估方案》，明确督导评估内容包括组织领导、课程设置、实践育人、协同育人、师资建设、措施保障、评价激励、教育效果、特色创新等 9 个方面，涉及 24 个评估要素。激励机制的完善，在一定程度上解决了学校"不愿意组织学生劳动"的问题。

（四）各级各类学校劳动教育实践丰富多样

各级各类学校主动将劳动教育目标与德智体美等教育目标建立自觉、自然、内在的联系，结合学段特点发挥好劳动教育的育人功能，多渠道、多途径开展劳动教育。普通高等学校劳动教育在关注劳动实践的基础上更加重视通识性劳动知识理解。天津大学提出推动课堂教学与实践活动贯通融合，以劳动教育引导学生"会劳动"，以专业实践锻炼学生"能劳动"，以文化浸润激励学生"爱劳动"。中国劳动关系学院着力推进"确立一项劳动特色育人目标、开设一组劳动教育特色课程、打造一种劳动模范协同育人机制、拓展一片劳动文化宣传阵地、搭建一系列劳动教育研究平台"

工程。

职业院校的劳动教育重点关注劳动精神、工匠精神的培育。深圳职业技术学院将劳动教育融入日常教学、融入创新创业教育、融入校园文化、融入社会实践，通过"三个突出"（突出工匠精神培育、创造性劳动、真实劳动），让学生练就钢筋铁骨、精湛技能。山东省潍坊商业学校形成了"目标、课程、实践、评价"四位一体劳动教育体系，即明确成长目标，涵养劳动精神；打造多元课程，建构教育载体；搭建实践平台，培养劳动技能；重视评价激励，建立保障机制。

中小学劳动教育则强调将劳动教育与学校整体教育教学体系有机融合，重视劳动观念、劳动能力、劳动习惯和品质、劳动精神的协调发展。辽宁省农村实验中学立足农村学校的实际，以基于经验、联系生活、尊重兴趣、着眼发展为理念开展劳动教育，建立三年日常劳动教育管理实施机制，把劳动教育落实到学校日常学习生活的各个方面。北京师范大学天津附属中学将日常生活劳动、生产劳动、服务性劳动作为劳动素养培养的主要内容，构建基础劳动、职业劳动、创造劳动三个层面。基础劳动满足学生参与家庭事务管理活动的需求；职业劳动满足学生面向职业、面向生产等专门领域的劳动实践需求；创造劳动满足学生特长劳动意愿和职业取向的需求。重庆市人民小学基于多年来开展劳动教育的实践探索，倡导不培养"特殊阶层和娇骄儿"，构筑包含"劳动·服务，劳动·工具，劳动·创造，劳动·精神，劳动·审美"五方面目标的课程框架，构建"美物""美者""美景"课程群，探索综合化、整合性的课程实施路径，通过多元化评价实现劳动教育的综合育人目的。

三、劳动教育中尚存在的问题

总体看，在劳动教育的推动下，政府部门和学校取得了一定的成效，形成了一些经验，例如聚焦整体规划设计，"全方位"开展劳动教育；结合学校的劳动教育资源，开发丰富多样的劳动教育课程；积极打造"热爱劳动、崇尚劳动"的校园文化，以校园文化建设促进学生获得对劳动更加深刻、全面的认识等。但值得关注的是，相较于德智体美这"四育"，劳动教育理论和实践研究则是相对薄弱的，新时代劳动教育尚处于起步阶段，依然存在一些问题，值得关注。

（一）劳动教育"简单化"

在一些学校劳动教育实践中，将劳动教育定位在"出力流汗，动手实践"上，简单地认为让学生参加了劳动就是开展了劳动教育，关注了身体的"劳动"，却缺乏对思想、观念等方面必要的"教育"。学生在参加劳动后，因为缺少必要的价值引导，反而对劳动产生误解和误读。各级各类学校开展劳动教育不是简单地开设几节课、搞几次活动，而是要让学生在参与劳动实践中感悟到劳动的价值，培养与劳动、劳动人民的情感，唤起内在劳动意愿，促进劳动中的学习成长。将劳动教育贯穿国民教育全过程，是期望通过让学生参与劳动，培养其对劳动和劳动人民的情感，从而激发其通过劳动为社会发展做出贡献的意愿，实际上是一个让学生从"享受"他人创造的劳动成果走向为他人"创造"劳动成果，最终成为有理想、有本领、有担当的劳动者的过程。

（二）劳动教育"形式化"

一些学校和地区的劳动教育不同程度地存在打卡式"走过场"、变相让家长"增负"等问题。"打卡拍照"成为学生参与劳动教育的"规定动作"：每次学生扫地班主任都要拍照，年级组收集上报；学生每次在家劳动，家长都要拍成视频发到班级群里，家长在照片拍摄、视频制作上花费的时间和精力反而更多。还有的学校舍近求远，身边的劳动教育资源不去利用，而是带着学生长途奔波，到所谓的劳动基地参加本可以就近完成的劳动实践。形式主义的劳动教育，拍照留痕交差了事，不仅花费了大量不必要的人力物力财力，还增加了教师、学生、家长的负担，与有关要求以及劳动的本意相背离。

（三）劳动教育"娱乐化"

有些学校为吸引学生而开展有趣、精彩的劳动实践，这样做虽然可以提高学生参与劳动的积极性，但常常会出现将劳动和游戏、娱乐混为一谈的问题。例如，有的学校让学生到农田参与劳动体验，采摘水果，学生到了劳动现场嘻嘻哈哈，拍拍照片、尝尝果实，全然不顾劳动的规范要求，更不要谈对农业劳动中"一分耕耘一分收获"的感悟和认识。劳动是付出的过程，要求劳动者负责任地对待每一个环节。如果将劳动"娱乐化"，虽然使很多枯燥的劳动看起来变得有趣，但从本质上来说，可能已经脱离了劳动，学生自然也培养不了对劳动的情感，更谈不上对劳动的理解认识以及对劳动成果的珍惜。

四、劳动教育未来发展的重点和方向

劳动教育"简单化""形式化""功利化"等问题得不到解决，就很难避免学校实践热热闹闹却收效不好的情况。这些问题的解决需要在以下几个方面下功夫：

（一）激发劳动教育主体的内生动力

随着相关政策的发布，新时代劳动教育的价值追求更加清晰，作为德智体美劳全面育人体系中的重要组成部分，劳动教育不是可有可无的。推动劳动教育长期实施，一方面要牢牢把握正确方向，坚持"因地制宜"的原则，探索符合区域、学校实际的劳动教育模式；另一方面要建立长效机制，不能简单地"搞运动"，热度过了便束之高阁。

劳动教育长效机制能否建立，动力机制是关键。现阶段，劳动教育主要是依靠国家、省市的相关政策文件推动。但劳动教育对于教师而言，并不是熟悉的领域，对教师提出了挑战，即要求教师打破原有传授知识的惯性，组织学生开展劳动实践，或是结合自身的教育教学工作，融入劳动观念、劳动精神的教育,这不是每一位教师都能够做到的。如果没有适当的激励和约束,"重智育、轻劳育"的情况将会长期存在。

激活广大教师的持续内生动力需要做到以下三点:一是引导教师深刻认识劳动教育对于青少年学生成长的意义和价值;二是通畅教师专业发展的渠道,逐步加大对教师激励的广度和力度;三是通过恰当合理的方式评价教师劳动教育实践,激发育人动力。

(二)加强劳动育人机制实践探索

劳动教育的宗旨不是简单地教学生干活,教会学生谋生,重要的是通过组织学生参与劳动让学生获得发展、成长,树立正确的劳动观念,从而成为未来的社会建设者。"为什么教""教什么""如何教"等问题把握不清,会带来劳动教育的"窄化""泛化""学科化"。一些学校劳动教育课程内容的设计虽关注了学生的劳动实践,但主要以知识逻辑组织课程,内容相对封闭,主要关注一些具体的劳动项目任务、操作过程步骤或关于劳动的理论等,倾向于用学科课程的教学方式教学生学会劳动、理解劳动,这有悖于劳动教育的实践取向。

经验的传承是劳动教育的重要内容。经验之中,有的可能说得清、道得明,有的却相反,可以体验到、领悟到,却难以言传、难以复制,那就是智慧。[①] 如今知识的获得(认知学习)也在强调从"无身"走向"情境",走向"具身"[②],如果劳动教育还停留于在课堂上讲讲劳动,那么劳动中的智慧传承、对正确劳动观念的体认等则难以实现。没有了这些,劳动教育也就难以成为一育。

对于究竟如何通过劳动来育人,或者说在劳动中,学生以什么样的方式发展成长,目前还没有充分的研究和实践。劳动育人机制的探索,实际

---

① 柳夕浪:《全面准确地把握劳动教育内涵》,《教育研究与实验》,2019(4)。
② 李曼丽、丁若曦、张羽等:《从认知科学到学习科学:过去、现状与未来》,《清华大学教育研究》,2018(4)。

上也可以看作是对学习方式变革的一次追问。劳动育人，主要是通过劳动、围绕劳动进行的，有着突出的实践性。劳动中的学习也不是被动地遵循某一固定线路的，而是围绕学生从事某种活动的兴趣和动机展开。我们要在"认知—劳动—再认知—再劳动"的育人循环中，认识到祖国的发展来自劳动、美好生活要靠自己的双手创造，进而激发学生的劳动意愿。

（三）完善劳动教育支持保障体系

一些区域、学校的劳动教育实施方案对劳动教育实际运行中可能影响育人成效的劳动教育资源的盘活、师资队伍建设、劳动安全规范等外在因素关注不够。在未来的工作中，区域、学校尤其要加强校内外资源整合和安全保障体系建设。

校内外资源整合包括师资、课程、场地等多维度的整合。一方面，加强校内外劳动教育资源开发，要利用好学校周边的社区、职业院校、社会福利机构等场地资源，加强课程开发，避免简单的娱乐化、碎片化劳动实践体验，增强活动的育人性和实效性。另一方面，劳动教育教师队伍建设是劳动教育推进的重要保障，在现有教师数量不足、短期内难以大幅增长的情况下，要吸纳一批职业院校教师、能工巧匠、劳动榜样等与学校教师组成专兼职结合的教师队伍，协同开展劳动教育。

安全保障体系是劳动教育长期开展的基本保证。学校一方面不能存在侥幸心理忽视安全隐患；另一方面不能因噎废食，因担心出现安全问题而限制或缩减学生的劳动时间。学校应该积极采取预防措施，有效防范安全事故和意外伤害事件的发生，确保学生在劳动实践中的安全。

总之，在未来一段时间内，要进一步从整体出发，从条件、政策、人员与经费等维度构建劳动教育支撑体系，用创新、健全的机制解决劳动教育实施中的现实问题，以推动劳动教育从常态化进行逐渐走向高水平实施。

教育调查
Education Survey

心理因素对未成年人互联网
使用行为的影响

孙宏艳 [①]

摘　要:《2020 年全国未成年人互联网使用情况研究报告》对中国青少年中心五年来未成年人使用互联网产品的大规模调查数据进行分析,挖掘未成年人网络使用行为的心理影响因素。数据显示,孤独感、自卑感、压力感等因素对未成年人合理健康使用网络相关产品有显著影响。报告提出,要特别关注未成年人的学习压力、朋友交往、生活习惯、人格健康、家庭教育五个方面,使未成年人享受网络带来的好处,规避网络使用的弊端。

关键词:少年儿童;互联网使用;心理;家庭;影响因素

　　随着互联网的快速发展,未成年网民规模持续增大,低龄化趋势更加突出。共青团中央维护青少年权益部与中国互联网络信息中心于 2021 年 7 月 20 日发布了《2020 年全国未成年人互联网使用情况研究报告》。据该报告显示,触网的未成年人已经达到 1.83 亿,比 2019 年提升了 0.09 亿;触网比例为 94.9%,比 2019 年上升了 1.8 个百分点;小学生学龄前触网的比例达到 33.7%,比 2019 年提升了 0.8 个百分点。[②] 这说明当代少年儿童已经

---

① 孙宏艳,中国青少年研究中心少年儿童研究所所长,研究员,研究方向为少年儿童社会性发展及家庭教育、少年儿童德育、行为习惯养成等。
② 《2020 年全国未成年人互联网使用情况研究报告》,中国互联网络信息中心,http://www.cnnic.net.cn/hlwfzyj/hlwxzbg/qsnbg/202107/P020210720571098696248.pdf。

成为名副其实的网络原住民。报告显示，未成年网民利用互联网学习的比例达到 89.9%，上网听音乐和玩游戏的比例分别为 64.8% 和 62.5%，上网聊天的比例为 55.1%，使用短视频的比例为 49.3%，和 2019 年相比均有所增长。① 由此可见，互联网产品对未成年人学习、娱乐、社交等方面发挥了重要作用。

近年来，未成年人网络保护的呼声越来越高。2021 年 6 月 1 日开始实施的《未成年人保护法》新增了"网络保护"专章，共增加了 17 条内容；2022 年 3 月 14 日，国家互联网信息办公室发布《未成年人网络保护条例（征求意见稿）》。家长、教师等成年人既希望未成年人能享受到网络发展的乐趣与红利，也担忧未成年人沉迷网络或者形成其他不良使用习惯。

心理动机对行为具有驱动性，未成年人的互联网使用行为与心理因素是否有一定的关系？本文分析了中国青少年研究中心近五年来对未成年人使用短视频、社交软件、网络游戏等产品的相关研究数据，探讨了未成年人网络使用行为与孤独感、自卑感、压力感等心理因素的关系，破解了未成年人网络保护的难点与堵点，寻找到更有效的未成年人网络保护方法。

报告使用近五年中国青少年研究中心对未成年人进行的全国大型调查数据进行相关分析。五次调查基本情况见表 1，下文使用调查数据时以调研实施年份代称该次研究。

一、心理因素对未成年人使用短视频的影响

随着移动网络和智能终端的发展与普及，短视频呈现出用户数量不断攀升的趋势，在未成年人中越来越火爆。据《2020 年全国未成年人互联网

---

① 《2020 年全国未成年人互联网使用情况研究报告》，中国互联网络信息中心，http://www.cnnic.net.cn/hlwfzyj/hlwxzbg/qsnbg/202107/P020210720571 098696248.pdf。

表 1　报告使用的五次未成年人调查数据

调研时间	调查对象	样本量（人）	调查范围
2022 年	4—12 年级学生	7460	东中西部及东北部 8 省（市）：北京、广东、江苏、河南、安徽、陕西、四川、辽宁
2021 年	4—12 年级学生	3957	东中西部及东北部 6 市：北京、深圳、南京、成都、沈阳、合肥
2020 年	4—9 年级学生	9312	东中西部及东北部 6 省（市）：北京、江苏、辽宁、河南、云南、陕西
2019 年	4—11 年级学生	10095	东中西部及东北部 8 省（区、市）：北京、广东、江苏、河南、安徽、广西、内蒙古、辽宁
2018 年	4—12 年级学生	3202	东中西部及东北部 6 市：北京、广州、合肥、成都、宝鸡、辽阳

使用情况研究报告》显示，未成年人经常看短视频的比例不断增长，2020年 49.3%，2019 年 46.2%，2018 年 40.5%，2020 年较之 2018 年共增长了8.8 个百分点。[①] 中国青少年研究中心"2019 年调查"也显示，用过短视频的未成年人已经达到 65.6%，经常使用短视频的也近半数；"2021 年调查"数据显示，用过短视频的未成年人已经达到 70.8%。可见，短视频已经成为未成年人接触较多的互联网产品，并且使用人数逐年上升。

（一）孤独感强的未成年人使用短视频更多、使用时间更长

对"2019 年调查"中未成年人心理因素与使用短视频的网络行为进行交叉分析发现，孤独感与使用短视频的行为显著相关。由图 1 可见，经常有孤独感的未成年人用过短视频的比例为 71.7%，没有孤独感的未成年人用过短视频的比例为 56.1%，二者相差 15.6 个百分点。这说明经常有孤独感的未成年人使用短视频更多。

---

① 《2020 年全国未成年人互联网使用情况研究报告》，中国互联网络信息中心，http://www.cnnic.net.cn/hlwfzyj/hlwxzbg/qsnbg/202107/P020210720571 098696248.pdf。

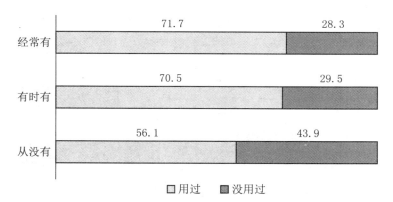

图1　孤独感与未成年人是否用短视频的交叉分析（%）

经常有孤独感的未成年人每天使用短视频时间更长。从表2可以看出，经常有孤独感的未成年人每天使用短视频4小时以上的比例为6.2%，从没有孤独感的未成年人每天使用短视频4小时以上的比例为1.4%，二者相差近5个百分点。经常有孤独感的未成年人每天使用短视频时间在1小时以下的比例为66.1%，从没有孤独感的未成年人每天使用短视频时间在1小时以下的比例为82.4%，二者相差16.3个百分点。这说明从没有感到孤独的未成年人使用短视频时间较短。

表2　孤独感与未成年人每天使用短视频时长的交叉分析（%）

孤独感	1小时以下	1—2小时	2—3小时	3—4小时	4小时以上
从没有	82.4	13.0	2.3	1.0	1.4
有时有	76.3	17.0	4.3	1.2	1.2
经常有	66.1	18.4	7.2	2.2	6.2

（二）心理压力大的未成年人使用短视频更多、时间更长

对"2019年调查"中未成年人是否使用短视频与心理压力进行交叉分析发现，心理压力大的未成年人使用短视频更多。经常感到心理压力大的学生用过短视频的比例为72.0%，从没有感到心理压力大的学生用过短视频的比例为56.4%，二者相差15.6个百分点（见图2）。

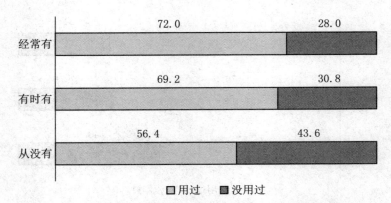

图 2　心理压力与未成年人是否用短视频的交叉分析（%）

同样，经常感到心理压力大的未成年人每天使用短视频时间在 4 小时以上的比例为 4.2%，从没有感到心理压力大的未成年人每天使用短视频时间在 4 小时以上的比例为 1.3%，二者相差 2.9 个百分点（见表 3）。可见，心理压力大的未成年人每天使用短视频时间更长。

表 3　心理压力大与未成年人每天使用短视频时长的交叉分析（%）

心理压力大的感受	1 小时以下	1—2 小时	2—3 小时	3—4 小时	4 小时以上
从没有	81.4	13.5	2.7	1.1	1.3
有时有	77.3	16.3	4.2	1.0	1.2
经常有	69.7	18.5	5.2	2.4	4.2

（三）孤独感强的未成年人看游戏动漫类内容更多

对"2021 年调查"的数据进行交叉分析发现，经常有孤独感的未成年人更喜欢看游戏动漫类视频，很少有孤独感的未成年人更喜欢看励志奋斗类或知识教育类视频，这说明孤独感不仅影响未成年人使用短视频的比例、时长，还影响他们对内容的选择。差异最大的是游戏动漫类视频，经常有孤独感的未成年人比几乎没有孤独感的未成年人高出近 11 个百分点（见表 4）。

表 4　孤独感与未成年人观看视频号内容的交叉分析（%）

	经常有	有时有	偶尔有	几乎没有
幽默搞笑	67.8	81.3	78.6	73.8
励志奋斗	46.0	50.0	52.6	51.4
心灵鸡汤	31.0	34.7	25.5	22.6
实用技能	37.4	38.6	36.6	37.2
旅游 / 美食	37.4	38.1	40.7	36.5
新闻热点	30.5	36.9	37.7	34.3
游戏动漫	42.0	45.7	38.6	31.1
猎奇 / 八卦	18.4	21.6	18.2	14.0
财经求职	8.6	5.7	5.9	8.0
知识教育	29.3	31.5	35.3	35.4

（四）自卑感强、心理压力大的未成年人看游戏动漫类内容更多

对"2021 年调查"的数据进行交叉分析发现，很少有"被看不起"感受的未成年人更喜欢看励志奋斗类、知识教育类的视频内容。由表 5 可见，几乎没有"被看不起"感受的未成年人看励志奋斗类视频的比例为 53.0%，看知识教育类视频的比例为 35.7%，比经常有这种感受的未成年人分别高约 10 个、13 个百分点；而经常感到自卑、"被看不起"的未成年人，喜欢看游戏动漫类短视频的比例为 45.4%，比几乎没有这种感受的未成年人高了近 12 个百分点。

表 5　自卑感与未成年人观看视频号内容的交叉分析（%）

	经常有	有时有	偶尔有	几乎没有
幽默搞笑	74.2	71.7	79.2	75.4
励志奋斗	42.3	48.1	48.9	53.0
心灵鸡汤	23.7	31.6	29.1	24.1
实用技能	29.9	44.8	36.6	36.9

（续表）

	经常有	有时有	偶尔有	几乎没有
旅游 / 美食	35.1	39.6	39.6	37.4
新闻热点	32.0	37.3	34.2	35.8
游戏动漫	45.4	46.2	38.5	33.6
猎奇 / 八卦	13.4	24.1	18.9	15.1
财经求职	9.3	7.5	4.9	7.7
知识教育	22.7	31.1	34.0	35.7

对"2021 年调查"的数据进行交叉分析发现，经常感到心理压力大的未成年人更喜欢看心灵鸡汤、旅游 / 美食、游戏动漫、财经求职类视频，在心灵鸡汤类视频上差异最大，比几乎没有这种感受的未成年人高约 12 个百分点。经常感到心理压力大的未成年人更少看幽默搞笑、励志奋斗、知识教育类视频，在励志奋斗类视频上差异较大，比偶尔有这种感受的未成年人低近 10 个百分点（见表 6）。

表 6 心理压力大与未成年人观看视频号内容的交叉分析（%）

	经常有	有时有	偶尔有	几乎没有
幽默搞笑	71.8	78.6	80.2	72.7
励志奋斗	45.3	53.6	55.2	48.5
心灵鸡汤	33.3	31.7	26.7	21.2
实用技能	36.8	39.9	39.3	34.8
旅游 / 美食	42.3	41.0	38.3	35.6
新闻热点	36.8	38.9	35.5	33.5
游戏动漫	44.0	38.7	35.1	34.6
猎奇 / 八卦	17.9	20.9	18.2	13.8
财经求职	9.0	6.2	5.8	8.0
知识教育	31.6	33.2	36.3	33.9

二、心理因素对未成年人使用线上社交产品的影响

线上社交产品为人们提供了丰富的社交体验和便捷的社交服务。近些年来，QQ、微信、易信、豆瓣、玩吧、知乎等熟人社交或半熟人社交、游戏社交、知识社交类产品，都深得未成年人的喜爱。在这些社交类产品中，微信作为国内用户量最大的一款社交 APP，是其中的佼佼者。"2022 年调查"的数据显示，有专属微信号的未成年人占比六成以上（63.2%）。以下以"2022 年调查"数据为基础进行分析。

（一）孤独感强的未成年人使用微信频率更高、拥有专属微信号年限更长

卡方检验发现，未成年人的孤独感与使用微信的频率、年限、功能等均显著相关。以使用频率为例，经常有孤独感的未成年人每天使用微信好多次的比例为 31.0%，几乎没有孤独感的未成年人每天使用好多次微信的比例为 21.8%，二者相差超过 9 个百分点（见表 7）。

表 7　孤独感对未成年人使用微信频率的影响（%）

孤独感	每天用好多次	每天用两三次	两三天用一次	周末才用	很少用
经常有	31.0	13.2	5.8	31.0	19.2
有时有	20.7	15.6	7.6	39.2	16.9
偶尔有	21.0	14.4	6.1	39.6	18.8
几乎没有	21.8	12.7	5.0	38.8	21.7

由图 3 数据可见，经常有孤独感的未成年人拥有专属微信号 3 年及以上的比例为 55.6%，几乎没有孤独感的未成年人拥有专属微信号 3 年及以上的比例为 39.3%，二者相差超过 16 个百分点。而几乎没有孤独感的未成年人有专属微信号 1 年以下的比例为 19.6%，比经常有孤独感的未成年人高近 9 个百分点。这说明，孤独感较强的未成年人拥有微信年限较长，开始使用微信时间较早；而较少有孤独感的未成年人拥有微信年限较短，开始使用

微信时间较晚。

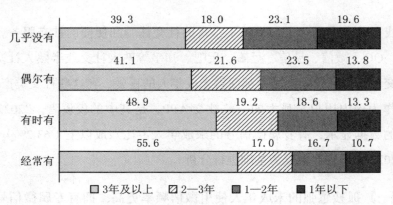

图 3　孤独感与未成年人拥有微信年限的交叉分析（%）

（二）自卑感强的未成年人使用微信频率更高、拥有专属微信号年限更长

经常有"被看不起"感受的未成年人，每天使用微信好多次的比例，比几乎没有这种感受的未成年人高 10 个百分点以上（见表 8）。而几乎没有这种感受的未成年人，周末才用微信、很少用微信的比例更高。

表 8　自卑感对未成年人使用微信频率的影响（%）

自卑感	每天用好多次	每天用两三次	两三天用一次	周末才用	很少用
经常有	31.7	11.5	6.0	31.1	19.7
有时有	23.7	14.5	6.3	38.3	17.2
偶尔有	23.4	14.6	6.8	38.0	17.2
几乎没有	20.9	13.4	5.3	39.1	21.3

经常有"被看不起"感受的未成年人使用微信 3 年及以上的比例为51.9%，比几乎没有这种感受的未成年人（40.8%）高 11 个百分点以上。而几乎没有这种感受的未成年人，使用微信 1 年以下的比例为 18.4%，比经常有这种感受的未成年人（15.3%）高 3 个百分点以上（见图 4）。

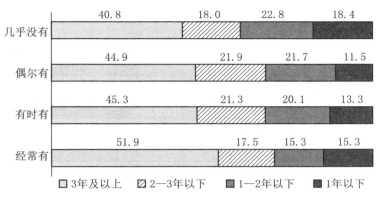

图4　自卑感与未成年人拥有微信年限的交叉分析（%）

（三）心理压力大的未成年人使用微信频率更高、拥有专属微信号年限更长

经常感到心理压力大的未成年人，每天使用微信好多次的比例，比几乎没有这种感受的未成年人高3个百分点以上。而"几乎没有"这种感受的未成年人每天很少使用微信的比例比"经常有""有时有""偶尔有"的比例更高（见表9）。

表9　心理压力大对未成年人使用微信频率的影响（%）

心理压力大	每天用好多次	每天用两三次	两三天用一次	周末才用	很少用
经常有	27.6	14.3	5.7	35.2	17.3
有时有	20.7	14.3	7.0	40.0	18.0
偶尔有	18.1	14.2	6.1	41.1	20.5
几乎没有	24.2	12.9	5.0	36.9	21.0

经常感到心理压力大的未成年人使用微信3年及以上的比例，比几乎没有这种感受的未成年人高16个百分点以上。而"几乎没有"这种感受的未成年人使用微信1年以下的比例比"经常有""有时有""偶尔有"感受的比例更高（见图5）。

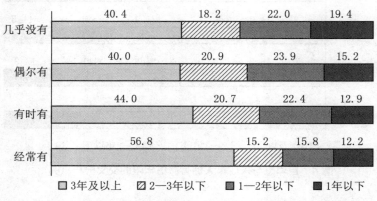

图 5　心理压力大与未成年人拥有微信年限的交叉分析（%）

三、心理因素对未成年人网络沉迷的影响

未成年人接触网络产品，家长和教师最担忧的可能就是网络沉迷，就怕孩子过于热衷各类互联网产品而导致沉迷或上瘾。2009 年和 2019 年，中国青少年研究中心先后两次对中小学生网络沉迷的状况进行了研究和比较。研究发现，2019 年未成年人有网络沉迷特征的比例为 18.0%，是 2009 年（6.7%）的约 2.6 倍。和 10 年前相比，随着互联网深度进入少年儿童的生活，未成年人沉迷网络的比例也在大幅增加。以下主要基于"2019 年调查"的数据进行分析。

（一）沉迷网络的未成年人经常有孤独感的比例更高

对未成年人的孤独感与网络沉迷的状况进行交叉分析发现，沉迷网络的未成年人经常有孤独感的比例更高，占 14.4%，比正常使用网络的未成年人高近 7 个百分点；有时有孤独感的比例也更高，比正常使用网络的未成年人高约 12 个百分点（见图 6）。可见，虽然未成年人长时间待在网上，有游戏和短视频，有网友聊天，但是他们的孤独感依然很强烈。

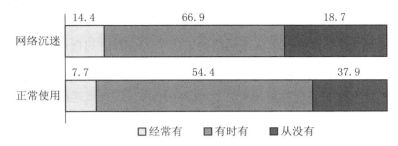

图6　正常使用网络者和沉迷网络者的孤独感比较（%）

（二）沉迷网络的未成年人经常感到"被看不起"的比例更高

对未成年人的自卑感与网络沉迷的状况进行交叉分析发现，沉迷网络的未成年人经常感到"被看不起"的比例更高，占6.7%，比正常使用网络的未成年人高3.1个百分点；有时有"被看不起"感受的比例也更高，占44.5%，比正常使用网络的未成年人高19个百分点（见图7）。网络给了未成年人重新塑造自我的机会，现实生活中的不如意、"被瞧不起"、自卑等心理更易促使未成年人在网络上塑造一个"新我"或者"理想我"，这个"我"也许并不真实，但是网络给了他们获得自尊和自我满足的机会。

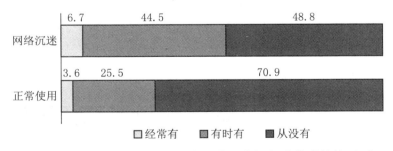

图7　正常使用网络者和沉迷网络者感到"被看不起"的比较（%）

（三）沉迷网络的未成年人经常感到不受欢迎的比例更高

自卑、敏感、缺乏自信的心理都有可能使一个人经常感到自己不受欢迎。研究发现，有这种心理的未成年人更易沉迷网络。由图8可见，沉迷网络的未成年人经常感到自己不受欢迎的比例为 6.7%，比正常使用网络的未成年人高 3.6 个百分点；沉迷网络的未成年人有时感到自己不受欢迎的比例为 45.1%，比正常使用者高近 17 个百分点；而网络使用行为正常的未成年人从来没有这种不受欢迎感受的比例为 68.5%，比有沉迷网络特征的未成年人高 20 个百分点以上。

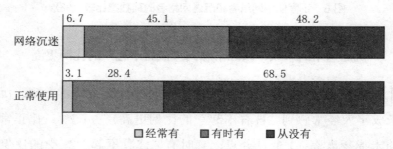

图 8　正常使用网络者和沉迷网络者感到不受欢迎的比较（%）

（四）沉迷网络的未成年人经常感到心理压力大的比例更高

对未成年人的心理压力与网络沉迷的状况进行交叉分析发现，沉迷网络的未成年人经常感到心理压力大的比例更高（26.9%），正常使用网络的未成年人有心理压力大的感受的比例为 13.1%，二者相差超过 13 个百分点。沉迷网络的未成年人有时有心理压力大感受的比例为 59.4%，比正常使用网络的未成年人（52.0%）高 7 个百分点以上（见图 9）。

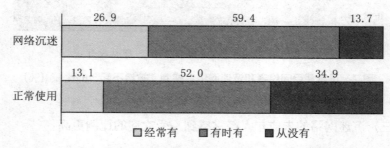

图 9　正常使用网络者和沉迷网络者感觉心理压力大的比较（%）

四、关注可能影响未成年人心理的因素

通过探究孤独感、自卑感、心理压力对未成年人使用短视频、社交软件以及网络沉迷行为的影响可以看出，孤独感、自卑感、心理压力等因素对未成年人使用各种网络产品的行为有着显著影响。无论未成年人是正常使用短视频、网络游戏、线上社交软件还是沉迷，都与其心理状态密切相关。然而，"2020 年调查"显示，未成年人感到自卑的比例和 10 年前相比有所增加，有一成多有较重的自卑感，认为自己什么都做不好，大家都比自己好；也有一成多经常感到孤独。

自卑感常使未成年人产生封闭心理，影响未成年人的生活、社交与发展，尤其影响未成年人对自我的评价，使未成年人形成心理定式，甚至引发人际关系障碍。自卑感可能进一步催化孤独感，二者犹如一对孪生兄弟，孤独又可能使人更自卑。孤独感作为一种心理反应，易让人产生心理和情绪上的痛苦。除了孤独感和自卑感，未成年人还有可能遭遇其他心理问题如焦虑、抑郁，也会面对更多成长压力，这些都有可能转化为未成年人的心理压力，短视频、游戏、社交平台等因此成了未成年人逃避现实困境的依赖。因此，在家庭教育和学校教育中要特别关注未成年人的生活，帮助未成年人解决成长中可能遇到的困惑，使未成年人心态平和积极，用健康向上的心态迎接生活。

（一）关注未成年人的学习压力与学历期待

研究发现，未成年人的学习成绩、学历期待、学习压力等对网络使用行为也有较大影响。"2022 年调查"显示，学习成绩好的未成年人更能合理安排使用微信的方式，也更愿意使用青少年模式。例如，没开启青少年模式的未成年人，成绩中等以上的比例为 47.3%，成绩中等以下为 57.5%，二者相差了 10 个百分点以上；"2019 年调查"也显示，有网络沉迷特征的未成年人感到学习负担很重、较重的比例更高，比正常使用网络的未成年人高近 22 个百分点。"2020 年调查"显示，虽然和 5 年前相比未成年人的学习期待降低了，但是希望将来获得博士学位、硕士学位的比例仍然近七成。这也意味着很多未成年人将面临学历期望无法实现的压力。

学习是未成年时期的重要任务，在未成年人心目中占据非常重要的位置。如果学业压力过大，可能会使未成年人产生焦虑、抑郁等心理问题。"2020 年调查"显示，约两成未成年人有焦虑倾向，经常感到紧张，担心发生不好的事情；约一成有抑郁倾向，经常闷闷不乐。自我接纳是健康人格的基本特征，也是健康人格养成的起点。家长和教师等成年人要关注未成年人的学习生活，积极缓解未成年人的学习压力，使未成年人形成合理的、适中的学历期待。

（二）关注未成年人的同伴交往和社交技能

研究发现，如果未成年人缺少朋友或者缺乏社交技能，他们的网络行为也会不健康，他们也更易产生孤独感和自卑感，产生社交压力。例如，"2019 年调查"发现，和正常使用网络的未成年人相比，沉迷网络的未成年人经常独自一人的比例要高 6 个百分点，有心里话谁也不说的比例要高近 9 个百分点，与第一次见面的人交谈困难的比例高约 16 个百分点。

家长要鼓励孩子与同龄人交朋友，给孩子创造交往机会或活动；学校也应多给未成年人一些社交技能方面的训练，为未成年人提供与同龄人交往的平台，使未成年人可以从同龄群体中获得更多的情感支持。

（三）关注未成年人的课余生活和闲暇安排

研究发现，未成年人能否自主安排闲暇时间、课余生活内容，与网络使用也有着密切的关系。"2019 年调查"显示，沉迷网络的未成年人课余没时间做感兴趣的事的比例更高，比正常使用网络的未成年人高 18 个百分点。而且，沉迷网络的未成年人感到睡眠不够、运动不够的比例均更高。但是，"2020 年调查"显示，未成年人的运动和睡眠都是严重不足的，超过半数未成年人休息日运动不足 1 小时，有八成小学生睡眠不达标。

家长和教师要特别关注未成年人的课余生活，尽可能地丰富他们的休闲生活内容，创造机会让孩子到户外去跑跑跳跳。同时，家长也要带头养成良好的生活习惯，进行积极健康的闲暇活动，这样才能使未成年人从小养成健康的生活方式。

（四）关注未成年人的未来目标和健康人格

研究发现，是否对未来有目标直接影响着未成年人的网络使用行为。"2019年调查"发现，沉迷网络的未成年人对未来感到迷惘的比例更高，比正常使用网络的未成年人高26个百分点。然而，"2020年调查"发现，只有六成多未成年人对未来充满希望，和五年前相比减少了10多个百分点。而且"2019年调查"还发现，沉迷网络的未成年人对现实生活更加不满，对学习不满意的比例比正常使用网络的未成年人高16个百分点，对生活能力不满意的比例比正常使用网络的未成年人高近5个百分点。

因此，成年人要帮助未成年人树立合理的成长目标，帮助未成年人正确认识自我，发现现实生活的魅力，调整好未成年人的生活状态，要特别注意帮助未成年人形成健康人格，在日常生活中养成良好行为习惯。

（五）关注未成年人的家庭关系和家庭生活

研究发现，亲子关系对未成年人的网络使用行为有非常大的影响。家庭养育中的很多因素不仅影响着未成年人的心理状态，也直接影响着未成年人的用网行为。"2018年调查"发现，亲子关系对未成年人接触网络游戏的行为有显著影响。亲子关系越不好，未成年人玩网络游戏的频率越高，在游戏上的花费越高。例如，在亲子关系不好的家庭，未成年人每星期在网络游戏上的花费在100—199元的比例更高，比亲子关系好的家庭高39个百分点。"2019年调查"也显示，沉迷网络的未成年人家庭关系较差，与爸爸关系不好、与妈妈关系不好的比例均比正常使用网络的未成年人高。而且，"2021年调查"和"2022年调查"显示，家中经常有家长唠叨、各自上网不交流、大人不尊重"我"、父母上网更频繁等情况的未成年人使用社交APP、刷短视频的比例更高。

因此，家长尤其要注意与孩子构建和谐的亲子关系，理解网络一代的发展需求，尊重未成年人的成长规律，做孩子的大朋友。家长还要不断提升教育素质，改善教育方式，学习科学的教育方法，这些是形成和谐亲子关系、帮助未成年人健康用网的基础。

迈向优质化：近五年首都农村新任教师队伍总体状况及特征

苏尚锋　程思杨　关园园 ①

摘　要：教师是最重要的教育资源，农村教师的基本质量、工作状况及专业发展直接影响到农村基础教育的质量。通过对北京十个区县农村中小学新任教师基本特征、专业水平、工作强度及专业发展四个方面的调研发现，近五年北京市农村中小学新任教师在学历层次、毕业院校、学科结构、所教所学一致性、教育理念、专业素养、发展质量等方面的指标均达到很高的水平，一些指标已经超过国内各大城市甚至 OECD 国家教师的平均水平。许多教师教学效果显著，获得业界很高的评价，赢得许多荣誉与奖励。这些特征都标志着首都农村教师队伍建设正在迈向优质化。

关键词：新任教师；农村教师；"双减"工作；教师队伍建设；优质化

教师是最重要的教育资源，是提升农村教育质量的关键。习近平总书记多次强调，要把提升农村教师队伍整体素质"作为教育事业发展最重要的基础工作来抓"。他要求有关部门"制定切实可行的政策措施，鼓励有志

---

① 苏尚锋，首都师范大学教师教育学院教授；程思杨，首都师范大学教师教育学院硕士生；关园园，首都师范大学教师教育学院硕士生。本文为北京市社会科学基金决策咨询项目"北京市乡村教师'特岗计划'（2016—2020）政策评估"（20JCB104）主要成果之一。

青年到农村、到边远地区为国家教育事业建功立业"①。按照《北京市乡村教师特岗计划（2016—2020 年）》的实施范围设定，以天安门为中心，涵盖北京市城市发展新区和生态发展涵养区的五环以外十个区（顺义区、通州区、大兴区、房山区、门头沟区、昌平区、平谷区、密云区、怀柔区、延庆区）均为乡村教师队伍建设的主要设岗县，以期造就一支素质优良、结构合理、甘于奉献的乡村教师队伍，为实现北京教育现代化和义务教育优质均衡发展提供坚强有力的师资保障。②

　　近五年北京市农村中小学新任教师的整体数量持续保持在一个相对稳定、略有增长的水平。依据北京教育事业发展统计数据测算，近五年北京市农村中小学的专任教师数量从 2017 年的 50258 名③，以每年增加1000 多人的速度④，增长到 2021 年的 55595 名⑤，以适应学生人数逐年上升的需求。近五年北京市农村中小学的新任教师数量为 9763 名⑥，其

①　习近平：《做党和人民满意的好老师——同北京师范大学师生代表座谈时的讲话（2014 年 9 月 9 日）》，北京：人民出版社，2019：13—14。

②　《北京市大力加强乡村教师队伍建设》，中华人民共和国教育部，http://www.moe.gov.cn/jyb_xwfb/s6192/s222/moe_1732/201604/t20160421_239466.html，2016-04-21。

③　北京市教育委员会：《2017—2018 学年度北京教育事业发展统计概况》，http://jw.beijing.gov.cn/xxgk/shujufab/tongjigaikuang/202003/t20200325_2709335.html，2018-07-04。

④　北京市教育委员会：《2018—2019 学年度北京教育事业发展统计概况》，http://jw.beijing.gov.cn/xxgk/shujufab/tongjigaikuang/202003/t20200325_2709334.html，2019-05-05。北京市教育委员会：《2019—2020 学年度北京教育事业发展统计概况》，http://jw.beijing.gov.cn/xxgk/shujufab/tongjigaikuang/202003/t20200325_2709332.html，2020-03-24。北京市教育委员会：《2020—2021 学年度北京教育事业发展统计概况》，http://jw.beijing.gov.cn/xxgk/shujufab/tongjigaikuang/202103/t20210325_2709330.html，2021-03-25。

⑤　北京市教育委员会：《2021—2022 学年度北京教育事业发展统计概况》，http://jw.beijing.gov.cn/xxgk/shujufab/tongjigaikuang/202203/t20220325_2709328.html，2022-03-25。

⑥　北京市教育委员会：《2016—2017 学年度北京教育事业发展统计概况》，http://jw.beijing.gov.cn/xxgk/shujufab/tongjigaikuang/202003/t20200325_2709336.html，2017-07-07。北京市教育委员会：《2017—2018 学年度北京教育事业发展统计概况》，http://jwbeijing.gov.cn/xxgk/shuiufab/tongiigaikuang/（转 下 页）

中 2017 年和 2021 年农村中小学新任教师的规模分别为 1924 名 ① 和 2112

（接上页）202003/t20200325_2709335.html，2018-07-04。北京市教育委员会：《2018—2019 学年度北京教育事业发展统计概况》，http://jwbeijing.gov.cn/xxgk/shujufab/tongiigaikuang/202003/t20200325_2709334.html，2019-05-05。 北京市教育委员会：《2019—2020 学年度北京教育事业发展统计概况》，http://jwbeijing.gov.cn/xxgk/shujufab/tongjigaikuang/202003/t20200325_2709332.html，2020-03-24。北京市教育委员会：《2020—2021 学年度北京教育事业发展统计概况》，http://jwbeijing.gov.cn/xxgk/shujufab/tongiigaikuang/202103/t20210325_2709330.html，2021-03-25。

① 大兴区教育委员会：《2017 北京大兴区教师招聘 145 名公告》，http://beijing.hteacher.net/jiaoshi/20170628/157044.html，2017-06-28。 大兴区教育委员会：《2017 北京大兴区教师招聘 200 名公告》，http://beijing.hteacher.net/jiaoshi/20170310/150856.html，2017-03-10。通州区教育委员会：《2017 年北京市通州区教师招聘 423 名公告》，https://www.hteacher.net/jiaoshi/20170507/153821.html，2017-05-05。顺义区教育委员会：《2017 年北京市顺义区教师招聘 219 名公告》，https://www.hteacher.net/jiaoshi/20170225/149914.html，2017-02-24。 昌平区教育委员会：《2017 北京昌平区教委所属事业单位教师招聘 272 名公告》，https://www.hteacher.net/jiaoshi/20170323/151601.html，2017-03-23。 昌平区教育委员会：《2017 北京市昌平区教师招聘 248 名公告（第 2 次）》，http://beijing.hteacher.net/jiaoshi/20170808/160282.html，2017-08-08。 昌平区教育委员会：《2017 北京昌平区中小幼教师招聘 309 名公告》，https://www.hteacher.net/jiaoshi/20170808/160282.html，2017-08-08。 门头沟区人力资源和社会保障局：《2017 北京门头沟区教师招聘 132 名公告》，https://www.hteacher.net/jiaoshi/20170327/151825.html，2017-03-24。 门头沟区人力资源和社会保障局：《2017 年北京门头沟区第二次教师招聘 27 名公告》，https://www.hteacher.net/jiaoshi/20170601/155270.html，2017-05-25。 门头沟区人力资源和社会保障局：《2017 北京门头沟区教育系统事业单位教师招聘 102 名公告》，https://www.hteacher.net/jiaoshi/20170526/154943.html，2017-05-26。 房山区教育委员会：《2017 年北京市房山区教师招聘 189 名公告》，https://www.hteacher.net/jiaoshi/20170126/148000.html，2017-07-25。 房山区教育委员会：《2017 北京房山区教育委员会所属事业单位教师招聘 84 名公告》，https://www.hteacher.net/jiaoshi/20170624/156822.html，2017-06-23。 怀柔区教育委员会：《2017 年北京市怀柔区第二批教师招聘 162 名公告》，https://www.hteacher.net/jiaoshi/20170410/152500.html，2017-03-31。 怀柔区教育委员会：《2017 北京市怀柔区教育系统所属事业单位教师招聘 19 名公告》，https://www.hteacher.net/jiaoshi/20170629/157083.html，2017-06-28。 怀柔区教育委员会：《2017 北京市怀柔区教育系统所属事业单位教师招聘 25 名公告》，https://www.hteacher.net/jiaoshi/20170909/162033.html，2017-09-07。 平谷区教育委员会：《2017 年北京市平谷区教师招聘公告（26 名）》，http://www.wenwu8.com/article/126369.html，2017-04-20。 平谷区教育委员会：《平谷（转下页）

名 ①。由于各区教师既有结构以及自然减员状况的差异，不同区县不同年度

（接上页）区教育委员会 2017 年招聘教师公告》，http://www.bjbys.net.cn/c/2017-04-21/282060.shtml，2017-04-20。北京市密云区人力资源和社会保障局，北京市密云区教育委员会：《2017 北京密云区教育委员会面向应届毕业生教师招聘 145 名公告》，https://www.hteacher.net/jiaoshi/20170309/1520170784.html，2017-03-08。北京市密云区人力资源和社会保障局，北京市密云区教育委员会：《北京市密云区教育委员会教师招聘 27 名公告（第二次）》，https://www.hteacher.net/jiaoshi/20170524/154804.html，2017-05-23。北京市延庆区人力资源和社会保障局：《2017 北京市延庆区事业单位教师招聘 5 名公告》，https://www.hteacher.net/jiaoshi/20170220/149482.html，2017-02-17。北京市延庆区教育委员会：《2017 北京市延庆区教育委员会中小学教师招聘 33 名公告》，https://www.hteacher.net/jiaoshi/20170331/152074.html，2017-03-30。

① 大兴区教育委员会：《2021 年北京市大兴区教育委员会所属事业单位公开教师招聘 99 名公告》，https://www.hteacher.net/jiaoshi/20210422/277180.html，2021-04-22。大兴区教育委员会：《2021 年北京市大兴区教育委员会第二批公开教师招聘 30 名公告》，https://www.hteacher.net/jiaoshi/20210702/286744.html，2021-07-02。大兴区教育委员会：《2021 年北京市大兴区教育委员会第三批公开教师招聘 5 名公告》，https://www.hteacher.net/jiaoshi/20210810/293329.html，2021-08-10。大兴区教育委员会：《2021 年北京市大兴区教育委员会第四批公开教师招聘 5 名公告》，https://www.hteacher.net/jiaoshi/20210826/296778.html，2021-08-26。通州区教育委员会：《2021 年北京通州区教委所属事业单位教师招聘 135 名公告》，https://www.hteacher.net/jiaoshi/20201230/261677.html，2020-12-30。通州区教育委员会：《2021 北京通州区教委所属事业单位第二次面向毕业生教师招聘 192 名公告》，https://www.hteacher.net/jiaoshi/20210603/282789.html，2021-06-03。通州区教育委员会：《2021 年北京通州区教委所属事业单位第二次面向毕业生招聘公告》，https://www.hteacher.net/jiaoshi/20210821/295822.html，2021-08-19。《2021 年北京通州区教委所属事业单位面向社会教师招聘 16 名公告》，https://www.hteacher.net/jiaoshi/20210826/296780.html，2021-08-26。顺义区教育委员会：《2021 年北京顺义区教委所属事业单位教师招聘 100 名公告》，https://www.hteacher.net/jiaoshi/20210826/296780.html，2020-12-03。顺义区教育委员会：《2021 年北京顺义区教委所属事业单位面向社会公开教师招聘 93 名公告》，https://www.hteacher.net/jiaoshi/20210525/281456.html，2021-05-25。顺义区教育委员会：《2021 年北京顺义区教委所属事业单位面向社会第三次教师招聘 16 名公告》，https://www.hteacher.net/jiaoshi/20210728/291016.html，2021-07-28。顺义区教育委员会：《2021 年北京顺义区教委所属事业单位面向社会第四次教师招聘 6 名公告》，https://www.hteacher.net/jiaoshi/20210825/296548.html，2021-08-25。昌平区教育委员会：《北京市昌平区教委所属中小学面向 2021 应届生教师招聘 200 名公告》，https://www.hteacher.net/jiaoshi/20210310/270307.html，2021-03-10。昌平区教育委员会：《2021 年北京昌平区教委所属事业单位教师招聘 118 名公告（第二批）》，（转下页）

（接上页）https://www.hteacher.net/jiaoshi/20210506/278301.html，2021-05-06。昌平区教育委员会：《2021年第3次北京昌平区教委所属事业单位面向社会教师招聘77名公告》，https://www.hteacher.net/jiaoshi/20210609/283455.html，2021-06-09。昌平区教育委员会：《2021年北京昌平区教委所属事业单位第4次面向社会教师招聘12名公告》，https://www.hteacher.net/jiaoshi/20210824/296337.html，2021-08-24。门头沟区教育委员会：《2021年北京门头沟教育系统事业单位教师招聘131名公告》，https://www.hteacher.net/jiaoshi/20210610/283725.html，2021-06-10。门头沟区教育委员会：《2021年北京门头沟区教育系统第二批事业单位教师招聘20名公告》，https://www.hteacher.net/jiaoshi/20210825/296549.html，2021-08-25。房山区教育委员会：《2021北京房山区教委教师招聘115名公告》，https://www.hteacher.net/jiaoshi/20210311/270406.html，2021-03-11。房山区教育委员会：《2021北京房山区教育委员会所属事业单位教师招聘164名公告》，https://www.hteacher.net/jiaoshi/20210712/288262.html，2021-07-12。房山区教育委员会：《2021年北京房山区教育委员会所属事业单位教师招聘60名公告》，https://www.hteacher.net/jiaoshi/20210922/301577.html，2021-09-22。平谷区教育委员会：《2021年北京平谷区教育委员会所属事业单位教师招聘28名公告》，https://www.hteacher.net/jiaoshi/20210402/273703_2.html，2021-04-02。平谷区教育委员会：《2021年北京平谷区教育委员会所属事业单位教师招聘51名公告》，https://www.hteacher.net/jiaoshi/20210621/285085.html，2021-06-21。平谷区教育委员会：《2021年北京平谷区教育委员会所属事业单位第三次教师招聘27名公告》，https://www.hteacher.net/jiaoshi/20210621/285085.html，2021-08-25。怀柔区教育委员会：《2021年北京怀柔区教育系统所属事业单位教师招聘72名公告》，https://www.hteacher.net/jiaoshi/20210225/268629.html，2021-02-05。怀柔区教育委员会：《2021年北京怀柔区教育系统所属事业单位第二批教师招聘61名公告》，https://www.hteacher.net/jiaoshi/20210628/285776.html，2021-06-28。怀柔区教育委员会：《2021年北京怀柔区教育系统所属事业单位第三批教师招聘7名公告》，https://www.hteacher.net/jiaoshi/20210825/296545.html，2021-08-25。密云区教育委员会：《2021年北京市密云区教育委员会关于公开教师招聘111名公告》，https://www.hteacher.net/jiaoshi/20210420/276784.html，2021-04-20。密云区教育委员会：《2021年北京密云区教委面向北京市事业单位在编人员教师招聘26名公告》，https://www.hteacher.net/jiaoshi/20210611/283897.html，2021-06-11。密云区教育委员会：《2021年北京密云区教育委员教师招聘58名公告（三）》，https://www.hteacher.net/jiaoshi/20210621/285059.html，2021-06-21。密云区教育委员会：《2021年北京市密云区教育委员会事业单位教师招聘2名公告》，https://www.hteacher.net/jiaoshi/20210825/296569.html，2021-08-25。延庆区教育委员会：《2021年北京市延庆区教育委员会关于第一批公开教师招聘93名公告》，https://www.hteacher.net/jiaoshi/20210506/278429.html，2021-05-06。延庆区教育委员会：《2021年北京市延庆区教育委员会第二批公开教师招聘12名公告》，https://www.hteacher.net/jiaoshi/20210706/（转下页）

的教师招聘数量呈现较大差异。比如大兴区 2017 年招 345 人，2021 年只招 139 人；平谷区和延庆区 2017 年分别招 26 人和 38 人，2021 年则分别招 106 人和 115 人。

为了解这一批农村中小学新任教师队伍的基本发展状况，我们在前期理论研究和对相关文献进行梳理的基础上，编制了《北京市中小学新任教师基本情况调查问卷》，通过问卷星平台对北京市十个远郊区 2016—2020 年入职的中小学教师开展调查。问卷共 39 个问题，经测试，问卷 α 系数达 0.761。本研究通过聚类抽样的方式，向十个远郊区县学校的教师实施定向发放，并对各区教育人事干部与教师进行补充访谈，以增进情况了解并核验相关问卷结果。本研究共回收有效问卷 2865 份，样本量占总体的 29.3%。

一、新任教师队伍的基本特征

（一）年龄、性别与婚恋状况

按照北京市各区县发布的教师招聘公告，大部分地区（比如通州区、门头沟区、昌平区、怀柔区 ①）对应聘的本科毕业生的年龄要求为 24 周岁及以下，硕士研究生为 30 周岁及以下，博士研究生为 35 周岁及以下。外地

（接上页）287265.html，2021-07-06。延庆区教育委员会：《2021 年北京市延庆区教育委员会关于第三批教师招聘 20 名公告》，https://www.hteacher.net/jiaoshi/20210824/296338.html，2021-08-24。

① 通州区教育委员会：《2021 北京通州区教委所属事业单位第二次面向毕业生招聘 202 人公告》，http://www.offcn.com/jiaoshi/2021/0604/448061.html，2021-06-04。门头沟区教育委员会：《2021 年门头沟区教育系统第二批事业单位公开招聘教师的公告》，http://rsj.beijing.gov.cn/xxgk/gkzp/202108/t20210825_2476391.html，2021-08-25。昌平教育委员会：《昌平区教委所属事业单位 2021 年第 3 次面向社会公开招聘教师（含 2021 年北京市特岗计划乡村教师招聘）公告》，http://www.beijing.gov.cn/gongkai/rsxx/sydwzp/202106/t20210609_2409936.html，2021-06-08。北京市怀柔区人力资源和社会保障局：《2021 北京怀柔区事业单位招聘公告（96 人）》，https://bj.offcn.com/html/2021/06/310715.html，2021-06-08。

生源和本地生源在年龄限制上不存在差别，非北京市常住户口应聘者必须为应届毕业生。

从入职年龄上看，北京市农村中小学新任教师平均入职年龄为 24.4 岁，其中，大专生平均入职年龄为 21.25 岁，本科生为 22.96 岁，硕士研究生为 26.11 岁，博士研究生为 30 岁。入职时的新任教师年龄比例如图 1 所示。国内普遍将 35 周岁以下的教师界定为青年教师，大量吸纳青年教师有利于维持教师队伍合理年龄结构，老中青搭配，发挥教师群体最佳效能。

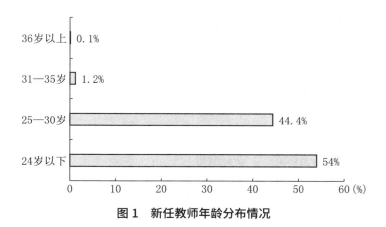

图 1　新任教师年龄分布情况

从性别上看，近五年北京市农村中小学女性新任教师占比较高，为 84.9%；男性新任教师整体占比较低，为 15.1%，且低于北京市中小学专任男性教师占比。但分年度统计发现，农村中小学男性新任教师人数占比已经从 2017 年的 14%，逐年上升至 2021 年的 16.2%。2014 年以来全国各省教师队伍性别结构发展基本样貌呈现"女性化"趋势[1]，这一趋势在北京、上海等大城市更加显著。有学者担心这一趋势对学生的思维模式、行为准则和人生发展有一定的负向影响。[2] 还有研究者认为，教师队伍中合理的男

---

[1]　敖俊梅、林玲：《中小学教师性别结构"女性化"的现状、成因与对策》，《民族教育研究》，2020 (2)。

[2]　胡振京：《中小学教师性别比例失衡的现状、影响与对策》，《人民教育》，2013 (Z1)。

女比例结构有利于提高教师的工作效率①，性别的均衡化是教师队伍性别结构的理想状态。因此，调研数据显示近五年北京市农村中小学男性新任教师占比略微升高，这对教师队伍性别结构优化也算是一个好消息。

从婚恋状况看，41.3%的北京市农村中小学新任教师处于单身或离异状态，58.7%的新任教师处于恋爱或结婚的状态。考虑到年龄因素以及正处在刚入职的人生阶段，这个比例属于正常水平。但如果考虑到教师群体自身的性别比例、农村社会人口结构的特殊性以及地理因素所导致的性别交往不便，还有接近四成的新任教师的婚恋生活需要得到更多关注。

（二）户籍及家庭背景

调查发现，54.2%的新任教师的户籍是京内，45.8%的教师是京外。42.7%的教师在 14 岁以前属于农业户口性质，57.3%的教师属于非农业户口性质。不排除部分农业户口的教师本身也成长于县城或乡镇之中。北京是国家政治、文化中心，是特大型世界城市，它对于京外户籍的潜在教师资源具有天然的吸引力；同时，城市人口的容纳量有限与进京政策的限制，也必然造成一大部分新任教师是京内户籍人口的情况。

从父母学历背景来看，新任教师的父亲、母亲不同学历占比情况为：研究生及以上占比分别为 1.2%、0.8%，本科学历占比分别为 12.8%、10.8%，大专学历占比分别为 12.5%、13%，高中、中专或中师学历占比分别为 28.7%、28%，初中学历占比分别为 38%、36.9%，小学及以下学历占比分别为 6.8%、10.4%。可见，一部分高学历家庭背景的教师已经投身于北京市农村中小学教育工作中；但同时，新任教师父母的学历整体较低，他们的父亲与母亲受教育程度在高中、中专或中师及以下的占比分别为 73.5%和 75.3%。

从父母职业类型角度来看，新任教师的父亲、母亲不同职业类型占比

---

① 韩雪娇、柳海民：《中小学教师队伍亟待增强"阳刚之气"——基于调查的教师性别结构状态与改进建议》，《现代中小学教育》，2018（3）。

情况为：国家机关事业单位领导与工作人员占比分别为 14%、8.7%，企业或公司中高级管理人员占比分别为 5.4%、3.8%，教师、工程师、医生或律师占比分别为 8.5%、12.5%，技术工人（包括司机）占比分别为 17.2%、5.1%，生产与制造业一般职工占比分别为 4.6%、4.3%，商业与服务业一般职工占比分别为 4.6%、9.4%，个体户占比分别为 17.6%、15.7%，农民占比分别为 22.4%、24.8%，无业、失业或下岗占比分别为 5.7%、15.6%。同样可知，已经有部分政府机关工作人员、中高级管理人员和专业人员的子女选择了中小学教师职业，还有近 75% 的农村中小学新任教师来自技术工人、个体户、农民家庭。这种情况，一方面有利于新任教师更好地理解农村中小学学生的日常生活与成长心理，更好地融入农村经济社会；另一方面也在较大程度上反映出教师职业对社会不同阶层的吸引力状况。

（三）任教学段与学校类型

在任教学段方面，新任教师目前任教学段集中在义务教育阶段。任教学段为小学的占比较大，为 64.5%；任教学段为初中的占 25.8%，高中占 9.7%。在任教区域方面，在城镇学校任教的新任教师占比最多，约为 65.9%；在县城学校任教的人数次之，占比 22.3%；在川区学校和山区学校任教的新任教师占比较少，分别为 2.5% 和 9.3%。在居住位置方面，教师集中居住在远郊区县，居住在县城的占比为 33.8%，居住在镇内的占比为 32.5%；居住在城八区的占比较少，为 11.5%；另外，还有 22.2% 的新任教师在学校内居住。

（四）从教动机

参照劳蒂（D. Lortie）对教学工作的吸引因子基本分析框架，本研究对新任教师任教动机进行了调查。数据显示，选择服务主题即"教育是项重要的事业""对学科内容感兴趣"两项的教师占六成以上；选择人际主题即"喜欢与孩子互动""喜欢学校氛围"两项的教师占六成以上；考虑连续性和物质或精神收益主题即选择"相对稳定报酬待遇""基于教师地位与声望"

两项的教师约占四成；选择时间兼容性主题即"拥有较长假期"一项的教师占两成以上；也有一成以上的教师选择"首都北京"的地域吸引力；少数教师表达了择业时的理性程度不足或不明。

二、新任教师队伍的专业水平

（一）学历水平与毕业院校

从学历水平来看，北京市农村中小学新任教师中，博士研究生占比为 0.3%，硕士研究生占比为 46.6%，本科生占比为 52.4%，大专生占比为 0.7%（见表 1）。小学、初中及高中学段，硕士研究生及以上学历的新任教师占比分别为 30.9%、69.9% 及 92.1%。参照 2018 年 PISA（国际学生评估项目）调研结果可知，我国参与调研的四个省市具有硕士学位的中学教师占比为 13.9%，OECD 国家的硕士学位教师占比为 39.6%。此外，国内相关调查数据显示，2018 年我国农村小学、初中和高中具有硕士学位的教师占比分别为 0.3%、1%、9%。从省域分布来看，研究生学历教师占比超过 10% 的省份数量较少，仅有北京、天津、上海等几地的研究生学历教师占比超过 10%。[1] 可见，近五年北京市农村中小学新任教师中的研究生学历占比已经远超国内各大城市以及 OECD 国家教师平均学历水平。

表 1 新任教师不同学历水平占比

	大专生	本科生	硕士研究生	博士研究生
学历人数及占比	20（0.7%）	1499（52.4%）	1331（46.6%）	10（0.3%）
小　学	20（1.1%）	1255（68.0%）	568（30.8%）	2（0.1%）
初　中	0（0.0%）	222（30.1%）	510（69.2%）	5（0.7%）
高　中	0（0.0%）	22（7.9%）	253（91.0%）	3（1.1%）

---

① 姚昊、马立超：《高学历教师培养的学生成绩更优异吗？——理论争议、实证检验与政策启示》，《开放教育研究》，2022（2）。

从毕业院校层次上看，毕业于重点院校（"985 工程""211 工程"院校和省属或省部共建重点高校）的新任教师占比高达 53%；小学、初中及高中学段，毕业于重点院校的新任教师占比分别为 38%、73% 和 85%。在毕业院校类型方面，师范院校毕业的新任教师占比 40%，非师范院校毕业教师占比 60%（其中"985 工程""211 工程"院校毕业教师占比为 26%）。可见，北京市农村中小学新任教师不仅在各学段入职教师学历合格率上达到100%，而且已经走上一条追求高质量的发展之路。目前出现师范院校毕业学生占比相对较低的情况，既是受目前高等教育和教师教育制度改革背景的影响，也与北京市著名综合性大学相对集中有关，还可能与师范院校的人才培养模式、机制有一定联系。

（二）学科结构与学教专业一致性

学科结构不仅是反映一个教师群体所掌握的学科专业知识构成的重要指标，也是衡量教师队伍质量的一个重要指标。[①] 本次调研数据显示，近五年各科目教师招聘人数占比情况如图 2 所示，这一比例与教育部颁布的中小学课程结构比例大致接近，表示当前北京市农村中小学各学科教师需求已经渐趋平稳，原来存在的学科结构性短缺问题已得到有效缓解。

语、数、外等学科教师占比较高，由此可以看出，北京农村中小学已经从满足短缺学科教学的教师数量需求转向强化基础学科课程教学的教师质量需求，注重强化基础学科的教师队伍建设力度，培植积蓄未来与城区学校开展竞争合作、协同发展的人才资源。同时，思政、综合实践、校本课程以及其他学科教师的补充比例，也可以反映出北京市农村中小学课程结构的丰富性、完整性与合理化。

---

① 周衍广：《城市新建义务教育学校教师队伍建设的现实问题与治理对策研究——以 C市 6 所学校为例》，东北师范大学博士论文，2020。

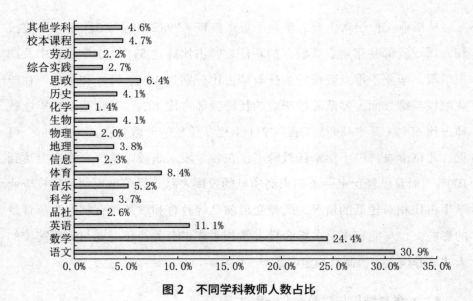

图 2 不同学科教师人数占比

　　已有研究显示，任教学科与所学专业二者的一致有助于教师达到更好的教学效果。国家教育督导报告显示，各学科教师中，约有三分之一的教师是"所教非所学"，其中城市教师占比约为 20%，农村教师占比则超过40%。[①] 从 2016 年北京市中小学办学重点领域情况督导报告可知，部分农村地区中学历史、地理、生物学科教师基本上是"所教非所学"，而且有的教师所教学科与所学专业跨度较大。[②] 而本次调研结果显示，任教学科与所学专业一致的占比为 76.5%，不一致的占比为 23.5%；教师资格证与所学专业学科一致的占比为 85.4%，不一致的占比为 14.6%。这表明，近五年北京市农村中小学新任教师学科专业对口率已经远高于全国农村教师学科专业对口率。加之北京市教委出台相关政策解决郊区和农村中小学教师学科结构

---

① 国家教育督导团：《国家教育督导团关于印发〈国家教育督导报告 2008（摘要）〉的 通 知 》，http://www.moe.gov.cn/srcsite/A11/s7057/200812/t20081203_81660.html，2008-12-03。

② 北京市教委：《北京市 2016 年中小学办学重点领域情况督导报告》，http://jw.beijing.gov.cn/jyzx/ztzl/bjjydd/ddbg/201903/t20190325_537064.html，2017-04-25。

性短缺问题，增加音体美、地理等学科教师数量，切实改善学科结构 ①，之前存在的个别学科教师"所教非所学"问题已得到有效缓解。

（三）教育教学观念与行为

绝大多数新任教师都较好地接受了相关学习理论与教学设计思想的影响，在观念上乃至在行为上已经具备作为教师的基本专业素养。在激发学生认知与培养高阶思维能力方面，有八九成的教师拥有自主学习、探究学习的基本观念，有意识地设置学习任务以培养学生批判性思维和解决问题的思维；在以学生为中心的合作学习方面，绝大多数教师尊重学生学习主体性，九成以上教师鼓励学生表达观点、展开对话，并能参与到班级的讨论中，和学生一起讨论学科问题。可见，绝大多数新任教师都具备学生主体意识，能自觉接受合作、对话的学生学习方式（见表 2）。

表 2　新任教师教学实践水平

		经常 / 一直	偶尔 / 从未
课堂管理	我告诉学生遵守课堂纪律	79.7%	20.3%
	我告诉学生听我讲	63.6%	36.4%
	我平复捣乱的学生	61.3%	38.7%
	我告诉学生开始上课时要快速安静下来	72.7%	27.3%
明确教学内容	我阐述希望学生学到什么	81.4%	18.6%
	我解释了新旧内容是如何联系的	92.0%	8.0%
	我在开始教学时设定目标	93.5%	6.5%
	我以日常生活或工作中的问题为例来示范新知识	91.8%	8.2%
	我对最近学习的内容进行总结	93.4%	6.6%
	我让学生练习类似的题目，直到确定每个学生都理解	90.1%	9.9%

---

① 北京市教育委员会：《北京市人力资源和社会保障局关于印发〈北京市公开招聘农村中小学音体美等学科教师三年行动计划（2013—2015 年）〉的通知》，http://jw.beijing.gov.cn/xxgk/zxxxgk/201602/t20160226_1445284.html，2013-04-12。

（续表）

		经常 / 一直	偶尔 / 从未
激发学生认知与培养高阶思维能力	我提出要求学生批判性思考的任务	83.7%	16.3%
	我要求学生自己决定解决复杂任务的步骤	69.6%	30.4%
	我提出一些没有明显解决方案的任务	49.7%	50.3%
	我让学生将 ICT（信息与通信技术）用于项目或课堂作业	46.4%	53.6%
	我布置给学生至少需要一周完成的项目	38.6%	61.4%
以学生为中心的合作学习	我鼓励学生从他们的讨论中得出结论	92.7%	7.3%
	我给予学生表达自己想法的机会	96.0%	4.0%
	我允许学生之间开展小组讨论	94.4%	5.6%
	我参与整个班级的讨论	92.3%	7.7%
	我和学生一起讨论当前的学科问题	88.7%	11.3%
	我把学生分成小组，让他们针对问题或任务提出小组解决方案	85.9%	14.1%

此外，新任教师的教育教学能力还有一些不足，比如较高比例的教师认为自己需要在维持课堂秩序上花费较大精力；只有一半的教师表示会设计更具开放性、挑战性的学习任务，且仅有四成左右的教师会设计较长时段的项目学习。由此可见，虽然多数新任教师具备较为先进的学习理念，但在实际操作中依然不能做到常态化。

（四）教学效果及评价

近八成新任教师认为自己的教学可以帮助学生养成良好的学习习惯，但有四五成教师自认为教学未能使学生提高成绩或促进发展；在公开教学中，有两三成新任教师曾获得过"良好的气质形象和教学素质""能深刻参悟教学规律""灵活运用教学方法和灵活把握课堂的艺术技巧"等较高的评价。但如果考虑到他人评价的鼓励性因素，那么多数新任教师的公开教学依然还有较大的提升空间（见图3、图4）。

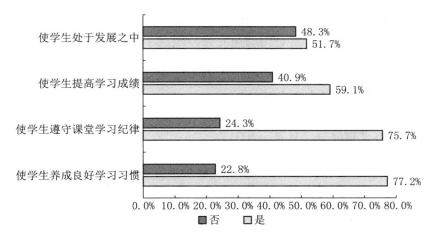

图 3 新任教师教学效果自评情况

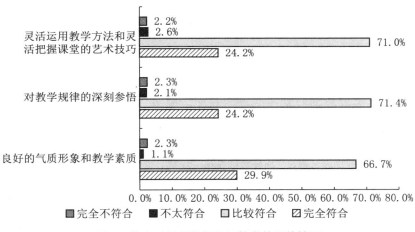

图 4 他人对新任教师公开教学的评价情况

三、新任教师队伍的履职状况

(一)日常教学

在教学课时方面,绝大多数新任教师按照每周 12—20 节工作量进行课堂教学;三成教师由于承担学校其他管理工作或其他原因,每周课时数有所减少;然而,也有 2.3% 的教师反映每周课时量达到 20 节甚至 30 节以上。在备课时长方面，新任教师平均每周备课时长约 10 小时。在组织学生课外活动方面，新任教师平均每周花费时间约 2.5 小时，近八成教师每周都参与组织课外活动，24.5% 的教师每周参与时间在 3 小时以上，其中有 8.4% 的教师参与时长在 5 小时以上。

（二）作业辅导与"双减"工作

在批改作业方面，12.4% 的新任教师每周批改作业时间高达 10 小时甚至 20 小时以上；77.2% 的教师批改作业时间在 5 小时以内或 5—10 小时；约 10% 的教师由于任教学科的特殊性不需要批改作业。

在对个别学生进行辅导方面，绝大多数教师都能积极主动地开展学生个别辅导与交流活动，平均每周花费 3.9 小时。其中，每周辅导时间在 4 小时及以下的教师占比为 65.5%；辅导时间在 4 小时以上的占比为 34.4%，其中有 17.3% 的教师的个别辅导时间高达 5 小时以上。

在"双减"课后服务方面，新任教师广泛、积极、深度参与"双减"工作，绝大多数教师经常或一直参与课后服务、作业优化、课堂提质等工作，但有六成教师对"双减"工作效果的评价较低（见表 3）。

表 3　新任教师参与"双减"工作情况

	一直	经常	偶尔	几乎从未
作业的减负（减少学生的作业数量，提高作业质量，学生能够在学校完成作业）	53.15%	42.63%	3.32%	0.90%
提高自身教学水平（创新教学方式，抓好课堂教学质量，学生能在学校实现优质学习，减少对课外培训的依赖）	51.00%	44.87%	3.41%	0.72%
开展课后服务（保证课后服务时间，提高课后服务质量，拓展课后服务渠道，做强做优免费线上和线下学习服务）	52.33%	41.82%	4.46%	1.38%

新任教师对于当前"双减"工作的态度与评价偏负面，近一半的教师认为参与"双减"工作有负担且感觉实施效果一般。由此也可以看出"双减"工作对新任教师的挑战性，"双减"工作的成效评价在某种意义上也反

映出新任教师对自身工作的成效评价。

在家校协作方面,参与家校协作工作的教师高达 91%,平均每周参与时长约 2.7 小时。可见,绝大多数教师都能够积极与家长开展沟通工作,其中有 8.6% 的教师每周与家长沟通的时长在 5 小时及以上。

(三)教研活动与其他事务

在教研活动方面,新任教师平均每周参与教研活动时长约 3.5 小时。35.4% 的教师每周参与教研活动时长达到 3.5 小时及以上,且近 12% 的教师每周参与教研活动时长达 5 小时以上。这反映出北京市农村中小学教研活动的常态化与持续性,也反映出新任教师参与教研活动、提升教学能力的热情。

在参与学校管理方面,约 70% 的新任教师在不同程度上参与学校管理工作,新任教师平均每周参与各类管理工作时长约 3.3 小时。另有约 60% 的教师承担学校的部分行政工作,平均每周参与一般行政工作时长约 2.8 小时。与此同时,通过数据筛选发现,还有 22% 左右的新任教师不需要参与学校管理及一般行政工作。

(四)班主任工作

在班主任工作方面,65% 以上的新任教师在入职 5 年内承担过班主任工作,44.5% 的教师有过 3 年以下班主任工作经历,34.9% 的教师从未担任过班主任。

值得一提的是,约有 20% 的新任教师承担过 3 年以上的班主任工作。这一部分教师中,有 42.9% 的教师为入职 5 年的教师,46.3% 为入职 4 年的教师,9.5% 为入职 3 年的教师,1.3% 为入职不到 3 年的教师。可见,许多教师都是入职几年内一直在担任班主任工作,这一情况呈现出新任教师肯挑重担、热心教育的喜人景象。

四、新任教师队伍的专业发展

（一）研修和培训

在参与研修活动方面，每月参与 1—2 次甚至更高频次的新任教师占比在 60% 以上。其中，62.7% 的新任教师每周都会参与 1—2 次的集体备课，约有 45% 的新任教师每周都会进行 1—2 次教学观摩和课例反思，仅有 0.24% 的新任教师不参与各级各类培训及研修活动（见表 4）。

表 4　新任教师参与研修活动情况

	每周 1—2 次	每月 1—2 次	每学期 1—2 次	没参加过
集体备课	62.7%	27.5%	7%	2.8%
教学观摩	45.1%	44.4%	9.9%	0.6%
校外同行或专家报告	21.3%	40.9%	34.9%	2.9%
分析优秀教师教学案例	27.2%	45.4%	24.6%	2.8%
进行课例反思	46.4%	36%	15.9%	1.7%

在参与各级培训方面，参加过国家级培训或研修的新任教师占总数的 32%，参加过市级培训的新任教师占总数的 77%，参加过校级培训以及区级培训的新任教师占总数的 87%。

从统计数据来看，近五年北京市农村中小学新任教师拥有较多的学习机会，也有多种途径与渠道参加各类培训和教研活动。教师培训是保证教师队伍与时俱进的重要途径，各类教研活动的开展对于促进教师成长、增强教师的实践能力有着重要意义（见表 5）。

表 5　新任教师参与竞赛情况

竞赛级别	参与人数（占比）	累计参与次数	累计获奖次数	未参与人数（占比）
国家级竞赛	359（12.6%）	655	493	2501（87.4%）
市级竞赛	1234（43.3%）	2706	2137	1617（56.7%）
区级竞赛	1691（64.3%）	7014	6117	938（35.7%）
校级竞赛	1530（60.8%）	6195	6195	986（39.2%）

在参与学科竞赛方面，12.6%的新任教师参加过国家级竞赛，43.3%的新任教师参加过市级竞赛，64.3%的新任教师参加过区级竞赛，还有60.8%的新任教师参加过校级竞赛。但有25.2%的新任教师未参与任何级别的学科竞赛。新任教师参加各类竞赛次数多，竞赛成绩较为优异，表明新任教师专业发展机会较多。

（二）职称评定

调查可知，近五年北京市农村中小学新任教师中，已定级教师人数为2180名，占比76%。已评定职称教师各层次学历人数为：高级职称共3人，占比0.1%；一级教师职称共53人，占比1.9%；二级教师职称共2061人，占比72%；三级教师职称共63人，占比2%（见表6）。

表6　新任教师职称评定情况

教师职称评定情况	人　数	学　历	人　数
高级职称	3	硕士研究生	1
		本　科	2
一级职称	53	博士研究生	2
		硕士研究生	39
		本　科	12
二级职称	2061	博士研究生	5
		硕士研究生	954
		本　科	1093
		大　专	9
三级职称	63	硕士研究生	24
		本　科	33
		大　专	6
未定级	680	博士研究生	3
		硕士研究生	313
		本　科	359
		大　专	5

此外，尚未评定职称教师共有 680 人，占比 24%。其中博士研究生毕业 3 人，硕士研究生毕业 313 人，本科毕业 359 人，大专毕业 5 人。在未定级的教师中，2021 年入职的 499 人，因教育年限未满 1 年不能评级，占比 73%。但应当注意到，尚有满足教育年限 1 年但未评选的 181 名教师。他们多是入职时间不长，拥有硕士及以下学历，在初中、小学阶段任教的教师。乡村教师职称评聘的结构性矛盾在微观层面主要表现为不同学科、不同年龄层教师职称晋升的难易程度不均，音体美等"小科"教师在职称评聘中处于弱势地位，职称评聘的倾斜政策较少惠及乡村青年教师群体。①

（三）评优与骨干评比

获得过国家级、市级、区级、校级优秀教师荣誉称号的新任教师占比分别为 1%、4.6%、17.6% 和 87.3%。获得过国家级、市级、区级、校级学科带头人、学科骨干等荣誉称号的新任教师占比分别为 1%、3.3%、10.6% 和 93.3%（见表 7）。教师荣誉称号是对一线教师教育教学工作的肯定，有助于增强教师的职业认同感。教师荣誉称号评定实质是为新任教师提供个人专业发展机会，拓宽了其职业发展道路，有助于吸纳更多的优秀毕业生到农村中小学校任教，提高乡村教育水平，保证乡村教育质量。

表 7　新任教师获评各类荣誉的情况

各类优秀荣誉	频　次	百分比	学科带头人或骨干教师	频　次	百分比
国家级	30	1%	国家级	30	1%
市级	131	4.6%	市级	93	3.3%
区级	504	17.6%	区级	303	10.6%
校级	2497	87.3%	校级	2668	93.3%

① 王晓生、邬志辉：《乡村教师职称评聘的结构矛盾与改革方略》，《中国教育学刊》，2019（9）。

五、讨论与建议

依照前文的分析可知，近五年北京市农村中小学新任教师质量已经较大程度满足了中小学教育教学的现实需求，新任教师在学历层次、毕业院校、学科结构、所教所学一致性、教育理念、专业素养、发展质量等方面均达到了很高的标准，一些指标已经超过国内各大城市甚至 OECD 国家教师的平均水平。许多教师教学效果显著，获得过同事很高的评价，赢得了许多荣誉与奖励。这支新任教师队伍的构建，既可以较好地适应减负增效、课程改革、新教材使用、教育评价改革等新形势、新发展的需要，也有效实现了拓展教师补充渠道、多种形式配备乡村教师、大力推进乡村教师队伍建设高质量发展的政策目标。

近五年的新任教师中，九成在义务教育阶段学校任教，七成在县城以下城镇学校工作，65% 承担班主任工作，绝大多数满负荷承担教学工作量，积极开展备课、教研、改作、学生辅导、家校沟通、课外活动以及其他学校管理活动，全面深度参与"双减"工作。许多教师在各类专业活动中斩获殊荣，已经在实质上有力推动了农村学校教育品质的改善与提升。这既充分体现了新时代首都教育优质均衡发展的不懈追求，也是对习近平总书记强调的"有高质量的教师才会有高质量的教育"的有力实践。①

从问卷结构及调查内容可知，北京市农村中小学教师队伍建设工作已经构建起涵盖信息公开宣讲、报名条件筛查、多层级考试面试、统一协议录用、按岗位分配使用、入职后培训研修、参与学校管理、提供成长机会等的一整套成熟的运作机制。它确保教师人数得到有序合理的补充，为远郊区县基础教育提供有力保障；既保障教师补充的质量标准，还有力促进新任教师的发展质量，满足新任教师自身专业发展和提升专业认同感、幸福感的内在需求。

---

① 程建平、张志勇：《高质量基础教育教师队伍建设的任务和路径》，《教育研究》，2022（4）。

虽然新任教师队伍的整体质量给北京市城乡中小学教师队伍直接带来指标变化与持续优化，首都的优质教师供给资源具有较高优势，北京市农村中小学和农村社会各方面条件已经完全不逊于城区，但是，从调查结果可见，北京市农村中小学教师岗位的吸引力依然不够强大。这主要表现在：报考教师岗位甚至师范专业的男性数量过少；教师队伍中的博士研究生等高层次人才暂付阙如；新任教师中所教与所学不一致的还占到 23.5%；一些较为偏远学校的教师岗位还存在报考人员数量不足，需要二次、三次调剂等现象。这些情况多数与教师地位、待遇在劳动力市场中的相对位置有关，也与工作地点的相对边缘、不便有关。建议未来可就一些特别偏远的岗位、特殊学科、特定人才，设置更多更加有力的激励政策与支持制度，以针对性地破解关键难题。

未来五年内北京市农村中小学教师队伍建设依然存在较大的进人、用人需求，建议提前进行相应的农村教师人才规划与补充政策设计。原因包括：一是按年度教育事业发展统计数据推算，北京市幼儿园、小学、中学在校学生数未来五年都会不断递增，2021 年基础教育阶段的学生总数比 2020 年增加了 10 多万人，随着不同学龄段人群的逐级升学，对教师的需求数量也将递增；二是按照 2021 年度的数据推算，北京市农村中小学教师总人数占北京市中小学教师总数的 40.9%，但 2021 年农村中小学新任教师人数则只占北京市新任教师总数的 34.7%[1]，如果各校生源结构相对稳定，那

① 东城区教育委员会：《2021 年北京东城区教育委员会第一批事业单位公开教师招聘 166 名公告》，https://www.hteacher.net/jiaoshi/20210106/2624872.html，2021-01-06。东城区教育委员会：《2021 年北京东城区教育委员会第二批事业单位公开教师招聘 339 名公告》，https://www.hteacher.net/jiaoshi/20210514/279647.html，2021-05-14。西城区教育委员会：《2021 北京市西城区教育委员会教师招聘 1124 名公告》，https://www.hteacher.net/jiaoshi/20210315/270951_2.html，2021-03-15。西城区教育委员会：《2021 年北京西城区教委事业单位教师招聘 556 名公告（第二批）》，https://www.hteacher.net/jiaoshi/20210531/282049.html，2021-05-31。海淀区教育委员会：《2021 海淀区教委所属事业单位（面向高校毕业生）教师招聘 204 名公告》，https://www.hteacher.net/jiaoshi/20210302/269181.html，2021-03-21。海淀区教育委员会：《2021 年北京海淀区教委所属事业（转下页）

么受不同区县教师年龄结构带来的自然减员人数变化的影响，未来几年内农村中小学教师需求数量将可能增多；三是调查数据显示，还有 23.5% 的新任教师依然存在所教与所学不一致的现象，这说明农村中小学依然可能有部分学科存在师资欠缺的问题。

　　虽然北京市农村中小学校新任教师拥有很多高层级、高水平的教育资源与学习机会，绝大多数新任教师都较好接受了相关学习理论与教学设计思想的影响，但仍然有很大比例的教师在维持课堂、应对个别学生方面存在困难，三分之一以上的教师在学科竞赛或专业发展上成绩不明显，四五成以上的教师对自主、合作、对话、探究式学习方式的具体实施存有困惑，对如何真正提高学生的成绩或促进其发展感到无力。因此，建议开展适应农村中小学教育实际需求的现场培训或研修活动并持续跟进，要进一步研究并改进现行中小学教师培训与研修体系，分类型开展有针对性的班级管

（接上页）单位第二次公开教师招聘 301 名公告》，https://www.hteacher.net/jiaoshi/20210706/287264.html，2021-07-06。朝阳区教育委员会：《2021 年北京市朝阳区教育委员会所属事业单位教师招聘 77 名公告》，https://www.hteacher.net/jiaoshi/20210322/271927.html，2021-03-22。朝阳区教育委员会：《2021 年北京市朝阳区教育委员会所属事业单位教师招聘 442 名公告》，https://www.hteacher.net/jiaoshi/20210719/289265.html，2021-07-19。朝阳区教育委员会：《2021 年北京市朝阳区教育委员会所属事业单位公开教师招聘 391 名公告》，https://www.hteacher.net/jiaoshi/20210430/278073.html，2021-04-30。丰台区教育委员会：《2021 年北京丰台区事业单位面向社会公开教师招聘 22 名公告》，https://www.hteacher.net/jiaoshi/20210408/274518.html，2021-04-08。丰台区教育委员会：《2021 年北京丰台教委所属事业单位面向应届毕业生教师招聘 288 名公告》，https://www.hteacher.net/jiaoshi/20210422/277178.html，2021-04-22。丰台区教育委员会：《2021 北京丰台教委所属事业单位面向应届毕业生教师招聘 111 名公告》，https://www.hteacher.net/jiaoshi/20210712/288280.html，2021-07-12。丰台区教育委员会：《2021 年北京丰台区教委所属事业单位面向社会教师招聘 47 名公告》，https://www.hteacher.net/jiaoshi/20210826/296784.html，2021-08-26。石景山区教育委员会：《2021 北京石景山区教委教师招聘 141 名公告》，https://www.hteacher.net/jiaoshi/20210329/272742.html，2021-03-29。石景山区教育委员会：《2021 年北京石景山区教育系统事业单位第二次教师招聘 34 名公告》，https://www.hteacher.net/jiaoshi/20210727/290595.html，2021-07-27。石景山区教育委员会：《2021 年北京石景山区教育系统事业单位第三次教师招聘 46 名公告》，https://www.hteacher.net/jiaoshi/20210826/296782.html，2021-08-26。

理、有效教学、家校合作等专题研修、工作研讨以及教育生涯规划咨询等系列活动，切实提高培训质量。

建议关注部分新任教师未能及时进行职称评级的现象，切实解决与农村中小学教师切身利益紧密相关的问题。北京市中小学教师岗位职称改革工作一直走在全国的前列，给许多农村中小学教师创造了专业职级提升的机会，近五年农村中小学新任教师中就有三位教师获晋副高级教师职称，还有五分之一多的教师获晋中级教师职称便是佐证。然而，职称制度毕竟涉及教育部门与人力资源和社会保障部门的跨部门合作，与不同区域、不同学校的教师职级岗位结构设置紧密相关，同时还与职称评定中的标准统一、公平公正、工作程序有重要关联，这就需要构建一整套既适应中小学教育改革发展现实需求，又适应中小学教师成长发展规律的岗位设置、协调、评价、管理的创新举措与运行办法，以激发教师专业发展与专业服务的更强动力和热情。

农村中小学教师工作量还须得到更加合理化、科学化的规划与控制，以确保教育效能的最大化以及教师自身的专业发展。"双减"工作如何与学校常态教育教学秩序整合，教研、备课、改作如何与教学工作统一，都需要更多专业力量参与研究推进。虽然北京市城乡社会发展的现代化水平已经大大降低了偏远农村区域的交通与信息成本，但生态涵养区的一些农村学校依然存在交通上、生活上的不便和困难；虽然新任教师的婚恋状况整体上不存在问题，但依然有四成多的教师处于单身状态。这些都可能对这支队伍的长期稳定在岗产生一定的影响，需要政策上的进一步支持与提前干预。

中西部乡村基础教育发展现状与需求调查报告

中国乡村发展基金会 21世纪教育研究院

摘 要：本研究以乡村教育质量提升为导向，围绕中西部乡村教育办学条件、师资建设、学生综合素质等问题进行实证研究。报告指出，乡村教育整体呈现乡村学校规模持续缩减、小规模学校发展滞后等特征；乡村教师结构不平衡，任教学科多；乡村学生在身体素质方面明显进步，但社会情感技能不足；乡村学校与家庭的协作缺乏有效机制和专业资源，亟须社会支持。报告建议，社会力量应与教育行政部门及学校、社区紧密协作，以资源互补、多元协作的形式，共同构建乡村教育公益新生态。深挖和发展特色乡土教育，着重激活乡村教师的内生活力，为乡村教育赋能。

关键词：中西部地区；乡村教育；发展现状；教育需求

在国家政策支持和大力度的持续投入下，乡村教育事业取得长足进步，学校环境与设备、师资待遇等办学条件得到改善，入学难、班额大等教育公平问题得到缓解。随着乡村振兴战略和"十四五"规划新阶段的开启，乡村教育面临前所未有的时代机遇和提升教育质量、走向教育现代化的挑战。"公平而有质量的教育"，既是对新时代教育公平内涵的拓展，也是乡村教育未来相当长一段时间内追求的目标。

近年来，"五育并举""双减"和教育评价改革等一系列教育政策的实施，促使基础教育逐渐走向以学生发展为导向、重视综合素养的全面育人道路，需要为乡村教育注入更多的生机和活力。有必要从资源条件、师资力量、教学方式等各方面进行全面梳理和回顾，从更为理性客观的角度整合社会资源和社会力量，助力乡村教育振兴。

2022 年，中国乡村发展基金会联合 21 世纪教育研究院发起"中西部乡村基础教育发展现状与需求"调查研究，旨在多角度探索中西部地区乡村中小学教育发展的现状，梳理出现实痛点，进而为公益组织未来助力乡村教育发展找到合适的行动方向和落脚点。本次研究共收集了 1534 份针对乡村教师的调研问卷，并对 30 位乡村教师、校长、教育局领导进行了深度的一对一访谈。问卷调研涉及中西部地区 16 个省（自治区、市），其中重庆（17.4%）、贵州（17.0%）、山西（13.3%）和云南（11.5%）是占比最大的四个区域，受到问卷发放时间和发放方式的影响，广西、内蒙古、新疆占比较小。

一、中西部乡村教育发展现状

（一）中西部乡村教育整体特征

1. 乡村学校数量与规模持续缩减

近年来，乡村中小学学校数量持续减少。根据教育部 2011—2019 年的统计数据[①]，乡村小学的学校数量在 8 年中减少了 8 万所，年均减少 1 万所；乡村初中学校数量年均减少 1000 所左右。

乡村学校学生数量持续减少。在快速城镇化进程中，我国常住人口城镇化率从 2001 年的 38.0% 增长到 2019 年的 60.6%。大量农村劳动力涌入城镇，流动人口不断增加。同时，我国小学在校生和初中在校生的城镇化率都超过了常住人口城镇化率，在城区和乡镇学校学生数量持续增长的同时，

---

① 数据来源：2011—2018 年数据来自《中国农村教育发展报告》，2019 年数据来自教育部官方网站。

乡村学校学生的数量持续减少。在经济落后、城镇化水平较低的西部地区，乡村"空心化"问题更为明显。在访谈调研的 27 位乡村教师、校长中，只有 4 位教师（分别来自新疆喀什、贵州黔西、河南新密、云南曲靖）明确表示学生数量有所增加和回流，另外 23 位受访者都表示学生数量在不同程度地减少。

2. 乡村学校布局优化仍存在挑战

受到人口流动趋势和乡村教育布局调整的综合影响，乡村各类学校中，寄宿制学校已成为主体。在参与本次调研的学校中，有半数以上学校为寄宿制学校，其中 11.9% 的学校学生全部寄宿，有 44.9% 的学校部分学生寄宿，有 43.2% 的学校学生走读。本次调研数据显示，村完小（完全小学的简称）和教学点由于地处偏远、交通不便，寄宿制学校的比例较低，村完小中寄宿制学校不到一半，占比 45.6%，教学点中寄宿制学校占比仅为 23.8%。乡中心校中寄宿制学校超过一半，达到 56.6%，而乡镇初中的寄宿比例高达 96%，九年一贯制学校则几乎全是寄宿制学校（96.7%）。

乡村小规模学校发展滞后。乡村小规模学校一般指学生人数在 200 人以内的村级小学或教学点，这部分学校虽然处在整个农村基础教育的末梢，却是保障农村儿童就近入学权利的必要办学模式，地处偏远、师资薄弱、硬件条件落后、生源情况复杂是其主要特征。虽然国家采取多种支持措施，对小规模学校采取一系列倾斜政策，然而中西部地区乡村小规模学校整体看来仍然呈现出师生流失、教育质量低下、发展滞后等"后天不足"的情况。

大班额问题有所缓解但仍不容忽视。许多地方政府和学校纷纷采取建设学校、联合办学、限制班额、增加学位等措施，实施消除城镇大班额专项规划。自 2016 年开始的"全面二孩"政策在短期内对某些县域的生源数量产生了影响，大班额治理工作注定是一项迫切性与困难性并存的任务。

（二）中西部乡村教师发展现状

教师是影响乡村中小学教学质量的关键因素。与城市学校相比，乡村学校师资整体水平较弱，提高师资团队整体水平和教学质量任重道远。本次调研发现，乡村教师的发展现状呈现教师结构不平衡、工作压力大、流动性高等基本特点。

1. 乡村教师结构不平衡

村级小学教师年龄偏大。本次调研中，教学点和村完小里，30岁以下年轻教师整体占比分别为17.3%和21.2%，均低于总体占比（23.7%）。村完小和教学点中的教师教龄较大：20年以上教龄的教师占比分别为49.6%和45%，均高于乡中心校（40.8%）、乡镇初级中学（35%）和九年一贯制学校（40%），也高于总体比例（42%）。调研中部分乡村教师表示本校教师老龄化明显，部分地区仍存在"只有不能进城的老师才愿意到乡村学校去"的观念。

教学点、村完小和乡中心校中的教师本科学历占比略低于平均水平。近年来教师学历水平逐渐提升，近十年来本科毕业是中小学教师常态化入编的基本条件，从本次调研情况来看，本科学历教师在总体中占比67.7%，而教学点、村完小和乡中心校中的本科学历教师占比分别为61.1%、62.9%和65.6%，均低于总体样本中的分布比例。乡镇初中、九年一贯制学校和其他类型学校的本科学历教师大幅高于总体占比（见表1）。

综合素质类任教教师不足。本次调研中，教师任教学科分布比例最高的仍是语文（41.3%）和数学（39.1%）两门课，道德与法治任课教师达到26.9%，位居第四的是科学任课教师（20.8%），而音乐（15.7%）、美术（17.5%）、体育（18.6%）、信息技术（7.7%）任课教师则明显低于其他科目。值得注意的是英语任课教师占比也很小，仅为13.4%。

乡村教师经常身兼数职。此次调研的乡村教师平均每人同时教授2.2个学科。而教学点和村完小教师重复任职比例达到了269%和264%，即平均每人任职2.6—2.7个学科。乡村学校中综合素质课程主要依赖于教师兼职开展（见图1）。

表1　不同学校类型中的教师学历

			学校类型						总计
			教学点	村完全小学	乡中心校	乡镇初级中学	其他	九年一贯制学校	
学历	高中以下	占比	0	0.2%	0	0	0	0	0.1%
		频数	0	1	0	0	0	0	1
	高中或中专	占比	1.6%	**3.6%**	1.7%	0	0	0	2.1%
		频数	2	21	9	0	0	0	32
	大专	占比	**36.5%**	**33.0%**	**32.7%**	16.0%	25.0%	10.0%	29.9%
		频数	46	193	175	40	2	3	459
	本科	占比	61.1%	62.9%	65.6%	**84.0%**	**75.0%**	**90.0%**	67.7%
		频数	77	368	351	210	6	27	1039
	研究生	占比	0.8%	0.3%	0	0	0	0	0.2%
		频数	1	2	0	0	0	0	3
总　计			100.0%	100.0%	100.0%	100.0%	100.0%	100.0%	100.0%
			126	585	535	250	8	30	1534

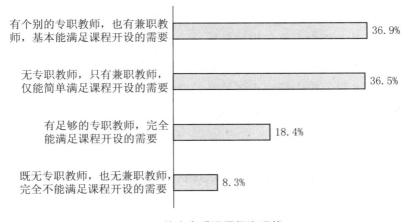

图1　综合素质课程师资现状

2. 乡村教师面临多元化压力

调查显示，乡村教师最主要的压力来源是非教学事务（46.7%），其次是"工作任务难度、时长和强度"（39.0%），第三位是"职称评聘、绩效考核"（33.6%），多为行政管理方面带来的压力。然后是"学生的行为和习惯管理"（29.0%）和"学生的成绩分数"（21.9%）。而教师个人的经济收入（19.8%）、身心健康（15.9%）也在相当程度上给教师群体带来了压力，值得进一步关注。

对于乡村学校的校长/副校长来说，最主要的压力来源是学校管理（55.3%）和非教学事务（54.0%），然后是办学经费筹措（36.3%）。而对于学科教师和班主任来说，排名第一位的压力源都是非教学事务（46.0%和50.6%），第二位压力源是工作难度和强度（39.9%和42.1%），第三位压力源是学生行为管理（29.8%和31.3%）。

乡村教师在身兼数职处理教学工作和行政事务的同时，还要处理学生的心理和行为问题以及与家长沟通，照顾学生身心健康发展的需要。大量的人际沟通使得教师这种职业具有一定的"情绪劳动"特征，教师不仅需要付出智力和脑力，还需要调控和管理自己的情绪感受及表达，这也给乡村教师带来了一定的压力。

3. 乡村教师流动性较高

乡村教师的流动性居高不下，一直是困扰乡村学校发展的重要问题。其中，年轻教师表现出了更强的流动意愿，相比乡镇补贴，年轻教师更为看重职业上升和婚姻家庭等发展性机会。而乡村学校地理位置偏远、交通不便、人口稀少等都是限制发展性机会的客观因素。

同时，乡村学校中行政事务繁杂，留守儿童和寄宿生比例高，这给教师带来了很大的工作压力，与有限的乡镇补贴比起来，仍有大量教师认为自己的付出与收获不成正比。

（三）中西部乡村中小学学生发展现状

1. 身心健康问题仍需关注

近些年来乡村学生的营养健康状况得到整体提升。此次调研中，仅有

6.9% 的教师认为营养不良及相关健康问题是乡村学生面临的主要问题。

相对于身体素质方面的进步，乡村儿童在心理健康层面的状况不容乐观，特别是在留守儿童占比高的地区，更需要得到社会各界的更多关注。本次调研中，不少教师提到留守儿童的心理健康问题，例如思想比较敏感、见人胆怯、不自信等。各地学校为了改善留守儿童心理健康状况做了种种尝试，乡村教师力图在自己能力范围内多关注这些孩子，多与他们谈心，给予他们更多鼓励和肯定。例如，C 县教育局在各校开展暖心行动，让所有的老师和孩子结对子表达对留守儿童的关爱，逐渐养成他们的行为习惯；四川广安市 W 县某校举办集体生日会，因为当地"有一半以上的孩子没有过过生日、没吃过蛋糕"，学校为过生日的孩子准备了一些书籍作为礼物，并由爱心人士写上祝福的话，让孩子感受到他人的关爱，培养他们爱的能力。但由于相关资源和教师精力有限，此类活动取得的效果还有待提升。

2. 学习能力有待提升

关于学生面临的主要问题，本次接受调研的教师认为，学习习惯不好（72.0%）是乡村学生面临的最主要困境。认为学生的主要困境是学业负担重的教师占比只有 17.4%。更为显著的问题是学生缺乏学习动力，存在"考学不如打工赚钱多"的"读书无用论"观念。

学生在社会情感技能方面的缺失也是乡村教师认为学生面临的重要问题，39.8% 的教师认为表达、交流、合作能力弱是乡村学生的短板。另外，"好奇心与求知欲不足""缺乏自信""创新能力不足""没有长远规划"等的选择比例都在 20% 左右。

3. 家庭教育与社会支持不足

乡村家庭教育经济资本、文化资本投入不足。相比城市，农村家庭在培训班、购书和家庭教育资源等方面投入较少；父母教育水平、教育期望等也与城市家庭存在一定差异。此外，由于乡村家庭中父母外出打工的占比较高，乡村家庭在亲子互动、教育参与的频率与深度方面也十分有限，这给乡村学生的成长带来了一定局限。

乡村家庭教育方式很大程度上影响着学生的学习态度与行为。本次调研发现，学业成绩"后20%"的学生多是留守儿童，其学业表现不佳的很大原因与缺乏家庭支持有关。一方面，某些家长对孩子比较溺爱、放任，对孩子教育不够重视；另一方面，某些家长教育孩子的手段较为单一，依旧采用说教的方式，并存在"重智育轻素质"的现象。

目前，乡村学校与家庭的协作仍缺乏有效机制和专业资源支持。很多学校仅仅是一学期开几次家长会、教师跟家长微信沟通程度较为浅显，缺乏专业、有效的沟通方式。

（四）中西部乡村学校发展现状

1. 乡村学校生源及教学质量面临挑战

本次调研显示，教师们认为乡村学校在管理上面临的最主要挑战，首先是生源质量（48.6%）和教学质量（46.5%）；然后是教师专业水平（28.6%）、校园环境和教学设备（26.9%）、办学理念和整体规划（20.0%）。此外，学校管理机制（19.4%）、学生分数（16.6%）、办学经费（14.9%）、政策支持（11.0%）、地理位置（10.3%）和学校知名度（10.0%）等方面也遇到了一定程度的挑战。

调研中一些教师认为，在城镇化过程中留在中西部乡村的家庭都是最弱势的群体，教学点、村完小的乡村教师在学历、年龄方面都不占优势。要提高乡村教育质量，还需要多方共同努力。

2. 综合素质教育发展不充分

首先，乡村学校的综合素质类课程课时有限。道德与法治、音乐、体育、美术、科学及信息科技等课程均属于国家课程体系，大多数乡村学校可以做到"开齐、开全"，努力争取达到底线标准。从本次调研来看，乡村学校中课时安排最多的是体育课，平均每班每周3.0节；其次是道德与法治课（2.4节）和科学课（2.1节）；音乐课和美术课每周分别开设1.9节和1.8节；而综合实践活动、信息科技课以及各校校本课的开设频率则处在较低的水平（见图2）。

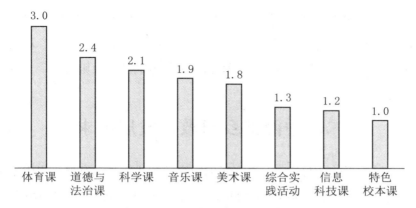

图2 乡村中小学综合素质课时安排（节/班/周）

综合素质课程内容与形式尚不成熟。调研中，乡村教师普遍反映德育、美育、健康教育等综合素质类的教育内容以"学校组织的重大文化活动"和"大课间、班队会"等活动形式为主（74.4%），其次为"日常学科教学和课程活动中的渗透式教育"（62.8%），位列第三的则是与综合素质"相关的社团和兴趣小组"（55.0%）。教师们也认为，目前的综合素质教育开展得仍比较单一、浅显，大多数活动流于形式化和表面化。

乡村学校中综合素质类课程的教学方法仍有待探索。本次调查显示，此类课程中传统的讲授仍是最主要的方式（61.3%），其次是小组合作学习（54.8%）、教师示范（44.9%），有36.9%和32.0%的受访者采用组织讨论和引导探究的形式，有25.9%的受访者采用练习与训练的形式。

在2022年发布的新课标中，音乐、体育、美术、科学、综合实践等综合素质类课程目标从"以知识和技能为本"向"以学生全面发展为本"转变。对于音乐、体育、美术类教师数量尚不充足的乡村学校而言，新课标对教学提出了更高的要求，教师亟须提升相应能力。

3. 乡村学校校园文化建设有待提升

乡村学校的校园文化建设是教育质量中的重要因素。调查显示，中西部地区乡村中小学在文化建设方面的问题主要包括：校园文化的开放性和多样性不足（59.4%），校园文化建设的团队力量弱（50.5%），师生对于乡土文化的感受和认知不深入（43.9%），对于乡土资源的挖掘和利用不足（41.8%），学校和村落、社区的互动欠缺（33.4%）。学校在资金、对文化建设改善的思路以及上级领导部门给予的权限等方面的需求则较少。

二、中西部乡村教育发展需求

在乡村振兴的新时代，一系列新的教育政策为乡村教育振兴提供了新的历史机遇与发展契机，得到了乡村教育工作者的重点关注。本次调研显示，乡村教师最关心的教育议题依次为："双减"（86.4%）、德智体美劳"五育并举"（55.9%）、疫情防控（55.2%）和考试评价改革（43.4%）。本研究以构建良好教育生态为导向，力图结合调研实证材料，分析新时代乡村教育各方主体的实际需求。

（一）中西部乡村教师发展需求

1. 简化行政任务，释放教师精力

在教师最期望得到的帮助和支持方面，"调整工作量、减少非教学任务"成为教师最期待的举措，有近七成（68.8%）的受访者选择此项。其中50岁以上教师选择此项的比例略低于其他年龄段，25岁以上年轻教师占比略高于其他年龄段。

2. 提升专业能力，创新教学方法

乡村教师教学水平仍需提升。近年来，乡村学校中年轻教师师资不断得到补充，年轻教师的教学经验和对教育价值的理解深度尚须在实践中不断成长。为此，一些乡村学校建立了"老带新"机制。各类教师培训也是促进教师专业发展的重要方式。

在培训内容上，提升"教学方法创新能力"最受关注。本次调研中有三分之一的受访者希望通过培训提高自身能力。在期待的培训内容上，乡村教师最为关注的是提升"教学方法创新能力"（65.4%）；其次是"课堂管理能力"（32.0%）和"教学方案设计能力"（31.1%）；有28.6%的受访者需

要提升"信息网络技术应用能力"（见图 3）。

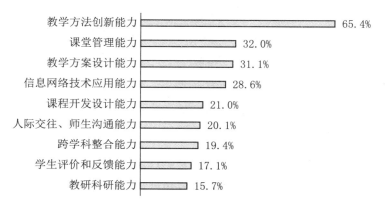

图3 未来教育教学专业能力提升期待

在培训形式上，乡村教师最期待到实地参访。有 55.2% 的受访者认为"到优秀学校实地观摩调研"对他们专业能力的成长帮助较大，有 44.4% 的受访者认为"听课、评课、说课"对他们的帮助较大，有 30.2% 的受访者认为"同行互助分享"对他们的帮助较大，有 28.7% 的受访者倾向于培训讲座的形式（见图 4）。

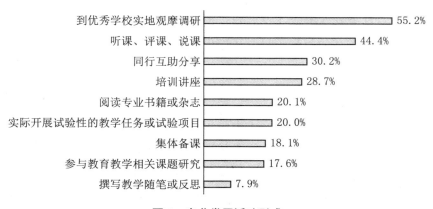

图4 专业发展活动形式

3. 提高酬劳待遇，改善生活支持

乡村教师面对较大的工作和生活压力，在个人生活条件和教学工作条件的改善方面存在需求。本次调研中，有 44.9% 的受访者有提高个人薪资待遇方面的期待，有 29.3% 的受访者提出了改善教学设施设备、提高工作效率方面的要求。在工资待遇、住房、交通、婚姻家庭等方面为教师提供更加完善的服务，有助于教师尤其是年轻教师在乡村中扎根。

4. 增加岗位数量，优化结构配置

"双减"政策要求各学校加强课后服务，这也对乡村学校的师资团队提出了更高要求。调研中半数以上学校都反映音乐、体育、美术、综合实践等课程缺乏专业的教师，调研中 38.4% 的受访者认为落实"双减"政策需要补充音乐、体育、美术等综合素质类课程专业教师，保障兴趣小组等课后服务顺利进行。也有一些教师从积极角度出发，把课后服务作为自身与学生共同成长的机会看待，努力提高课后服务质量。

从乡村教育整体质量提升需求看，培养乡村本地的教师团队，提高其自身能力是综合素质类教育活动优质开展的必要前提，未来仍需社会各界共同努力。

（二）中西部乡村学生发展需求

1. "五育并举"，提升乡村学生综合素质

乡村教育需要改进人才发展观，根据新时代平衡充分发展的要求，不断提升德智体美劳的教育质量，从学生需求出发，以整体化视角看待德智体美劳课程。

在德育方面，坚持儿童本位，进一步充实教学内容与形式。在学校教学中，说教形式的德育难以被学生真正认同和内化。一些乡村学校尝试以贴近生活的方式开展德育，让学生从被动的接受者向主动的展示者、分享者转变。一些社会组织也通过专门课程、专业陪伴、互动沟通等为乡村学生的社会情感和心理成长等提供专业支持。乡村学校的德育未来还需要更加注重从儿童视角出发，结合儿童喜闻乐见的教育活动，进一步探索更符合儿童认知习惯的内容和形式。

在智育方面，拓展多元智能，培养学习兴趣。乡村学生在各领域知识广度与深度以及多种认知能力方面的表现不容乐观。乡村学校需要更多符

合儿童身心发展规律和认知特点的智育资源来拓展学生阅读面，培养其阅读习惯，尝试通过 STEM、双师课堂等多种形式补充现有课程和师资资源的不足。同时，乡村学校应进一步提升学生的学习兴趣和内在热情，引导学生积极主动地投入学习。

在体育方面，扩充体育内容，提升健康素养。近年来国家对体育的重视不断提升，"双减"政策为乡村学校开展体育活动创设了更好的机会。学校体育教育不仅是为了应对中考改革中体育所占的分值提高，更是为了提升学生的身体素质、运动知识和技能，更重要的是进一步培养乡村学生的健康意识和健康生活方式。

在美育方面，调动乡土资源，提升艺术素养。美育不仅能拓宽视野，还有助于启迪乡村学生发现生活旨趣，改善心理健康状态等。调研中不少教师提出，乡村学校缺少美育相关专业教师和课程资源，学校更加重视学科成绩而对美育重视不足，需要在国家课程基础上，结合乡土资源开发美育方面的校本课程，通过丰富有趣的课程和活动提升乡村学生的美育素养。

在劳动教育方面，提高动手能力和思维能力。乡村学校有更多机会让学生接近土地和田园，具有开展劳动教育的优势。但从乡村学生发展需求来看，让劳动教育实现学以致用的目的，还需要以课程化思维进行精心设计，与乡村学生的实际生活相结合，在实践中提高学生动手能力和观察、思考等各方面能力；同时把劳动教育作为载体，融入数学、科学、语文等多种学科内容，完成跨学科知识与技能的融合，让学生在体验中提升思维水平和综合能力。

综上所述，"五育并举"在落地实践中还面临一些共性的制约因素。本次调研中有 58.1% 的受访者认为学校缺乏教学专用教室，设施、设备、器材配置不完善；有 53.8% 的受访者认为学校缺乏专业师资，没有能力开全开好课程；有 38.1% 的受访者认为缺乏开展相关课程活动的经费；有 30.5% 的受访者认为缺乏有效的工作机制；有 24.1% 的受访者认为学生自身综合素养基础薄弱；有 16.3% 的受访者认为综合素质类课程不被充分重视，相应课时无法保障、常被挤占；有 8.7% 的受访者认为相关激励考评机制不健全。

为此，首先，需要补充更多专业人才，对综合素质类课程进行更符合儿童需求的教学设计，充实课程内容，提高课程质量；其次，通过制度设计，保障音乐、体育、美术、综合实践等课程实际运行的课时；最后，拓展公益性合作资源，缓解学校普遍面临的办学经费紧张、课程资源不足的问题。

2. 家校社协作，促进乡村学生身心健康发展

乡村儿童的身心健康、学习动力和行为习惯均与家庭教育密切相关，乡村学生发展问题的解决需要联合家庭与社区的力量。家校协作的重点在于提升乡村中小学生心理健康水平、社会情感技能，并通过联合行政管理者、学校、研究机构、公益组织等社会力量，形成稳定、常态的合作机制，进行从教育理念、方式到内容资源的全面协作，切实提高乡村学校与家庭、社区之间交流、互动、协作的能力。

（三）中西部乡村学校发展需求

1. 发掘乡村学校自身优势，探索乡村教育特色

在乡村振兴的新时代中，乡村教育需要探索因地制宜的发展之路。很多乡村教师已经认识到了乡村学校在开展综合素质类教育方面具有的独特便利和优势，可以利用乡村中的民俗、文化、种养基地、能工巧匠等开发具有自身特色的乡土教育资源，形成办学特色和品牌（见图 5）。

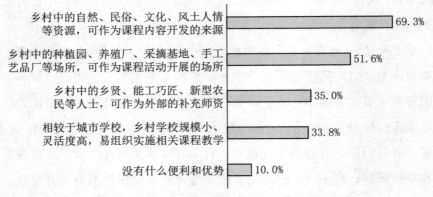

图 5 乡村学校开展综合素质类课程教学的便利和优势

但是在乡村教师人手不足、行政事务压力较大的前提下，有效利用乡土资源进行有实用性、创造性的课程建设和教学开发，对于乡村学校而言还较为困难，需要更多的思考和社会力量的专业化支持。

2. 引入社会力量，补充综合素质师资

在开展综合素质教育的需求方面，受访者认为最需要的依次是专业教师（60.6%）、相关硬件保障（56.8%）和创新的教学方式（51.7%）。"双减"政策进一步延长了学生的在校时间，并对教师能力和课程体系提出了更高要求。由于经费和人力资源有限，乡村学校在引进社会公益资源方面的需求仍然巨大，亟须打破"教师不专业—学生积淀少"的不良循环，让综合素质类教育走向更加完善的课程化建设。

3. 配合"双减"，探索多元评价

乡村学校需要加强多元化教育评价观念。本次调查显示，在评价学生的主要依据方面，乡村教师首推"道德品质"，其后依次是"学业成绩"、"学习能力"以及"身心健康"。学生的"艺体素养""合作交流"和"社会服务"等综合素养方面的评分相对落后（见图6）。

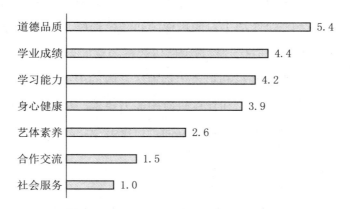

图6　乡村中小学评价学生的依据排序

乡村学校对学生综合素质评价的重视程度仍有待加强。调研中表示学校"很重视"学生综合素质评价并认真执行的受访者不足半数（43.4%），受访者所在学校"比较重视"的仅为22.7%，24.9%的受访者认为学校"一般重视"，有 9% 的受访者表示自己所在学校"不重视或完全不重视"。"双减"政策在乡村学校的落实也需要评价观念和相应管理机制的进一步转变，否则部分学校和家长还处在"观望"状态。

乡村学校须探索能力导向的学生评价方式。不少受访者提出，乡村教育与城市教育存在师资、生源、环境等多方面的差异，对此采用完全一致的评价方式并不公允，希望能针对乡村学生特点探索因地制宜的评价方式。针对乡村中留守儿童比例高的现状，尤其对于一些"后 20%"的学生，学校更应因材施教，注重提高他们的动手能力和实践能力。乡村学生评价体系应更多指向能力和综合素养层面。

乡村学校希望在学生评价方面获得一定的自主空间。本次调研中，36% 的受访者希望当地教育行政部门能改善评价方式。访谈中也有很多乡村教师提出，希望行政部门给予乡村学校更多自主权，实现评价上的多元性，探索更加个性化、人性化的评价体系。但由于日常工作压力大和相关社会支持资源相当不足，乡村教育工作者在教育评价方式方法和教学方法改革方面，还需要更多具有实操意义的指引和帮助。

乡村学校的教师评价和考核仍需优化。此次调研发现，超过三分之一的教师认为自己的压力主要来自职称评聘和绩效考核。2020 年教育部等六部门印发《关于加强新时代乡村教师队伍建设的意见》，提出职称评聘向乡村教师倾斜，对长期在乡村和艰苦边远地区从教的中小学教师，职称评审放宽学历、论文、职称外语和计算机应用能力要求。2021 年"双减"政策发布后，也需要在教师绩效评价等方面进行配套改革，以保持政策的连续性和稳定性。

三、社会力量助力乡村教育发展的行动建议

在乡村教育发展过程中，教育公益组织、社会企业和企业社会责任（CSR）部门等社会力量成了重要的支持者和推动者，为乡村学校带来新的教育理念、教育方法，引入丰富的物质和文化资源。乡村学校应以开放的

心态，与教育专业机构、社会组织、行政管理机构开展平等互利的对话，充分利用学校、家庭、社区等多方资源，引入社会组织、企业、新乡贤等各种社会资源，积极开展乡村教育多元合作治理。

（一）系统推进：协同建设教育生态

1. 明确目标，改善教育生态

乡村教育的振兴是乡村振兴的关键组成部分。随着经济社会发展从工业时代向科技化、生态化转型，我们的教育生态也需要更加尊重个体与社会发展的规律性。为了培养创新型人才，符合社会转型的需要，教育发展模式有必要从效率化的单一量产模式走向更加人性化的生态模式。

社会力量参与乡村教育建设应更加注重乡村教育问题背后的深层原因和复杂影响因素，更加关注项目地区乡村教育的系统性建设，应以教育生态的优化为目标，告别对城市化教育的简单复制，走出具有自身特色的发展模式。这就要求社会力量以长期主义、关注整体的方式规划设计自身的行动。

2. 多方协同，嵌入式深度合作

社会力量在支持乡村教育时应以教育生态的视角理解县域教育内在结构，识别当地真实的、关键的、发展性的教育需求，为乡村学校提供有效的支持，并在此过程中与乡村学校建立相互信任、相互支持的实质性关系，让社会资源能与学校需求相匹配，有机地嵌入学校自身教育体系，而不是成为学校额外的负担。在社会力量共建乡村教育的过程中，既要厘清各主体之间的职责与定位，又要发挥各主体的优势形成嵌入式合作网络，让教育行政机构、社会组织、学校、家庭社区等找到最适合自身的生态位，形成彼此互为上下游的深度合作关系，激发乡村教育体系中的内生活力。同时不断创新合作形式，在捐赠资金之外也可通过知识产权、软件或专利技术使用权、员工的公益工时等形式，为乡村教育投入更多智力资源。

（二）深挖底蕴：发展特色乡土教育

1. 开发本地资源，发展乡土特色课程与评价

乡村教育须更多引入乡土文化资源，结合"双减"与"五育并举"的政策导向，利用自身优势探索特色化、多样化的乡土课程，复兴乡村的教育和文化，通过拓展性课程为学生提供个性化、特色化的教学内容，培养学生多元化的能力素养。

关注教育的社会力量可以支持乡村学校基于乡土资源开发适合学校的特色课程、特色活动，让乡村学校在乡土资源的滋养下焕发生命力，成为有根的教育；同时，结合乡土课程建设，引入家长和社区等多样化主体，帮助乡村学校探索多元化的学生评价方式。

2. 注重养育功能，提升社会情感能力

乡村学校应在教育行政部门领导下，积极利用教育公益组织、社会企业等社会力量，努力弥补农村学生非认知能力方面的短板，让校园不仅是传授知识的场所，还是养育具备健全人格和积极心理品质的人的场域，培养乡村学生的自信心和进取心，锻炼其责任感、学习力、沟通合作能力，使乡村学生拥有真正属于自己的幸福人生。

社会力量应以乡村学生的身心健康成长为目标，提供社会情感技能方面的课程与活动，支持乡村学校教师能力建设，鼓励乡村教师做乡村学校的陪伴者与支持者，共同探索适合乡村学校的育人方式，培育积极奋进、活力蓬勃的学生，构建全面育人的乡村学校生态。

3. 持续深耕乡村，培育内生活力

社会力量建设乡村教育的根本，在于激发乡村教育体系中的内生活力。在项目管理上，社会力量要保持公益项目的持续性和发展性，设计相应的激励机制，注重提升教育工作者的价值感、获得感，引导其从被动改变到主动创新，实现从教育理念、资源、能力、团队到管理的"标本兼治"。在项目设计上，以乡村学校校长、教师的视角看待问题，以为乡村教育者和学生赋能为目标，设计具有持续发展力的教育公益项目，避免"资源导向"

式的项目模式。在项目实施上，社会力量应有效地融入当地学校三级课程体系或学生服务体系，做乡村学校有效的支持者和协助者，实现乡村学校和社会力量双赢的社会价值。

（三）重点任务：激活乡村教师团队

1. 提升价值认同，激发效能感

社会组织助力乡村教育发展，应注重以人性化且接地气的方式提升乡村教师对于本职工作的价值认同感，激发乡村教师投身基础教育的信念感和效能感，调动乡村教师群体的内在动力。

2. 不拘一格，培养乡村教育家

社会组织可引入社会资源，选取有理想、有积极性的乡村教师群体，培养一批兼具乡土情怀和教育理想的乡村教育家。针对乡村教师结构性缺编的特点，社会组织可侧重对音乐、体育、美术、科学、信息技术等专业教师的支持，促进乡村学校以"五育并举"的形式提升教育质量。在有条件的地区，社会组织可支持乡村教师构建发展共同体，培育稳定而持续生长的乡村教师群体。

中西部地区乡村小学营养健康教育调研报告

21 世纪教育研究院课题组 ①

摘　要：本研究围绕中西部地区乡村小学营养健康教育的现状与需求进行实证分析。结果显示，部分中西部地区乡村小学营养健康教育已具备一定现实基础，国家政策与社会力量积极提供条件，支持营养健康教育，但校方在实施营养健康教育过程中还存在专业化程度不足、资源利用不充分等问题。营养健康教育成效缓慢显现，整体上乡村学生体质有所改善，心理健康方面亟须关注。基于此，本研究进一步分析乡村小学营养健康教育中存在的需求，并提出构建营养健康教育体系、保证营养健康专项资金的改善方式等建议。

关键词：中西部地区；乡村小学；营养健康教育

为了助力乡村学生营养健康水平的持续改善，以社会视角拓展对乡村学校营养健康教育实施现状的观察，2022 年 3 月 11 日至 31 日，21 世纪教育研究院联合蒙牛集团、中国青少年发展基金会、《南方周末》发起"中西部地区乡村小学营养健康教育"调查研究，旨在发现中西部地区乡村小学关于营养健康管理在做法、经验方面存在的共性问题，并从学校管理、社会支持及政

① 本报告由 21 世纪教育研究院撰写，受蒙牛集团、中国青少年发展基金会资助。项目得到中西部地区乡村小学校长、教师的大力支持。

策实施的角度提出改善建议，促进乡村学生营养健康教育水平不断提升。

一、研究背景

儿童的营养健康水平不仅仅关系个人终身成长发展，更关系到国家和民族的未来。长期以来，国家高度重视我国乡村儿童青少年营养健康发展，出台了一系列政策进行顶层设计。2010年，《国家中长期教育改革和发展规划纲要（2010—2020年）》首次将改善学生营养作为中长期改革和发展的目标，提倡合理膳食，增强学生体质，改善学生营养状况，提高贫困地区农村学生营养水平。2011年，我国启动实施农村义务教育学生营养改善计划，为试点贫困地区农村义务教育阶段学生提供营养膳食补助。2016年，国家卫生计生委发布《关于做好农村留守儿童健康关爱工作的通知》，随后在12个省的27个县实施农村留守儿童健康教育项目试点，针对当地留守儿童的主要健康问题和健康影响因素，对留守儿童及其父母、监护人等开展科学喂养、营养膳食、卫生习惯与健康行为等健康教育主题活动。2019年，教育部等五部门联合印发《关于进一步加强农村义务教育学生营养改善计划有关管理工作的通知》，要求加快农村学校食堂建设，完善设施设备配备，满足学生就餐需求，进一步提高食堂供餐比例。2021年6月，教育部联合国家卫生健康委等四部门印发《营养与健康学校建设指南》，对适应儿童青少年生长发育需要，推动学校营养健康工作，规范学校营养健康相关管理行为提出要求。回顾历史，可以看到我国的营养与健康政策在方向上，经历了从防治营养不良、提升青少年健康水平到构建健康教育完整体系的历程，乡村学生的营养健康工作在规划设计上的内容层次不断提升，体系不断扩展延伸。

随着国家在乡村儿童营养健康工作的系列举措有序推进，整体看来我国乡村贫困地区的学生营养健康状况得到明显提升。中国疾病预防控制中心跟踪监测表明，2019年，营养改善计划试点地区男生、女生各年龄段平均身高比2012年分别提高1.54厘米和1.69厘米，平均体重分别增加1.06

千克和 1.18 千克，高于全国农村学生平均增长速度。①

但与此同时，乡村学生的营养健康水平仍与发达地区存在差距，乡村学校在学生营养健康教育与服务方面的关注度尚不充足，针对乡村儿童的营养健康方面的教育尚有很大建设空间。在乡村振兴战略全面实施的时代背景下，我国中西部地区乡村小学营养健康工作对于社会发展的基础性地位更加重要，需要全社会在国家顶层设计的指引下，以构建体系完整、切实有效的乡村营养健康教育体系为目标，锁定营养健康工作的重点与难点，探索关键性的突破口与有质量的行动路径。

二、研究方法

本调研报告中的"营养健康教育"是动态、复合性的概念，概括而言是指学校中有关学生健康发展的教育活动规划设计、基础设施及系列性的教育活动，其目标是提升学生包括健康意识和健康行为在内的整体健康水平。具体来说，营养健康教育在内容上指的是集学生膳食营养健康、身体健康和心理健康等的相关知识、态度观念、行为方式与习惯养成于一体的系列教育活动；在形式上包括营养健康方面的基础设施、校方投入的人力与资金保障，以及实际开展的相关课程、文化宣传、家校协作等。

本研究采取量化与质性研究相结合的方式进行。量化研究部分采用问卷调查的形式，于 2022 年 3 月向中西部地区 ② 乡村小学 ③ 中负责营养健康教育的管理者及老师发放问卷，回收有效问卷 405 份，样本来源于中西部

---

① 《营养改善计划实施 10 年，4000 万农村娃吃上了营养餐》，央广网，https://baijiahao.baidu.com/s?id=16781278711273039768&wfr=spider&for=pc，2020-09-18.

② 中西部地区包括山西、安徽、江西、河南、湖北、湖南等中部地区以及内蒙古、广西、重庆、四川、贵州、云南、西藏、陕西、甘肃、青海、宁夏、新疆等西部地区。划分来源：国家统计局。

③ 本次调研的乡村小学仅限于乡中心校和村完全小学。

15 个省（自治区、直辖市）55 个市 87 个县区的 263 所乡村小学。其中云南（22.7%）、河南（16.0%）、甘肃（14.8%）和四川（14.6%）是占比最高的四个区域。[①] 在学校类型上，本次调研的 263 所乡村小学中有 33.1% 的学校为乡中心校，有 66.9% 的学校为村完全小学；寄宿制学校（49.6%）和非寄宿制学校（50.4%）的比例基本持平。受访者中，科任教师占比 42.8%，校长/副校长/党支部书记占比 33.8%，主任级别占比 15.7%。在质性研究方面，项目组于 2022 年 3 月 9 日至 30 日对来自甘肃、河南、贵州、湖北、四川、安徽、湖南、内蒙古、青海、山西、云南 11 个省（自治区）的 30 位学校负责人进行了深入访谈。

三、研究发现

（一）学校环境卫生基础设施有待改善

1. 学生就餐环境与学生餐营养结构有待提升

学校的饮食情况对学生的营养健康具有重要影响。本次调研覆盖的 405 份样本显示，42% 的受访者表示学生统一在学校食堂就餐，24.1% 的受访者表示学生在家里就餐，仅 0.2% 的学校的学生在校外其他地方（例如小饭馆或者校外餐馆等）就餐（见图 1）。

调研显示，15.8% 的受访者表示学校食堂面积较小，学生只能分时段、分地点就餐；18.1% 的受访者表示乡村学校没有供学生使用的食堂，学生只能在教室或户外就餐。但对于是否有筹建食堂的需求，也有校长表示建食堂的关键在于学校是否能够长期办下去，"随着城镇化建设的推进，农村孩子越来越少，如果投入很多资金建设食堂，过两年学校却被拆掉，那就是浪费资源。目前学生在教室吃饭也不影响什么，所以可能也没有太多必要

---

① 本次调查问卷在样本选取上综合考虑了不同地域分布、当地经济水平、学校类型（寄宿制、非寄宿制；村完全小学、乡中心校），用配额法尽量提高样本对象的代表性，但并非随机抽样，而是便捷性样本，在抽样方式上存在局限性。

去建设一个食堂"。

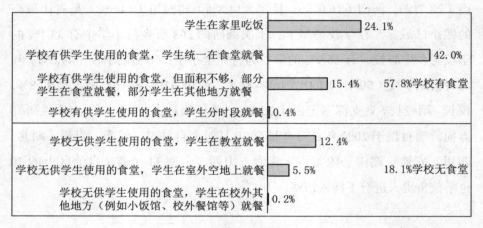

图 1　学生就餐情况

学校对学生食堂及餐食的改善建议主要集中在营养结构方面。32.3% 的受访者认为学生餐的营养配比和搭配需要持续优化，26.9% 的受访者认为学生食堂用品和设备需要定期更新，21.5% 的受访者认为学校厨房的建筑质量需要进一步提升，9.0% 的受访者认为学校厨房卫生状况需要进一步改善（见图 2）。

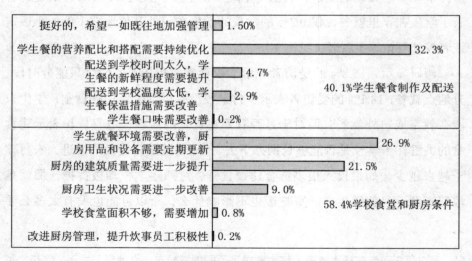

图 2　学校食堂及学生餐食的改进方向

2. 学生住宿质量与细节有待提升

乡村寄宿制学校承担了学生的居住和日常生活的重要功能。在调研中，八成受访者认为学生宿舍较为充足；但仅有半数受访者表示学校有学生公共浴室，并且目前能够正常开放给学生使用；与此同时仍有近三分之一的寄宿制学校没有浴室，学生只能回家洗浴。值得注意的是，有14.9%的寄宿制学校有供学生使用的浴室，但出于种种原因目前并未开放；已经配有公共浴室的乡村学校也认为洗浴条件需要多方面改善，例如增加学校浴室洗浴空间，改善学校浴室的供水条件、建筑条件以及卫生条件等。

虽然98.8%的乡村学校具备洗手设施，但其中仍有11.9%的学校表示学生不经常使用。另有1.2%的学校没有可供学生洗手的设施，学生需要去校外洗手。乡村学校希望学生洗手条件在今后能继续得到改善，尤其是学校洗手池能增加热水、增加数量、改善建造质量、保持稳定供水等。

此外，据调查显示，仍有近四分之一的乡村学校没有冲水厕所。72.6%的受访者表示学校有冲水厕所，有23.5%使用非水冲式的旱厕，有4.0%的学校两种厕所形式都有。在厕所改善方面，乡村学校希望能改善厕所的上下水系统，提升冲水设备质量，改善厕所的建筑质量及卫生情况。另有22.1%的受访者认为需要提升师生使用厕所的习惯，例如便后冲水、洗手等。

3. 操场与体育设施丰富度不足

学校的体育运动场地和器材是保证体育教学、课外体育活动和课余体育训练正常进行必不可少的物质条件。半数以上的乡村学校有室外操场，对塑胶跑道和风雨操场仍有较大建设需求。61.8%的受访者表示学校操场是符合要求的普通室外操场，22.7%的受访者表示有符合要求的塑胶跑道，相对而言风雨操场的普及率较低，仅有4.9%的学校表示有此项设施。还有4.5%的受访者表示没有任何可供学生运动的场地。

调研显示，仅有19.8%的受访者认为学校的体育运动设施非常充足，完全能够满足师生的体育运动需求；分别有9.1%和7.4%的受访者认为学校的体育运动设施和场地比较缺乏或极度缺乏，无法满足师生运动需求。

4. 医务室和心理咨询室配备不足

在乡村学校中为学生提供身心健康保障的设施主要包括医务室及心理咨

询室，整体看来这两项的建设并不乐观。调研显示，多达 57.3% 的受访者表示所在学校既没有医务室也没有专业的医生，15% 的受访者表示有医务室但没有医务人员，22.7% 的受访者表示学校有医务室及兼职的医务人员，而学校有医务室并配备专职医务人员的样本更是凤毛麟角，占比仅为 4.9%。

与此同时，仅有 5.9% 的受访者表示本校既有心理咨询室又有专职人员；有 38.8% 的受访者所在学校配备有专门的心理咨询室与兼职的心理咨询师；有 20.2% 的受访者学校有兼职心理咨询师，但没有相应场地；超两成受访者所在学校既没有心理咨询室也没有专业的心理咨询师。

受访者普遍希望本校能够建立医务室和心理咨询室并得到进一步改善，对此，仅有 0.1% 的受访者满意现有的状况，这表明学校身心健康保障设施还有很大的提升空间。

（二）学校营养健康教育投入资源有限

营养健康教育的资源投入水平，很大程度上影响着健康教育的实施过程及产出质量。一方面，学校中的营养健康教育与其他教育内容一样是一个系统工程，在食堂、宿舍、医务室等硬件设施上还需要持续不断地投入资金、人力、专业技术等资源。另一方面，目前乡村学校在营养健康教育方面投入的资源不够充足和稳定。从学校内部来看，营养健康教育所需资源包括相关资金[①]、配置的工作人员数量及其工作量、相关培训学习以及整体工作规划等；从学校外部来看，营养健康教育的资源还包括国家与地方相关政策、社会专业机构及公益项目的支持。

1. 营养健康教育整体工作规划有待加强

本次调研显示，只有 23.0% 的受访者所在学校有专门的工作方案，并能够严格按照工作方案执行；大部分（40.1%）受访者所在学校有基础的营养健康教育工作方案，实际工作会根据需要进行动态调整；但仍然有近三

① 资金指营养健康教育专项资金，即开展营养健康教育活动的经费，不包括食堂、厕所、洗手洗澡和体育运动场所、卫生室和心理咨询室等的基础建设费用。

分之一的受访者所在学校表示未制订营养健康工作规划，一般根据上级主管部门下派的任务开展工作；此外，还有 0.5% 的受访者表示有营养健康工作方案但被束之高阁，并未发挥实际的效用（见图 3 ）。

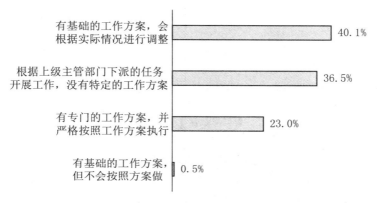

图 3　营养健康教育方案情况

营养健康工作规划设计不足，一定程度上限制了学校在此方面的人力、资金整体布局。因此营养健康教育工作在内容上以完成上级布置任务为主，形式也比较简单。在访谈中贵州某学校表示，营养健康教育形式主要为班主任定期进行科普性质的讲授，"比如说春天来了，班主任就会去网上下载一些关于传染病的材料，在班会上进行科普教育"。

2. 营养健康教育专项资金支持不足

调研显示，有 32.3% 的受访者所在学校有专项拨款，并能实际用于营养健康教育；有 26.9% 的受访者所在学校虽然没有专门拨款，但在有需要时能想办法筹措到一定经费；然而仍有 39.0% 的受访者所在学校完全没有针对营养健康教育方面的资金投入。对此，贵州某学校表示，"不是我们不想重视营养健康（教育），而是这方面的代价特别大，我们农村小规模学校好艰难，实在没有钱。像水电费一年要支出三万五，我们实在没有多余的经费去改善整个就餐环境或者进行相关培训"。

在有相关资金的学校中，资金主要用于营养健康教育相关的宣传、布置（29.3%），营养健康教育物资的采购（28.5%），营养健康教育方面的教师培训（24.8%）以及相关会议和文化活动的组织（16.7%）等（见图 4）。

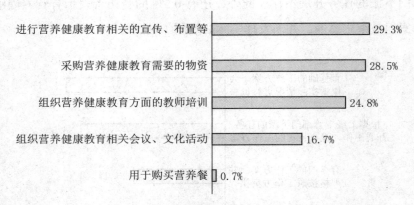

图 4　营养健康教育资金用途

3. 营养健康教育专职人员配置不足

调研显示，仅有 12.1% 的受访者所在学校配备有专职营养健康教育工作人员；53.1% 的受访者所在学校由兼职人员开展营养健康教育相关工作，24.9% 的受访者所在学校由主管领导随机指派老师开展营养健康工作，二者相加占整体的 78%（见图 5）。访谈发现，部分学校中营养健康工作由班主任、心理健康辅导老师兼任。就如四川某学校受访者提到，"其实大家都是兼职做，营养健康教育方面的工作比较散，比如班主任就会承担比较多的宣传教育以及学生心理疏导的工作"。

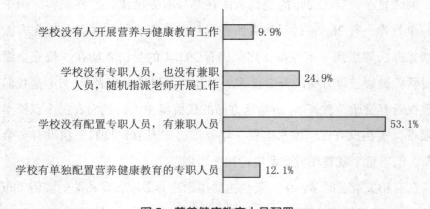

图 5　营养健康教育人员配置

4. 营养健康教育相关培训仍需加强

调研显示，近八成受访者所在学校会开展营养健康工作相关的培训。其中，有39.8%的培训由学校定期组织，有26.1%的培训由国家或地方教育主管部门组织，有11.2%的培训由社会力量入校开展；另有22.8%的受访者表示没有培训，其中12.2%由相关人员自行负责学习，有10.6%由校领导指导（见图6）。但在培训开展的时间和频率上未得到更多信息。

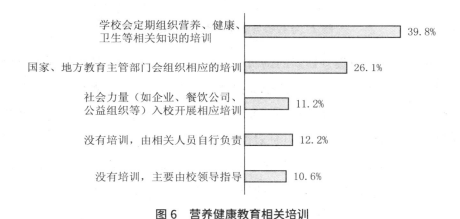

学校会定期组织营养、健康、
卫生等相关知识的培训　　　　　39.8%

国家、地方教育主管部门会组织相应的培训　　26.1%

社会力量（如企业、餐饮公司、
公益组织等）入校开展相应培训　11.2%

没有培训，由相关人员自行负责　12.2%

没有培训，主要由校领导指导　10.6%

图6　营养健康教育相关培训

5. 营养健康教育项目的参与程度尚待提高

从学校外部因素来看，国家相关政策和各类营养健康教育项目也影响着营养健康教育水平。虽然政府和企业、公益机构发起了多项营养健康专项项目并得到了乡村学校的普遍认可，在学校现有资金、人力不足的前提下对乡村营养健康教育起到了很好的补充作用，但仍存在改善和提升的空间。

调研中，有六成以上受访者参与过各类营养健康的政府项目或公益项目。有57.7%的项目为政府主导，有8.5%的项目为企业或社会公益机构主导。整体上仍有33.8%的学校未参加任何营养健康项目，在此方面仍有较大提升空间。各类中具体项目的占比见图7。

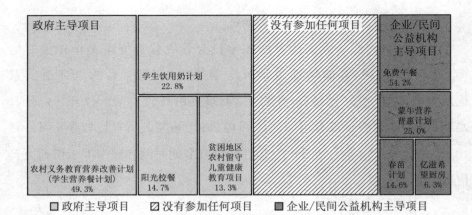

图 7　学校参与营养健康教育项目情况

在对此类项目提升建议的调研中发现，有 25.0% 的受访者认为项目设计内容和活动太多，学校无法全部推进；有 20.5% 的受访者认为项目管理上缺乏及时畅通的沟通协作，导致实际效果不理想；有 19.3% 的受访者认为项目缺乏对校长、教师展开针对性的培训。

此外，对于政府主导营养健康项目的改善建议集中在培训和项目管理沟通层面，而企业类项目的改善建议集中在项目内容和方式层面。

（三）学校营养健康教育专业程度不足

乡村学校中营养健康教育实施途径形式比较多样，包括营养健康理念宣导、课程教学、校园活动等方方面面。但由于缺乏相关专业的师资，缺乏营养教学大纲指导文件，缺乏营养健康教育工作考核标准，乡村学校的营养健康教育专业程度不足，乡村学校很难有针对性地开展营养健康方面的教育教学活动。

1. 营养健康课程开设不足

2021 年 6 月国家卫生健康委、教育部、市场监管总局、体育总局联合组织制定了《营养与健康学校建设指南》，其中要求学校以班级为单位的健康教育课程开课率达到 100%，每学期至少 6 学时。然而从本次调研的结果看不尽如人意。调研显示，有 51.8% 的受访者所在学校未开设专门的营养健康课程，但会在其他课堂中不同程度地渗透相关教育；有27.9%的受访者所在学校能够开足国家要求的营养健康教育课程，有12.6%的受访者所在学校开了少量营养健康教育课，二者相加之和仅为40.5%（见图8）。湖南某学校提到，"我们这谈不上营养健康教育，就是营养餐。课程上能渗透一些，学生还是不太理解这个事情"。

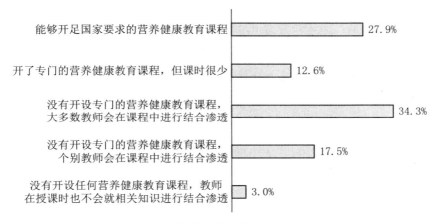

能够开足国家要求的营养健康教育课程 27.9%
开了专门的营养健康教育课程，但课时很少 12.6%
没有开设专门的营养健康教育课程，大多数教师会在课程中进行结合渗透 34.3%
没有开设专门的营养健康教育课程，个别教师会在课程中进行结合渗透 17.5%
没有开设任何营养健康教育课程，教师在授课时也不会就相关知识进行结合渗透 3.0%

图8　学校营养健康教育开课情况

营养健康课程开课困难的原因主要是缺乏课程资料、经费不足和师资力量不足。在问及此类课程面临的困难时，意见集中在课程资料缺乏（占比29.2%），学校经费不足、无法购买必需材料（占比27.0%），以及缺乏营养健康教育专业老师（占比25.8%）这三项。还有10.9%的受访者表示学校的课时不足；有7.0%的受访者认为学生学习压力过大，不好占用学生的时间。

2. 教师营养健康教育意识淡薄

营养健康教育培训的开展与学校教师的营养健康意识存在一定关系，学校管理者与教师的积极性保障着营养健康教育的开展。调研显示，学校管理者和教师对于国家和地方出台的营养健康政策了解程度不深。大部分受访者听过国家和地方出台的营养健康政策，但并没有仔细去学习了解。甘肃某学校的受访者提到，"了解得比较肤浅一点，我们这个地方是农村，不是特别关注这个"。部分受访者没有关注过政策，只是按照上级主管部门安排的任务开展工作；个别学校只有专门分管营养健康教育的管理者比较了解。

贵州某学校的受访者提到，"老师们对于营养健康教育的意识比较淡薄，年轻教师自身的生活方式和生活习惯也并不是特别健康，缺乏相关的培训。大家都不愿意花时间在这个上面，大环境要的还是分数，老师们还是考什么教什么，更关注学生的分数。对于上面规定的内容也只是应付，以完成任务为主，不会发自内心去做这件事"。

3. 营养健康教育系统性有待提升

本次调研发现，乡村学校现有营养健康教育呈现碎片化、补丁化和被动化的趋势。甘肃某学校提到，"现在的营养健康教育还是比较碎片化，对学生没有形成系统的影响。从小学到初中并没有形成系统，如何对学生进行系统的营养健康教育，我们这个工作还是比较欠缺"。大部分学校对于一线教育者，尤其是班主任的依赖程度较高。

在营养健康教育内容层面，往往是出现问题后才会开展弥补性的工作。甘肃某学校提到，"现在学习营养健康教育，一般是知道哪里出现问题，就去解决问题"。湖北某学校提到，"我们会在学生吃营养餐的时候趁机普及一些与卡路里相关的知识。因为小孩子有的时候吃得比较多，所以我们这方面也要注意，宣导健康的理念"。

部分乡村学校受访者也坦承营养健康教育需要不断沉淀、潜移默化才能对学生产生影响。河南某学校受访者提到，"（营养健康教育）可能一时变化不大，但潜移默化，孩子逐步接受了这些知识，对他生活或多或少有一点好处，对他的饮食健康方面起到一定的积极作用，我们会一直做下去"。

（四）营养健康教育成效缓慢显现

1. 乡村学生身体素质明显改善，心理健康亟须关注

本次调研发现，受访者普遍对于自己学校学生的身体健康比较有信心，

认为无论与历史还是同一时期的同龄城市学生相比，学生身体健康水平提升非常明显：一方面是现在的学生生活条件明显比过去好；另一方面是政府、学校和家庭都比较重视，采取各种方式保障学生身体健康。

甘肃某学校受访者提到，"对比以前农村的孩子，现在的学生脸色红润得多，个子也比较高"。山西某学校的受访者提到，"我们学校在'双减'课后服务时间进行体育锻炼，效果是非常好的，我们做得比较到位，每天学生至少有一个半小时的时间（有老师陪伴的）进行体育活动。中午基本是有 40 分钟的自由活动时间。今年主打的是跳绳和跑步，到目前为止，我们学校基本上在整个区域都是处于前列的"。

与城镇同龄学生相比，乡村儿童的学习压力不大，但在心理健康层面仍不容乐观。特别是留守儿童占比高的地区，更需要社会各界给予更多关注。大部分乡村学校表示学校没有开设专门的心理健康教育课，心理健康都是靠平时的观察，找部分的学生谈话，没有面向全体学生。21 世纪教育研究院院长熊丙奇指出，乡村儿童的心理健康问题受到家庭环境和校园环境影响，可能比城市儿童的更严重。尤其是乡村寄宿制学校中的学生，从小离开父母过集体生活，容易产生情感缺乏、孤僻、不合群、不自信等问题。[①]

2. 营养健康校园文化普及度高，内容形式有待丰富

虽然大部分受访者所在学校未开设专门的营养健康课程，但调研显示，各校普遍开展了与营养健康相关的校园文化活动，占比超过 98%。其中，有 30.7% 的受访者所在学校通过海报、文化墙、广播、微信公众号等形式，传递与营养健康教育相关的知识和技能；有 18.5% 的受访者所在学校发放与营养健康教育相关的科普读物和材料；不定期组织相关活动的学校占 25.6%；定期组织相关主题活动的学校占 23.6%；有 1.7% 的学校任何活动均没有开展（见图 9）。

[①]　熊丙奇：《留守儿童抑郁率高　该补上乡村教育"短板中的短板"》，《中国青年报》，2021-11-26，第 5 版。

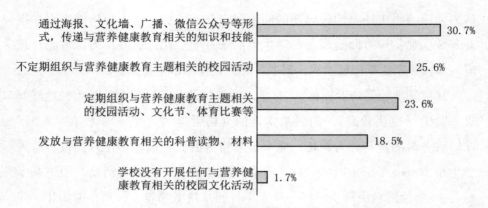

通过海报、文化墙、广播、微信公众号等形式，传递与营养健康教育相关的知识和技能 30.7%

不定期组织与营养健康教育主题相关的校园活动 25.6%

定期组织与营养健康教育主题相关的校园活动、文化节、体育比赛等 23.6%

发放与营养健康教育相关的科普读物、材料 18.5%

学校没有开展任何与营养健康教育相关的校园文化活动 1.7%

图 9　学校营养健康教育相关校园文化活动

整体看来，营养健康主题校园文化对营养健康的体现形式主要是文字、图片等的静态宣传，未来可以开展更多让学生参与进来的主题活动，进一步提升学生的营养健康意识。

四、政策建议

（一）首要基础：不断提高营养健康教育意识

公众的营养认知不足是导致食品单一和营养不均的原因之一。目前的营养知识普及大多局限于学校相关负责人，距离学生、家长及当地社区居民形成全面的营养观念还很遥远。因此，课题组建议改善乡村小学营养健康教育水平，首先要提高乡村教育工作者、学生和家长的观念意识，针对性开展多种形式的营养健康教育、培训和宣传活动，比如可采用手册、讲座、宣传短片、公益广告健康课堂、健康读本等大众喜闻乐见的方式。

（二）重点方向：优化营养健康教育供给结构

1. 保障营养健康专项资金

从调研结果发现，中西部地区乡村小学在基本硬件配置上得到了明显的改善，但是在环境条件上需要进一步的提升，比如食堂的扩建、食堂硬件设施的更新换代等。另外，课题组建议在硬件保障上，不只要在前期配置齐全，更要关注设施设备后期持续的维护和提升。而这部分需求往往被忽视，或是缺乏相应的资金保障。

多渠道、多元化资金投入。调研发现，学校在营养健康教育相关的资金上存在严重不足：近四成学校在营养健康教育方面完全没有任何资金的投入，尤其是在偏远地区的村小，其本身办学经费只能维持日常运转，无力投入经费改善学生营养健康的环境、组织教师培训。因此，建议各级行政主管部门更加关注营养健康教育的实施细节，加强相关工作的具体规划，精准投入经费，重点扶持学校师资培训、相关课程活动的开发和实施等。在合理规划国家财政经费使用的同时，也需要社会各界共同积极筹措，从企业、公益界等渠道争取多元化的资金支持。

2. 加大师资力量、课程活动建设等教育性资源投入

多种途径建设师资队伍。调研结果显示，学校人手不足、营养健康相关专业工作人员缺乏是影响营养健康教育开展的第一位因素。因此，建议未来探索以社会力量弥补学校现有师资不足的困境，比如引入社会公益人士、志愿者和有余力的家长参与。在一些条件允许的地区，尝试建立营养教师制度，或在教师队伍中培训营养师，为学校改善营养健康教育提供专业的"人力"保障。

因地制宜开展多元化营养健康课程和活动。一方面，有效结合国家三级课程，渗透营养健康教育。对大多数乡村小学而言，单独开设专门的课程活动存在较大的困难和挑战。因此，未来乡村学校可进一步探索与国家规定课程、综合实践活动有效结合的方式，内容涉及营养知识、营养餐配置与烹饪、疾病预防、饮食习惯与饮食文化等实操类的课程、活动；广泛发动学校厨房工作人员、生活教师，在学校日常生活中指导学生从事简单的种植、制作、烹饪、卫生等劳动，帮助学生了解营养健康知识，培养学生良好的饮食习惯，提高自身健康素养。另一方面，丰富相关校园文化活动的形式，使实施方案更"接地气"。调研发现，营养健康教育相关校园文化活动形式比较单一，多以文字、画面等传统媒介形式为主，主题活动组

织不足。据此，建议针对性开发和设计与营养健康教育相关的 PBL（Project-based Learning，项目式活动）、综合实践课等。针对乡村小学的实际情况，活动开展方案要尽可能容易实施，同时注重活动设计与国家课标的有机结合，注重营养健康教育活动的目标性和可持续性。

（三）系统推进：家校社协作构建营养健康教育体系

调研发现，零星碎片式的、"打补丁"式的、被动化的活动和项目难以形成系统的影响。乡村小学营养健康教育的开展，需要发挥家校社协作的整体功能，构建适宜乡村学生的、体系化的营养健康教育格局。因此，课题组建议，将乡村学生营养健康教育与目前的营养餐推广工作有效结合，通过多元主体的参与以及彼此之间的对话、沟通、协商，形成政府主导、学校为本、社会力量参与的、因地制宜的营养健康教育服务体系。

1. 各级主管部门高度重视，适度予以政策倾斜

在乡村振兴的时代背景下，乡村儿童的营养健康教育是基础性问题，需要各级政府、乡村学校管理者给予高度重视，适度予以政策倾斜。首先，各级教育主管部门应充分重视学校营养健康教育的战略意义，既结合实际需求，又考虑长远发展，充分保障营养健康工作必需的资金、设备、人员、培训等相关资源，加大对当地乡村小学营养健康教育的重视和支持力度。

其次，各级政府要积极与社会力量沟通合作，吸纳更多的企业、公益组织参与其中，发挥他们的资金优势和技术优势，使之成为乡村儿童营养健康教育相关的资源共享者、操作合作者、评价督促者。在各地已经产生政府购买等合作模式的基础上，地方政府可以委托相关公益组织及研究机构策划更全面、更系统的营养健康教育的计划，打造更多元、更富地方特色的成功案例。

2. 乡村学校加强基础建设，提升健康教育理念

在"五育并举"、评价改革的国家政策指引下，乡村学校对营养健康教育的重视不断加强，但多处于被动应付的阶段，在规划性、体系性方面存在不足。建议更多乡村学校结合自身校情、学情，将学生健康成长作为学

校发展的首要目标，将营养健康教育有机纳入学校整体发展规划，从而实现系统工作、有序推进，让营养健康的理念、价值观和行为方式实实在在地渗透到乡村学校日常生活之中，真正实现让教育回归生活，让学生在健康生活的基础上，实现健康学习、健康发展的长远目标。

在系统规划的指引下，乡村学校面对营养健康教育现有资源不足的情况，一方面可加强区域内校际合作，以区域发展共同体的形式实现资源互补、协同发展；另一方面可充分挖掘本地社会力量，建立由团委、关工委、妇联等组织及退休教师、家长、村贤组成的多元化的营养健康教育资源，建设本地化的服务组织和机制。

3. 社会力量优化项目设计，拓展合作渠道

调研中有近六成的学校参与了国家主导的营养健康教育相关的项目，仅一成的学校参与了企业或民间公益机构主导的项目，仍有三成的学校未参与任何项目。社会力量推动乡村学校营养健康教育仍有较大发展空间。建议关注与乡村学生营养健康相关的企业和社会组织，首先从乡村学校营养健康教育实际需求出发，迭代优化乡村小学营养健康教育项目设计，从传统捐资赠物的方式，扩展为促进乡村中小学生营养健康意识、技能和行为方式共同发展的教育体系，并注重提升社会资源的系统性和可持续性；其次，拓展营养健康教育项目布局，精准调研锚定营养健康教育需求高的区域，高效拓展项目覆盖渠道，提升营养健康教育项目在乡村小学的覆盖率，让更多乡村学校能够从中获益。

（四）机制保障：建立健全法律保障和监督评价机制

1. 加快建立健全营养改善法律法规

相较于在营养立法方面走在前列的美国和日本等发达国家，我国营养立法工作相对滞后。营养相关法律的长期缺位，导致我国营养改善工作缺少制度保障。而营养立法是解决全民（尤其是中小学生）营养现状的必然前提。因此，加快健全营养改善法律法规，在我国前期多途径探索实践的基础上，在营养餐提供、营养餐类型及数量、营养师配备、营养健康教育、

志愿者服务、监督问责等方面逐步建立健全农村义务教育阶段学生营养改善法律法规，建立高效、有序的乡村学生营养工作体系，明确相关政府部门、学校、企业及相关组织各方责任，从而保证广大乡村儿童的身心健康发展，这对于促进城乡公平意义重大。

2. 加强相关监督和评价工作

中小学营养配餐管理问题时有报道。针对部分学校在储存、生产和管理环节上存在的漏洞，亟须加强监督和评价工作。建议将农村学生营养健康的管理纳入当地政府的考核和问责制度，明确其责任主体和目标；同时，将农村学生营养健康水平纳入义务教育均衡发展督导评估的范围，进行检查和评价。另外，针对国家主导或社会力量主导的营养健康项目，除了既有的行政监督外，还需专业化的监督审计，为各相关利益方提交可信赖的审计报告并向外界公开。

乡村学校数字素养教育现状与需求调研报告

21 世纪教育研究院课题组　阿里松果公益 [①]

摘　要：乡村学校数字素养教育能力和资源仍然较为有限，教师对数字素养概
　　　念认知不足，现有的数字化教育资源尚未转化成教师的内在能力，数字
　　　技术手段与教学过程结合缺乏方法，结合度低。乡村儿童的数字素养
　　　整体薄弱，娱乐化倾向较严重；数字化设备配置不足与资源浪费的两极
　　　现象并存。文章建议，从教育公平角度考虑，应优先支持和发展乡村学
　　　校的数字素养教育；关注学生情感需求，构建以人为本的数字素养教育
　　　内容；配套改革创新教育体制，为学校和教师提供自主探索空间；同时，
　　　建立儿童友好的数字教育环境，提高乡村学生在校数字设备使用机会，
　　　并与现有课程体系有机联动，构建系统化的数字素养教育体系。

关键词：数字素养；乡村学校；数字素养教育

2021 年底，国务院印发《"十四五"数字经济发展规划》，提出深入推进智慧教育；全国教育工作会议提出实施国家教育数字化战略行动；中央网信办、教育部等四部门联合印发《2022 年提升全民数字素养与技能工作

---

① 松果公益是由阿里集团智能信息事业群推出的公益项目，面向全国 6—15 岁乡村学生，以"挖掘、激发和培养乡村学生探索世界和学习知识的兴趣"为愿景，搭建优质课外兴趣培育类内容平台，打造线上乡村兴趣班模式，为乡村学校提供学生素养培育解决方案。

要点》。其中，加强青少年数字素养教育（尤其是乡村地区），是普及提升全民数字素养的最有效途径，也是发展我国数字经济和提升我国国际竞争力的重要课题。对于乡村地区来说，数字技术更是有望成为提升乡村教育质量的关键手段，而其中，乡村学生数字素养水平仍然是关键卡点，亟须全社会给予更多关注与支持。为从实证角度深入刻画乡村数字素养教育的现状及需求，探求解决问题的有效路径，阿里松果公益联合 21 世纪教育研究院进行了乡村学校数字素养教育现状与需求专题调研。本研究针对我国乡村儿童特点，提出认知、能力、情感三个层面的数字素养概念框架，通过调研乡村地区的校长和教师，深入了解乡村青少年数字素养与技能培养的具体情况，分析我国乡村学生数字素养教育现状及存在的问题。研究采用问卷及访谈相结合的方式，问卷来源地区包括河北、内蒙古、贵州、山西、甘肃等 11 个省（区、市），共回收有效样本 5151 个。[①] 问卷收集结束后，在其中选取了 27 位校长及教师进行了访谈。

一、数字素养教育概况

（一）数字素养概念发展脉络：从单一到多元、从技能到情感

数字素养作为一种关乎复杂的现代生活和工作的必备技能，其内涵从单一逐渐走向多元和丰富。在信息载体上，数字素养不仅涉及电脑、手机等常见个人终端，也包括学校教育常用的互动式电子白板、教学一体机等

---

① 在参与调查的 5151 名教师中，女教师占总数的 74.1%（3818 名），男教师占总数的 25.9%（1333 名）。年龄大的教师较多，41—50 岁 1639 人（31.8%），50 岁以上 918 人（17.8%）；其次是 31—40 岁 1414 人（27.5%），30 岁及以下 1179 人（22.9%）。教师的学历普遍较高，大学本科 3430 人（66.6%），大专 1569 人（30.5%），高中及以下 95 人（1.8%），硕士及以上 23 人（0.4%），其他 34 人（0.7%）。在任教学科方面（存在"一师多教"），仍以语文教师 1895 人（36.8%）、数学教师 1835 人（35.6%）为主，远高于音体美 704 人（13.7%）、道德与法治 656 人（12.7%）、科学 482 人（9.4%）、信息技术 149 人（2.9%）。

终端设备；在信息内容上，数字素养涵盖了网页、视频、图像、符号、语音等多种信息媒介；在应用上，数字素养既涉及学习、工作方面的信息交流、协作和共享，也关乎生活规划、购物出行等日常需求。

2021 年中央网络安全和信息化委员会印发《提升全民数字素养与技能行动纲要》，其对数字素养的概念解释与国际上基本一致，同时体现出对应用型技能的强调。[①] 国际上相关理论在强调实用性技能之外，还关注从思维逻辑和情感态度层面对数字素养概念的建构。借鉴 Kirsti Ala-Mutka（2011）[②] 的数字能力模型，在数字素养的能力维度上加入责任感、自主性、创造性、平等包容等富有精神内涵的价值指向，便构建起互联网文化价值的数字素养模型（见图 1）。

图 1　互联网文化价值的数字素养模型

为了全面、立体地呈现数字素养的内涵，本研究将其进行概念结构拆分：以计算机素养为基础与核心，以网络素养和信息素养为中坚支撑，具体包括交流协作、内容创建、问题解决、安全与健康等具体实践层面，而

---

① 《提升全民数字素养与技能行动纲要》，中国网信网，http://www.cac.gov.cn/2021-11/05/c_1637708867754305.htm，2021-11-05。

② Ala-Mutka K., "Mapping Digital Competence: Towards a Conceptual Understanding", 2011.

这四项实践也分别体现着平等包容、创造性、责任感与自主性等不同的互联网文化。数字素养概念框架不仅能够指引青少年在数字技能方面的系统提升，同时还能在态度、情感、价值方面引导学生真正成为数字学习生活中的主人。

（二）国外数字素养教育的实践经验：构建能力框架、体系化推进

数字素养教育作为 21 世纪教育目标的新指向，是指通过正式与非正式教育手段提高学生的数字技术素养与能力的教育形式。为了提升公民的数字素养，许多国家从国家层面制定数字素养教育战略，通过制定数字素养能力框架、将数字素养教育融入国家课程、提升教师数字素养、建立多元评价体系等多种方式推进全民数字素养教育。

2013 年，欧盟提出欧洲公民数字能力框架（European Digital Competence Framework for Citizens），其包括五个素养域：信息域、交流域、内容创建域、安全意识域、问题解决域。这五个素养域层层递进，每个素养域中又包含不同的具体素养。框架中的每一个具体素养还匹配了 A、B、C 三个能力水平等级，并从知识、技能和态度三个方面对具体素养的能力水平进行分析。同样的，其他国家也根据自身的数字素养教育需求制定了类似的教育框架，例如加拿大数字与媒体素养中心（Canada's Center for Digital and Media Literacy，又称 Media Smarts）2015 年发布"数字素养教育框架"（Digital Literacy Framework），其中提出了各个阶段的学生所应具备的数字能力，并以此作为从幼儿园到高中阶段的数字素养教育指导标准。新加坡的中小学数字素养教育从网络健康教育着手，其主要目的是提升各年龄段学生在数字时代所需的四方面的数字素养——发现、思考、应用、创造，并通过教育部指导各中小学开设网络健康教育课程（Cyber Wellness Education）。美国 2010 年发布的 K-12 "共同核心课程标准"（Common Core State Standards，简称 CCSS）中，数字素养虽然未作为独立的课程标准被阐明，但其内容和要求却融入了各个主题的课程目标中。

（三）我国乡村学生数字素养教育框架：认知、能力、情感的三维模型

基于上述数字素养概念发展脉络及国外数字素养教育发展经验，本研究参照欧盟数字素养教育框架，借鉴课程标准中认知、能力、情感三维结构，结合调研结果，尝试梳理我国乡村学校学生数字素养的概念框架（见表1）。

表1 乡村学生数字素养教育框架

	认 知	能 力	情 感
信息素养	了解数字化信息的基本特点；掌握如何在不同设备上搜索信息	能够按照需求搜索、分类、筛选、存储及使用信息；能够甄别信息的真实性	有主动搜索信息的意识，选取积极导向的信息，保持好奇心与开放性，具有分享、共建的信息意识
交流协作	理解数字化交流的一般规则和规范	能够通过各种数字设备进行人际互动、社会互动；参与有益的科技文化活动、学习成长活动	保持积极参与的态度；通过数字化交流互动寻求健康向上的发展与成长；在交流的过程中尊重他人、保护自己
内容创建	理解数字化文本、图形、影像所传达的含义，掌握创建和编辑数字内容的知识	能够根据一定需求，利用数字设备创建或编辑文字、图片、视频、程序等不同形式的内容；能够编辑和完善他人创建的内容	在创作中进行有意义的表达，追求创造性；在创作中寻找意义感与价值感，培养热爱生活、热爱自然与家乡的情怀
安全与健康	了解数字设备和网络信息可能带来的安全风险；了解与个人数据安全相关的信息；了解在数字生活中保护身心健康的必要性	能够识别网络欺诈、网络暴力、信息泄露等常见陷阱，避免受到网络侵害；能够自主或在他人提醒下管理自己的屏幕时间，避免网络沉迷	具备安全和隐私意识；追求健康的生活方式，具有一定时间管理、生活规划和自我管理的意识
问题解决	了解解决各类实际问题所需的数字资源以及问题解决的方法、技术、渠道	能够利用多种数字资源解决学习和生活中的实际问题，例如利用数字技术丰富学习资源、提高学习能力、探索职业发展方向等	具备利用数字技术提高学习和生活效率的意识，主动利用数字技术促进学习和个人成长

对于我国乡村学校的学生来说，安全与健康及问题解决是数字素养能力突破提升的关键。乡村地区的学生，特别是留守儿童，由于亲情缺失等

多种原因，对数字设备成瘾的概率要大于城市地区和家庭功能较好的学生。[①] 安全与健康强调学生从理解数字技术可能带来的损害出发，逐步培养反思自省及自我调控的能力，利用数字技术追求健康生活。在问题解决方面，乡村地区的教育落后于城市地区的主要原因之一是资源不足，而数字技术的开放性特点能够帮助学生突破地域限制，使数字技术成为丰富学习资源、打开视野的重要手段。

总体来看，具有较高数字素养水平的乡村学生应该能够使用数字设备搜索、辨别和处理信息；利用数字设备进行交流；创建具有意义和价值的内容；认识到数字技术可能带来的安全和健康风险，在使用数字设备时能够注意自我保护和自我管理；并能够利用数字技术解决学习和生活中的问题，促进自我发展和自我成长。

二、乡村学校数字素养教育现状与问题

（一）政策支持：合理限制沉迷，全面推动数字素养教育发展

2018 年教育部等八部门联合印发《综合防控儿童青少年近视实施方案》，要求"严禁学生将个人手机、平板电脑等电子产品带入课堂"。同年，教育部办公厅印发《关于严禁有害 APP 进入中小学校园的通知》，各地要建立学习类 APP 进校园双审查责任制，提出"凡未经备案审查的学习类 APP 一律禁止在校园内使用"。在这一阶段，对于学生在数字工具的使用上，仍以"保护"和"限制"为主。

2020 年以来，我国对数字素养更加重视，出台了系列文件，进行实质的行动部署，将顶层设计的精神落实到行动层面。2021 年提出的"十四五"规划的第五篇明确提出"加快数字化发展，建设数字中国"，这为数字素养

---

① 王素芳、谭清安：《乡村振兴背景下贫困地区农村面向青少年的数字文化环境建设——基于留守儿童网络使用和图书馆服务需求的调查分析》，《农业图书情报学报》，2022（1）。

在教育工作中的地位奠定了理论基础。

2021年11月，中央网络安全和信息化委员会印发《提升全民数字素养与技能行动纲要》，提出了包括"构建终身数字学习体系"在内的七个主要任务。"构建终身数字学习体系"的首要内容为提升学校数字教育水平，包括将数字素养培育相关内容纳入中小学教育教学活动，设立信息科技相关必修课程，开展数字素养相关课外活动；还包括提高教师运用数字技术改进教育教学的意识和能力、全面推进数字校园建设、引导科学合理使用数字产品、保护师生视力健康等系列内容。

2022年，中央网信办、教育部、工业和信息化部、人力资源和社会保障部联合印发《2022年提升全民数字素养与技能工作要点》，将促进全民终身数字学习等作为重点任务，同时强调要全方位提升学校数字教育教学水平。[①]

教育部印发的《义务教育课程方案和课程标准（2022年版）》中，将提升数字素养与技能并列解释为信息科技课程的课程性质，并提出以信息意识、计算思维、数字化学习与创新、信息社会责任四部分核心素养为主要目标开展课程。可见，我国青少年数字素养教育已经逐渐从侧重技能转向素养和技能并重，从"保护"转向"赋能"和"发展"。

（二）乡村学校：重视学生数字素养，教育方式有限

参与此次调研的乡村教师普遍表现出对数字素养的高度重视，绝大多数教师（81.4%）认为学校"非常需要"或"比较需要"提升学生的数字素养（见图2）。

乡村学校中，与数字素养教育最为相关的教学方式是"在课堂中使用电子白板、投影仪等辅助教学"，占比98.9%。16.5%的学校未开展"计算机、编程等学生社团"教育形式；18%的学校未建设数字化图书馆。关于不同形

---

① 中央网信办等四部门印发《2022年提升全民数字素养与技能工作要点》，中国网信网，http://www.cac.gov.cn/2022-03/02/c_1647826931080748.htm，2022-03-02。

式对提升学生数字素养的效果，教师们评价不一，具体见图 3。

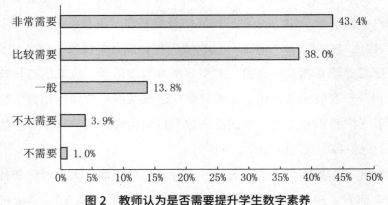

图 2 教师认为是否需要提升学生数字素养

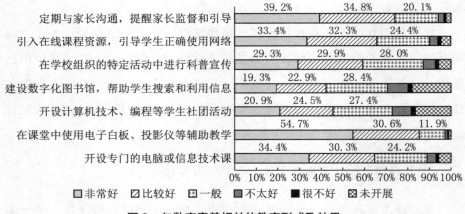

图 3 与数字素养相关的教育形式及效果

在开展信息技术课程的学校中，教师表示，信息技术课程的功能较为有限，教学内容以单纯的基本技能为主，缺乏信息素养、交流协作等素养教育内容。而且，信息技术课程存在专业教师缺乏、授课内容不适合乡村学生、课时难以保证等现实问题。

（三）乡村教师：概念认识普遍不足，专业教师紧缺

数字化的教学方式和教学资源已逐步成为乡村学校教育的重要组成部

分，但乡村教师经验相对不足，尚未将此类教学方式和教学资源内化、整合到自身的技能体系中。数字素养这一概念对于大部分的教师来说也仍然十分陌生。调研中仅有9%的乡村学校校长和教师表示对"数字素养"概念非常熟悉，近一半的教师（45%）表示大概知道是什么意思。教师对数字素养的理解更侧重于硬件设备的使用。

乡村教师仍然缺乏提升自身数字素养能力的有效路径，具备数字素养教育能力的教师寥寥无几。调研访谈中了解到教师们对本校数字素养教育水平的标准差异非常大，甚至有的教师认为学生会开关电脑就很不错。调研访谈中发现年轻教师在学校数字素养教育中起到较大作用，其满意度相对较高。

（四）乡村学生：数字素养整体薄弱，娱乐化倾向突出

教师对学生在数字素养各方面的表现整体评价均不高，认为学生交流素养普遍相对较好，自我管理素养最为薄弱（见图4）。

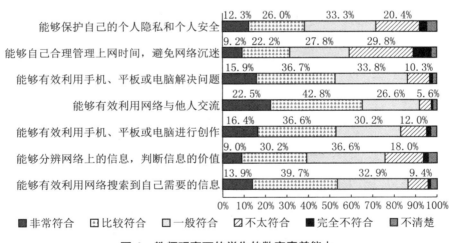

图4　教师观察下的学生的数字素养能力

乡村学生接触数字设备的场景大部分是在家庭中使用智能手机、平板或电脑（见图5）。学生在使用数字设备的方式上，受家庭影响大于学校影响。在家庭中，学生使用数字设备往往以娱乐放松为首要目的（66.7%），

其次是查阅感兴趣的事件或信息（50.1%），以及完成学习或与学习相关的任务（47.7%）（见图 6）。

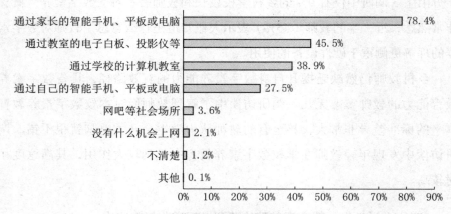

图 5　学生使用数字设备的主要途径

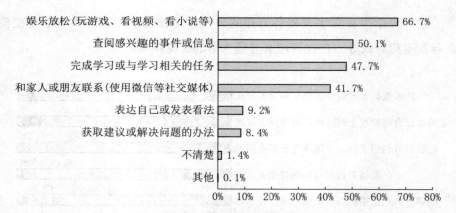

图 6　学生使用数字设备的主要目的

在学校，学生接触数字设备的主要途径是教师使用电子白板、投影仪等进行教学，而在此过程中，大部分的乡村学生只是数字化设备和数字化信息的单向"接受者"。这类设备更多是由教师直接操作，学生只能观看，学生缺乏利用数字设备和数字资源成为"参与者"和"行动者"的机会。①

① 王国珍：《青少年的网瘾问题与网络素养教育》，《现代传播（中国传媒大学学报）》，2015（2）。

学生在使用智能手机进行娱乐的过程中能够获得基本的操作能力，但由于家庭普遍缺乏有效引导，大多数学生不具备利用数字化方式进行学习或解决问题等积极使用的意识。

（五）数字设备：老化与闲置问题并存

硬件设备和网络环境仍然是制约乡村学校数字素养教育发展的重要原因。本次调研中 46% 的教师认为学校存在电脑等设备老化、破损、缺乏维护的问题，43% 的教师认为学校的网络信号差或带宽不足，34.5% 的教师认为学校的电脑、电子白板等设备数量不足。许多乡村学校在硬件建设上存在不及时、不到位、不达标等问题，部分偏远地区学校、教学点缺少功能正常的电脑设备，无法开展计算机课程。

同时，某些学校的数字化设备功能良好却一直被闲置浪费，一方面是由于数字素养教育在学校不受重视，课程开展不足；另一方面也因为学校为了避免额外支出设备维护费用而减少师生使用电子设备的频率。

（六）课程教学：缺乏专业课程与教学资源

现有的数字素养课程建设仍然存在较大不足，尤其缺乏适合乡村地区使用的数字素养教育资源。国家课程体系中的信息技术课能够满足乡村学生基本的技能学习需求，但由于重视程度低、设备不足等多种问题，效果不尽如人意。而在交流协作、内容创建、安全与健康等素养方面，则严重缺乏可供使用的课程和教学资源，例如网络安全与健康教育在校的执行方式通常是班会课、主题活动等较为零散的组织方式，这对学生养成此类素养能力可能存在一定影响。

公益机构提供的数字素养课程对提升乡村学校的数字素养教育水平起到很好的支持作用，将优质的数字素养教育资源有效链接到了学校。但公益机构提供的课程容易受到公益机构自身发展、各项政策、教师个人工作安排等影响，因此持续性难以保障，且覆盖能力有限。

三、乡村学校数字素养教育需求

（一）数字设备：更新设备，创建儿童友好环境

数字素养教育的基础条件亟须改善。70.9% 的教师认为学校的网络环境需要改善，52.6% 的教师期待学校图书馆能够向数字化发展，44.9% 的教师希望改善或新建计算机教室（见图 7）。

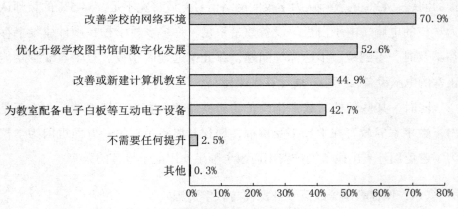

图 7　乡村学校对于数字化设备的需求

关于软件环境，乡村教师在对儿童友好的数字化环境方面有较大需求，希望引入适合学生、方便好用的绿色信息平台，使学生在更好地利用网络资源的同时免受不良信息影响；此外，希望利用防沉迷系统来控制学生对数字设备的使用时间。

（二）课程教学：丰富课程，引入体验式教学

除了信息技术课，乡村教师没有其他可以直接利用的课程资源。本次调研中，76.2% 的教师希望引入更多生动有趣的数字素养教育课程资源，尤其是关于音体美、生涯规划、视野拓展等主题的。63.3% 的教师希望引入与学科相关的在线教育资源（见图 8）。

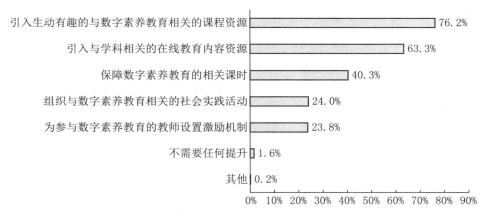

图8 乡村学校对于数字素养教育课程资源的需求

在课程形式上，面对面、学生参与性强的课程设计更受期待。教师希望各项活动能实际锻炼学生的数字设备操作能力，提高学生在信息搜索、辨别、交流、创作、问题解决等方面的素养（见图9）。

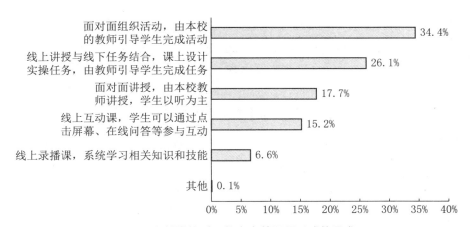

图9 乡村学校对于数字素养课程形式的需求

（三）学生发展：关注心理需求，培养内容创作能力

教师普遍认为，学生在数字化设备使用中娱乐化倾向突出、自控能力不足的主要原因是缺乏家长监管，但此种现象背后更深层次的原因往往是乡村学生交流、创造、安全感、归属感等正常的心理需求没有得到满足，

这也在一定程度上折射出乡村地区文化生活相对匮乏的问题。在数字素养教育方面，有必要充分考虑乡村青少年在交流、创造、安全感、归属感等方面的需求，使课程内容适当与乡村文化建设相结合。

在数字素养教育内容中，"内容创建"素养的关注度最高。教师最希望提升的是学生的图文、视频、编程等创作能力（占比 54.5%）；其次是交流协作素养（占比 46%）；再次是信息分辨素养（占比 39.1%）；网络安全素养位居第四（占比 37.7%）；只有 26.2% 的教师选择了防沉迷，这一定程度上说明了这个问题成因的复杂性以及学校干预的局限性（见图 10）。

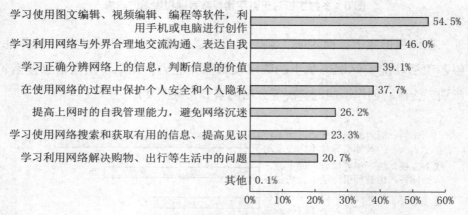

图 10　对于数字素养课程内容的需求

在未来的数字素养教育建设中，如果能利用适合学生的题材让学生进行系列化的信息搜集、内容创作及交流表达，则有助于提升学生的全面能力，同时丰富学生的校园生活，更好地满足其情感需求。

（四）教师素养：加强培训，促进团队整体协作

现有的教师培养体系并未关注教师的数字素养教育能力，很多乡村教师甚至校长自身数字素养有限，很难为学生提供有效的引导。目前我国乡村教师平均年龄偏大且学历相对不高，客观上也导致教师提升数字素养教育能力的动力与积极性不足。

未来可引进更多信息技术相关专业的教师，尤其是年轻教师，投入数

字素养教育；为有积极性的教师提供高质量培训机会，搭建能够提升数字素养教育能力的网络学习平台，提供数字化学习内容的支持。

数字素养教育是一项系统工程，只有学校领导、班主任、专职教师、兼职教师在共同目标下真正投入其中并形成合力，才能逐渐见到效果。

（五）社会支持：家校合作，社会力量参与

数字素养教育需要家庭和学校高度配合。一方面，学校可以与家庭积极沟通，让家长在健康使用手机方面为孩子做榜样，利用手机与学生一起进行更有意义的活动，例如听故事、读绘本、解决生活和学习中的实际问题等；另一方面，学校可以通过教育孩子以"小手拉大手"的方式改变家长的不良数字生活习惯，让孩子向家长传达学校的教育理念，提高孩子自身健康使用数字设备的意识。

同时，我国数字素养教育目前仍处于初步发展阶段，短时间内仍需要社会各界力量的大力支持，阿里松果数字素养教育等公益项目对于弥补此类乡村教育资源的不足起到了重要作用。目前开设此类公益项目的乡村学校仍在少数，未来仍有较大发展空间。在许多国家，现代化的图书馆也是对公众开展数字素养教育的重要渠道之一，未来也可在乡村社区中加强相关建设。

四、乡村学校数字素养教育政策建议

（一）优先发展乡村学校数字素养教育，促进城乡教育公平

在全国层面，从教育公平角度考虑，应优先发展乡村学校的数字素养教育。许多经济较为发达的城市已有学校陆续开设了编程等与数字素养教育相关的系列课程，城市家庭也逐渐重视孩子的数字素养教育，通过参与课外兴趣班、线上学习等方式培养孩子的数字素养；而乡村地区无论是学校还是家庭都不具备这样的条件。城乡数字素养教育差异将加剧城乡"数

字鸿沟"。

同时，与城镇地区相比，由于资源限制等多种因素，乡村学校教育存在不足和短板。而数字技术具有跨越地域限制的特点，如果给予适当支持，乡村学校的数字化建设和数字素养教育有机会助力乡村学校教育突破交通不便、位置偏远的问题，成为弥补乡村地区教育资源不足的重要手段。因此，无论是数字化建设还是数字素养教育，都应该把乡村学校作为重点发展对象，尤其是乡村小规模学校、寄宿制学校等资源极为欠缺的学校，将数字素养教育作为促进城乡教育公平的重要策略和方法。

在乡村地区，地方教育行政部门也应进一步加强对数字素养教育的重视。虽然信息技术是非考试科目，但数字素养对于乡村学生的未来发展具有重要意义。地方教育行政部门须从制度和资金等各方面落实和保障信息技术课程的高质量开展。首先，在硬件方面持续投入，改善设备和网络质量，并设立专门的资金用于相关维护；其次，强调数字素养教育的权威性、科学性，保证信息技术课的基本课时，为乡村学校数字素养教育奠定坚实基础。

（二）与生活教育相结合，提升乡村学生全面素养

学校数字素养教育应关注学生安全感和归属感等基本的情感需求。乡村学校数字素养教育指向乡村人才未来发展方向，应以保障儿童权利为基础。我国乡村留守儿童现象仍然普遍，由于缺乏父母监管，留守儿童更容易受到来自网络世界的伤害。对于许多乡村儿童、留守儿童来说，利用手机聊天、玩游戏、追星等更多的是一种因情感需求没有得到满足而寻求"精神抚慰"的行为。乡村学校数字素养教育指向乡村人才未来发展方向，还要以乡村学校的基本生活保障为基础。乡村学校应构建健康的生活环境、平等友爱的师生关系、积极向上的学校文化，乡村学校数字素养教育应在保障儿童权利的基础上，关注学生健康生活以及安全感和归属感等基本情感需求。

乡村学校数字教育资源的内容建设应该注重与学生生活、学习的有机

联系，把数字素养教育与生活教育结合起来，关注学生的身心健康，避免学生在使用手机的过程中受到网络暴力、网络诈骗等侵害。

在数字素养教育的实践中，应注意通过设计互动性强、体验感高的教育模式来满足学生的安全感、归属感乃至被尊重和创作的需求；应以数字素养为支点，为乡村学校引入更多积极健康的精神营养，真正做到以人为本，培养积极的人、健康的人，在乡村振兴的大背景下，推动乡村学校成为文化振兴、精神振兴的重要引擎。

（三）创新教育体制，为师生提供自主探索空间

构建有效的数字素养教育体系，要从学校管理体制改革出发，给予学校一定的自主探索空间。

首先，在软硬件的使用上，允许学校在有监管的条件下为学生提供数字设备的多种使用途径，以数字技术手段改善师生教学体验。例如，有条件地开放计算机教室，供学生搜索资料、完成教师布置的作业等。

其次，在经费上，为学校提供一定的、可自由支配的资金，用于维护、更新软硬件，降低学校的设备成本，保障数字设备能够有效利用。

最后，采取系列措施，提高教师队伍的数字素养。通过培训、教学实践等多种方式促进教师自身意识的转变，提升教师数字设备使用能力，培养教师数字化迁移能力。例如使用数字技术进行教学，将数字技术与现有学科有效整合，促进学生知识获得、知识建构、知识创生等能力提升。

学校可为教师提供更多自主探索的空间，鼓励教师将数字素养与现有的课程相结合。在数字设备的使用上，不能只是利用电子白板播放课件，而是要探索更多跨学科的教学方式，将数字工具灵活使用在不同学科的教学中。例如语文课上让学生利用计算机进行打字练习，强化学生的拼音应用能力；在其他知识性学科的学习中，请学生利用数字设备搜索与学科课程相关的知识，完成 PPT 制作、展示等任务。

（四）丰富数字素养教育资源，开发系统教学框架

乡村学校要提高学生接触数字设备的机会，有目的地使用场景，让乡村学生从数字信息的"接受者"逐渐转向"参与者""行动者"。在这方面，仍然需要国家层面和社会力量持续丰富乡村学校数字资源的获取途径，确保内容安全健康，为学校数字素养教育提供对学生友好的硬件和软件支持。

在内容上，目前我国尚未形成有效的数字素养教育框架，数字素养相关内容零散地分布在信息技术课程、班会课程、科普活动中，主要目的是使学生掌握基本操作技能，防范网络风险等。为了保障数字素养教育在乡村学校有效落地，亟须构建适合乡村学生数字素养的教育框架，制定具体教育内容，形成标准和长远的行动计划，开发数字素养教育的课程和资源。

在构建数字素养教育内容框架的同时，还可采用多种方式激励更多优质软件和平台面向乡村学校开源甚至免费，使得优质的网络学习资源能够真正触及乡村地区。在此类内容的选择上，要注意适用性，选择符合乡村学生生理与心理发展特征的教育内容；在形式上，可注重数字素养课程的体验性，创设生动丰富的数字技术使用场景，在实践中培养学生的数字素养，帮助学生积极利用数字技术来促进学习、丰富生活，实现自我成长和自我发展。